Das
Zuwachssteuergesetz

vom 14. Februar 1911

mit den Ausführungsbestimmungen des Bundesrats, Preußens, Bayerns und Sachsens

erläutert von

Dr. H. Köppe

Universitätsprofessor in Marburg a. d. Lahn

1911

München und Berlin

J. Schweitzer Verlag (Arthur Sellier).

Vorwort.

Das Reichszuwachssteuergesetz enthält einen fast ganz neuen und in vielen Teilen ziemlich schwierigen Gesetzgebungsstoff. Für sein Verständnis bedarf es daher vor allem einer übersichtlichen Gliederung und einer gemeinverständlichen Erläuterung. Die vorliegende Ausgabe will beides bieten und ist sowohl für den praktischen Gebrauch wie zur Förderung des allgemeinen Wissens bestimmt.

Mit Rücksicht auf die Neuheit der Materie ist eine Einleitung vorausgeschickt, die namentlich die Entstehung und Entwicklung des gesetzgeberischen Gedankens in den verschiedenen Ländern und besonders in Deutschland zum Gegenstande hat und den wirtschaftlichen und sozialen Charakter der Zuwachssteuer würdigt. Eine kurze Uebersicht über den Gesetzesinhalt dient zur ersten Informierung. Die Erläuterungen zu den einzelnen Paragraphen schließen sich möglichst eng an deren Entstehungsgeschichte an und sind so kurz gehalten, als es mit Rücksicht auf ihren Zweck und im Verhältnis zu den im Texte selbst liegenden, oft recht erheblichen Schwierigkeiten möglich war. Denn sie sollen keineswegs eine alle Seiten der einzelnen Vorschriften und der daraus sich entwickelnden Fragen erschöpfende Darstellung, sondern eine *zuverlässige und rasche Orientierung über Inhalt, Zweck und Zusammenhang der Gesetzesbestimmungen* bieten. Es sei dazu bemerkt, daß demnächst im gleichen Verlage ein ausführlicher Kommentar des Kgl. bayerischen Ministerialrats und Bundesratsbevollmächtigten Dr. Wolf erscheinen wird.

Die Ausführungsbestimmungen des Bundesrats, das preußische Ausführungsgesetz nebst Ausführungs-Anweisung und Anlagen sowie die Vollzugsvorschriften Bayerns und Sachsens sind als Anhang beigefügt. Die im Reichsschatzamt herausgegebenen „Erläuterungen zum Zuwachssteuergesetz“ (Jahrg. 1 Nr. 2 der „Amtlichen Mitteilungen über die Zuwachssteuer“ vom 15. April 1911) sowie die zusammenhängende Darstellung des Gesetzes (in Nr. 3 derselben „Mitteilungen“ vom 20. Mai 1911) wurden berücksichtigt. Zugleich ist bei jedem Paragraphen im Anschlusse an die Erläuterungen auf die entsprechenden Bestimmungen dieser Ausführungsvorschriften verwiesen. Das alphabetische Sachregister am Schlusse verweist gleichfalls sowohl auf die einschlägigen Gesetzesparagraphen als auf die bezüglichen Stellen in den Ausführungsbestimmungen.

Die Schwierigkeiten, welche die Zuwachssteuer dem Verständnis und daher auch ihrer Durchführung in der Praxis bietet, liegen keineswegs in ihrem Prinzip begründet. Sie wurzeln vielmehr zum einen Teile in der Notwendigkeit für den Gesetzgeber, den außerordentlich zahlreichen und geschickten methodischen Versuchen, die kommunale Zuwachssteuer zu umgehen, bei der Reichszuwachssteuer von vornherein wirksam entgegenzutreten. Zum anderen Teile entspringen sie dem Bestreben, bei der Neuheit der Sache und dem großen Umfange sowie der überaus reichen Mannigfaltigkeit des Grundstücksverkehrs in Stadt und Land, möglichste Vorsicht und Schonung walten zu lassen. Dadurch ist das Gesetz bedeutend kasuistischer geworden als sein Entwurf war. Möge gleichwohl die Reichszuwachssteuer schon in dieser ihrer ersten, vielfach noch recht unvollkommenen Gestalt, die wohl baldige Abänderungen nötig machen wird, wachsendes Verständnis ihres Wesens und ihrer Ziele und dadurch eine gerechte Würdigung ihres bei richtiger Ausgestaltung sozial gerechten und versöhnenden und zugleich dem finanziellen Interesse des Reiches und der Gemeinden förderlichen Charakters finden!

Marburg a. d. Lahn, im März 1911.

Der Verfasser.

Abkürzungen.

BundRAB. .	=	Ausführungsbestimmungen des Bundesrats vom 27. März 1911.
PreußAG. .	=	Preußisches Ausführungsgesetz vom 14. Juli 1911.
PreußAusfAnw.	=	Preußische Ausführungsanweisung vom 19. Mai 1911.
BayrAB. . .	=	Bayerische Ausführungsbestimmungen vom 27. Juni 1911.
SächsAB. .	=	Sächsische Ausführungsbestimmungen vom 29. März 1911.
BGB. . .	=	Bürgerliches Gesetzbuch.
EGzBGB. .	=	Einführungsgesetz zum Bürgerlichen Gesetzbuch.
KAG. . . .	=	Preußisches Kommunalabgabengesetz vom 14. Juli 1893.
RStempelG. .	=	Reichsstempelgesetz vom 15. Juli 1909.

Inhaltsverzeichnis.

A.

Einleitung.

Die Idee der Besteuerung des unverdienten Wertzuwachses an Grundstücken geht auf die englischen Nationalökonomen James Mill (1775—1836) und John Stuart Mill (1806—73) zurück und ist eine Frucht wissenschaftlicher Gedankengänge. James Mill, ein eifriger Vertreter der Grundrentenlehre Ricardos (1772—1823), huldigte auch dessen Anschauung, daß die Grundrente, d. h. der auf die Mitwirkung des Bodens entfallende Anteil am Ertrage der Güterproduktion, im Gegensatz zum Kapitalgewinn eine steigende Tendenz in sich trage. Diese Tendenz beruhe auf der Vermehrung der Bevölkerung und auf der Zunahme ihrer Bedürfnisse an Bodenerzeugnissen — Nahrungsmitteln und Rohstoffen — mithin auf allgemeinen gesellschaftlichen Entwicklungsvorgängen, nicht aber auf irgendeinem Verdienste der Bodeneigentümer selbst. Sie sei also insofern „unverdient". Die bisher entstandene Grundrente sei nun freilich von den gegenwärtigen Eigentümern, soweit sie ihre Besitzungen gegen Entgelt erworben hätten, im Kaufpreise bezahlt worden. Denn dieser richte sich nach dem Ertragswerte, d. h. nach der kapitalisierten Grundrente. Anders aber die künftige, die Grundrente „von morgen". Sie sei — und daher auch der durch ihre Kapitalisierung gebildete Teil des zukünftigen Grundstückswertes — weder erarbeitet noch durch Bezahlung vergolten, mithin reiner unverdienter Wertzuwachs (unearned increment). Als Produkt der gesellschaftlichen Entwicklung sei dieser vorzüglich geeignet, nutzbar gemacht zu werden für die Förderung gesellschaftlicher Zwecke, insbesondere zur Deckung staatlicher Ausgaben, die zur Befriedigung der beständig wachsenden Allgemeinbedürfnisse dienen. Gerechtigkeit und Zweckmäßigkeit forderten daher gleicherweise, dieser Besteuerung den Vorzug zu geben vor der steuerlichen Belastung der produktiven Arbeit.

Es verdient hervorgehoben zu werden, daß die genannten Gelehrten durchaus keine Gegner des Privateigentums, namentlich auch nicht des privaten Bodeneigentums waren. Lediglich die mit dem letzteren, wie es sich besonders in Großbritannien und Irland entwickelt hat, verbundenen und durch den monopolartigen Charakter allen Bodeneigentums ermöglichten Mißstände wollen sie durch zweckgemäße Bodenreformen beseitigen. Namentlich die dort fast ¾ des gesamten nutzbaren Bodens umfassende Latifundienwirtschaft, gesichert durch das eigenartige englische Fideikommißwesen und Bodenerbrecht, verhindere in Verbindung mit der Vorherschaft des Pachtsystems die intensive Nutzbarmachung der Bodenkräfte und den Übergang des Bodens in die Hände des tüchtigsten Wirtes. Das private Bodeneigentum sei geschichtlich und volkswirtschaftlich berechtigt, doch sei diese Berechtigung gebunden an die Erfüllung der hohen sozialethischen Pflichten, die es auferlege: nämlich die Bevölkerung in dem Maße ihrer fortschreitenden Zahl und Bedürfnisse mit Lebensmitteln gehörig zu versorgen. Da der Boden eine Gabe der Natur, kein Menschenwerk, da er ferner nur in beschränkter Menge vorhanden und nicht vermehrbar sei, so habe die Gesellschaft das Recht und die Pflicht der Fürsorge, daß kein Mißbrauch zum Vorteile weniger mit ihm getrieben, daß er vielmehr seiner natürlichen

Bestimmung gemäß zum Wohle der Gesamtheit verwaltet und genutzt werde. Mit dieser — wie man sieht aus dem „Naturrecht" abgeleiteten — Beschränkung, aber auch nur mit ihr, sei das private Bodeneigentum daseinsberechtigt. Der Staat habe daher das Recht und die Pflicht, nötigenfalls alle wirksamen Maßregeln zur Aufrechterhaltung jenes Rechtes der Gesellschaft zu ergreifen.

Zur Durchführung der Besteuerung des unverdienten Wertzuwachses empfahl J. St. Mill eine Wertabschätzung des reinen, d. h. nackten Bodens. Sein geschätzter gegenwärtiger Wert müsse steuerfrei bleiben, der in Schätzungsperioden von etwa 10 oder 20 Jahren jedesmal neu hinzugetretene und ermittelte könne dagegen ganz oder teilweise von der Allgemeinheit für ihre Bedürfnisse in Form einer Steuer reklamiert werden. Es war also die Form einer direkten Zuwachssteuer, in der J. St. Mill die praktische Schlußfolgerung aus der von ihm entwickelten Gedankenreihe zog. Als Anhalt für die Schätzung sollte der durchschnittliche Preis der Bodenprodukte dienen. Die durch verbesserte Wirtschaftsweise und durch Kapitalaufwendungen erzielte Wertsteigerung sollte abgezogen werden. Dabei dürfe wegen etwaiger Mängel der Schätzung der steuerpflichtige Zuwachs beträchtlich hinter dem geschätzten Betrage zurückbleiben. Auch solle der Bodeneigentümer das Recht haben, sein Land zu dem geschätzten Betrage dem Staate zu überlassen.

Für die Durchführung dieses Planes trat die von ihm im Jahre 1870 gegründete Landbesitzreformgesellschaft (Land Tenure Reform Association) eifrig ein. Sie ist nicht zu verwechseln mit der von dem berühmten Naturforscher Alfred Russell Wallace im Jahre 1881 begründeten und in der Bodenverstaatlichungsgesellschaft (Land Nationalization Society) organisierten radikalen englischen Bodenreformpartei.

Großen Einfluß gewann in Großbritannien die Lehre des amerikanischen Bodenreformers Henry George (1839—97), der die Grundrente durch Einführung einer sie allmählich ganz absorbierenden Steuer (single tax) ohne Entschädigung der Bodeneigentümer für die Allgemeinheit zurückgewinnen wollte. Auch diese Bestrebungen fanden ihren organisatorischen Zusammenschluß, und zwar in je einer besonderen Organisation für England und Schottland.

Im britischen Australien und in Neuseeland fanden die Bodenreformpläne Verwirklichung durch Einführung einer stark progressiven Steuer auf den „unverbesserten" Boden und in der gesetzlichen Ermächtigung der Regierung zum Erwerb von größeren Landgütern im Enteignungswege zwecks Aufteilung und Kolonisierung.

Die Wertzuwachssteuer wurde in Großbritannien und Irland im Jahre 1910 als wichtiger Teil eines ganz neuen, nach Zweck und Inhalt durchaus bodenreformerisch abgestimmten Bodenbesteuerungssystems eingeführt. Der Kampf zwischen der liberalen bodenreformerischen Mehrheit und der unionistischen Opposition um diese grundlegende Neuerung führte zugleich zu der Verfassungskrisis, deren Lösung nach wiederholter Parlamentsauflösung im Sinne einer erheblichen Verkürzung der Rechte des Oberhauses zurzeit in Angriff genommen wird. Die sämtlichen neuen Bodensteuern werden auf Grund einer erstmaligen amtlichen Wertabschätzung des gesamten „reinen Bodens" erhoben. Die Zuwachssteuer (increment value duty) wird vom Wertzuwachs erhoben, den Boden jeder Art seit dieser Abschätzung erfährt. Sie beträgt 20 % des Wertzuwachses und wird erhoben:

1. bei Übertragung von Bodeneigentum oder anderen Rechten an Boden mittels Verkaufs;

2. bei Begründung einer erblichen Bodenleihe (lease, die dort sehr verbreitete Form der Immobiliarmiete und -Pacht);
3. beim Erbübergang von Immobilien und Bodenrechten.

Insoweit ist sie eine indirekte, d. h. aus besonderer Veranlassung erhobene Zuwachssteuer.

4. Vom Immobiliareigentum der juristischen Personen in gewissen Perioden, nämlich zuerst am 5. April 1914 und sodann alle 15 Jahre auf Grund jedesmaliger neuer Wertabschätzungen. In diesem Falle ist die Steuer eine direkte und als solche durch das Fehlen einer Eigentumsbesitz-Veränderung gerechtfertigt. — Frei von beiden Formen der Zuwachssteuer ist namentlich aller landwirtschaftliche Boden.

In Deutschland fand der Gedanke der Wertzuwachsbesteuerung namentlich durch die eifrige Förderung, die ihm der „Bund Deutscher Bodenreformer" zuteil werden ließ, Eingang und Verbreitung. Er entspricht dem Programme des Bundes, demzufolge dieser dafür eintritt, „daß der Boden, diese Grundlage aller nationalen Existenz, unter ein Recht gestellt werde, das seinen Gebrauch als Werk- und Wohnstätte befördert, das jeden Mißbrauch mit ihm ausschließt, und das die Wertsteigerung, die er ohne die Arbeit des Einzelnen erhält, möglichst dem Volksganzen nutzbar macht". Wissenschaftliche Vertretung und zugleich Eingliederung in ein großzügiges, sozialpolitisch motiviertes Steuersystem erfuhr die Zuwachssteuer durch den Nationalökonomen Adolf Wagner, der ihr eine hervorragende Rolle in der angesichts der kapitalistischen Entwicklung der deutschen Volkswirtschaft von ihm geforderten steuerlichen Heranziehung aller Konjunktur- und Spekulationsgewinne und schärferen Erfassung derselben gegenüber dem durch Arbeit verdienten Einkommen zuwies.

Die erste deutsche Zuwachssteuer wurde im Kiautschaugebiete eingeführt. Das üble Beispiel, das an allen von Europäern bewohnten Plätzen Ostasiens durch Überantwortung des Bodens an die private Spekulation mit der Wirkung enormer Verteuerung gegeben worden war, gab Veranlassung, bei der wirtschaftlichen Erschließung Kiautschaus ähnliche Erfahrungen von vornherein auszuschließen durch eine zielbewußte und systematische Bodenpolitik. Eine amtliche Denkschrift vom April 1898 über Land- und Steuerwesen legte daher den Grundsatz fest: „Weder darf den chinesischen Grundbesitzern, den angesessenen Bauern, die durch die Tätigkeit des Deutschen Reiches ausschließlich bewirkte Wertsteigerung des Landes zufallen, noch darf man dulden, daß der erste Käufer, der das Land zu einem Spottpreise erwirbt, später allein aus der Wertsteigerung Nutzen zieht." Demgemäß führte die „Verordnung betreffend die Erhebung von Steuern und Abgaben im deutschen Kiautschaugebiete" ein wohldurchdachtes System ein, in dem der Zuwachssteuer eine wichtige Rolle zugewiesen war. Sie ist dort eine direkte und indirekte Steuer von 33 1/3 % des unverdienten Wertzuwachses, die entweder beim Eigentumswechsel oder in Ermanglung eines solchen alle 25 Jahre erhoben wird. Die hohe wirtschaftliche Blüte dieses Schutzgebietes, insbesondere die Niedrighaltung der Bodenpreise und die Fernhaltung ungesunder Bodenspekulation, gilt als Erfolg dieser Bodenpolitik.

Im Reiche selbst waren es die Gemeinden, die zuerst und in wachsender Zahl sich diese Steuerquelle zur Befriedigung ihrer stark wachsenden finanziellen Bedürfnisse nutzbar machten. Als erste, welche eine Zuwachssteuer — am 1. Jan. 1903 — einführte, gilt die sächsische Gemeinde Oetzsch mit Raschwitz. Von besonderer Bedeutung war es, daß Frankfurt a. M. unter der Initiative seines Oberbürgermeisters Adickes als erste unter den deutschen Großstädten am 1. April 1904 eine Zuwachssteuer in Kraft treten ließ. Es folgten im nächsten Jahre Köln und Gelsenkirchen, im Jahre 1906 Dortmund und Essen und schließlich hatten am 1. April 1909 259 deutsche Stadt- und Landgemeinden allerverschiedenster Größe mit fast 8 Mill. Einwohnern die Zuwachssteuer bei sich eingeführt. Am 4. März 1910 folgte Berlin und bald darauf auch München ihrem Beispiele. Späterhin veranlaßte bei der Inaussichtnahme einer Reichszuwachssteuer die wenn auch nur für eine Übergangszeit vorgesehene Entschädigung der Gemeinden mit Zuwachssteuer durch das Reich zahlreiche Gemeinden, sich diesen Anspruch durch Einführung einer Zuwachssteuer noch rasch zu verschaffen, so daß Ende 1910 652 Gemeinden diese Steuer besaßen.

Für Preußen gab der § 13 des Kommunalabgabengesetzes die gesetzliche Unterlage für die Einführung der indirekten kommunalen Zuwachssteuer. Ferner gab das Preußische Kreis- und Provinzialabgabengesetz vom 23. April 1906 den Kreisen und Provinzen das Recht zur Einführung der Zuwachssteuer. Bis zum 1. April 1910 hatten 15 Kreise davon Gebrauch gemacht.

In Bayern wurde ein Antrag, eine Zuwachssteuer zugunsten von Staat und Gemeinde einzuführen, die je 10 % des unverdienten Wertzuwachses erhalten sollten, unter Verwendung des Anteils der Gemeinden zur Förderung des Wohnungsbaues für Minderbemittelte, von der II. Kammer im Jahre 1902 abgelehnt, aber in ähnlicher Gestalt im Jahre 1904 angenommen. Indessen erklärte sich der Reichsrat dagegen. Im Jahre 1908 ging dem Landtage eine Vorlage der Regierung zu, nach der die Gemeinden zur Einführung einer Zuwachssteuer berechtigt und unter gewissen Voraussetzungen sogar verpflichtet sein sollten. Die Kammer der Abgeordneten nahm sie fast einstimmig an, im Reichsrate blieb sie im Interesse des Gelingens der Reichsfinanzreform unerledigt.

Im Königreich Sachsen wurde die Zuwachssteuer im Gemeindesteuer-Gesetzentwurfe von 1904 für alle Orte mit mehr als 10000 Einwohnern vorgesehen, doch kam eine Regelung nicht zustande, da die II. Kammer auch die kleineren Ortschaften einbeziehen wollte. Im Wege ministerieller Verordnung, die eine Mustersatzung enthielt, wurde dann wenigstens eine gewisse Einheitlichkeit der gemeindlichen Zuwachsbesteuerung hergestellt.

Im Großherzogtum Hessen gab ein Gesetz vom 14. Dezember 1907 den Gemeinden mit mehr als 3000 Einwohnern das Recht zur Einführung einer Zuwachssteuer nach gewissen Normen, den kleineren Gemeinden dagegen nur im Bedürfnisfalle und mit besonderer Genehmigung.

Staatliche Zuwachssteuern wurden eingeführt in den Staatsgebieten von Hamburg (1908) und Lübeck (1910) sowie im Fürstentum Lippe (1910), in letzterem unter Teilung des Ertrages zwischen Staat (in Höhe von $^1/_4$) und Gemeinden. Ferner gab das Großherzogtum Oldenburg seinen Gemeinden das Recht der Einführung der Zuwachssteuer. In Aussicht genommen wurde eine landesgesetzliche Einführung auch in Baden, zufolge einstimmigen Beschlusses der II. Kammer, und in Elsaß-Lothringen.

In Österreich wurden auf der Grundlage eines Erlasses des Finanzministers vom Sept. 1909 Landeszuwachssteuern in Krain und in Tirol im Jahre 1910 und in Kärnten im Jahre 1911 unter Teilung des Ertrages zwischen Land und Gemeinden eingeführt. Der schweizer Kanton Aargau führte eine Zuwachssteuer unter Teilung des Ertrages zwischen Kanton und Gemeinden im Sommer 1910 ein. In den Kantonen Zürich, Luzern, Basel-Stadt, St. Gallen und Solothurn wird ihre Einführung geplant. In Dänemark soll sie für alle Orte eingeführt werden, die bei der Durchführung der Heeresorganisation Garnisonen erhalten.

Der Gedanke, die neue Steuerquelle auch dem Reiche zu erschließen, wurde am 21. April 1908 auf der Stuttgarter Tagung des Bundes deutscher Bodenreformer von Ad. Wagner ausgesprochen und ausführlich motiviert. Die gewaltige, durch persönliche Leistung der Eigentümer nicht verdiente Wertsteigerung, namentlich des städtischen Bodens, die fast ausschließlich dazu diene, die Wohlhabenden noch reicher zu machen, sei das Produkt der Arbeit des gesamten deutschen Volkes seit und infolge der Reichsgründung. Die Zuwachssteuer müsse daher ihrem Wesen nach eigentlich eine Reichssteuer sein. Diese Anregung fand zunächst auch unter den Bodenreformern nicht geringen Widerspruch. Man erkannte den Gemeinden ein moralisches Anrecht auf diese Steuerquelle zu, die sie zuerst und für ihre Zwecke erschlossen hatten, zumal angesichts ihres außerordentlich steigenden Finanzbedarfes, dessen Befriedigung überdies durch die am 1. April 1910 eintretende Aufhebung des Hauptteils des städtischen Oktrois erheblich erschwert wurde. Außerdem aber hielt man die örtliche Regelung dieser Steuer für weit zweckmäßiger, ja sogar für allein möglich, da die große Verschiedenheit der örtlichen Verhältnisse einer staatlichen und noch mehr einer reichsgesetzlichen Regelung widerstrebe. Anderseits wurde darauf hingewiesen, daß von den 76391 deutschen Gemeinden erst ein paar Hundert von der Möglichkeit, die Steuer bei sich einzuführen, Gebrauch gemacht hätten. Diese Hemmung der Entwicklung sei nicht in den wirtschaftlichen oder finanziellen, sondern lediglich in den Machtverhältnissen begründet. Zufolge gesetzlicher Privilegierung bildeten in den Gemeindevertretungen die Hausbesitzer $\frac{1}{2}$—$\frac{2}{3}$ aller Vertreter. Dazu komme die große Macht der Bodenbesitz- und Bodenspekulations-Interessenten und ihrer Geldgeber sowie der von diesen wirtschaftlich und sozial abhängigen Kreise. Die bestehenden Zuwachssteuerordnungen trügen daher mehr oder weniger das Gepräge mühsam errungener Kompromisse und führten das Prinzip dieser Steuer nur in sehr abgeschwächter Gestalt und daher auch mit entsprechend geringen Wirkungen durch. Die Verschiedenheiten in den Steuerordnungen seien sachlich gar nicht erheblich, zudem aber lediglich auf die Einflußnahme jener Kreise zurückzuführen. Durch die reichsgesetzliche Regelung und die Teilung des Steuerertrages zwischen Reich und Gemeinden würden alle deutschen Gemeinden mit einem Schlage dieser Steuerquelle und zugleich einer den örtlichen Spekulationsinteressen entrückten und einheitlichen Regelung teilhaftig werden.

Aber erst die andauernd schlechte Finanzlage des Reiches und die Unzulänglichkeit aller Versuche, sie gründlich zu sanieren, also rein finanzielle, nicht bodenpolitische Erwägungen, führten zur Verwirklichung des Projektes. Nachdem die ergiebigere Ausgestaltung der im Jahre 1906 eingeführten Reichserbschaftssteuer, die einen Hauptbestandteil der Reichsfinanzreformvorlagen von 1909 bildete, von der Mehrheit des Reichstags abgelehnt worden war, wurde unter den Ersatzmitteln, welche die dadurch entstandene Lücke decken sollten, auch die Reichszuwachssteuer vorgeschlagen. Diese Ersatzfrage war deshalb von ganz besonderer Bedeutung, weil durch den abgelehnten Ausbau der Erbschaftsbesteuerung die besitzenden Klassen vorzugsweise, und zwar in Höhe von rund 100 Mill. Mark, hätten belastet werden sollen, um dadurch wenigstens einigermaßen einen Ausgleich zu schaffen für die antisoziale Eigenschaft der durch die nämliche Reform wiederum erheblich vermehrten Aufwandbesteuerung, die breiten Massen der Bevölkerung im umgekehrten Verhältnisse zu ihrer Steuerkraft zu belasten. Am 1. Mai 1909 faßte die Finanzkommission des Reichstags einstimmig den Beschluß, die Regierung um sofortige Ausarbeitung einer Reichssteuer auf den unverdienten Wertzuwachs an Grundstücken zu ersuchen. Bald darauf wurde der Kommission von den Abgeordneten Graf Westarp und Genossen ein ausgearbeiteter Gesetzentwurf betreffend die Einführung einer Reichsumsatz- und Wertzuwachssteuer von Immobilien vorgelegt. Die Regierung erklärte, daß angesichts der großen, der sofortigen Ausarbeitung einer Zuwachssteuer entgegenstehenden praktischen Schwierigkeiten von einer Nutzbarmachung des an sich durchaus gerechten und nützlichen Gedankens für die Zwecke der gegenwärtigen Reform Abstand genommen werden müsse. Demnächst legte sie eine diesen Standpunkt näher begründende Denkschrift vor, in der darauf Bezug genommen wurde, daß eine zur Prüfung der Frage einberufene Konferenz von Sachverständigen sich am 10. Mai 1909 ganz überwiegend in gleichem Sinne ausgesprochen habe.

Angesichts dieser Stellungnahme der Regierung lehnte die Kommission den Antrag Westarp ab und erhöhte dafür die unter den Ersatzvorlagen der Regierung enthaltene Abgabe von Grundstücksübertragungen von $^1/_3$ auf $^1/_2$ % des Veräußerungspreises. In der dritten Lesung setzte sie dagegen diese Abgabe wieder auf $^1/_3$ % herab und beschloß zugleich folgenden § 90 Abs. 1 bis 3 des Reichsstempelgesetzes, dem dann auch das Plenum mit 223 gegen 127 Stimmen und schließlich auch die Regierung beistimmte:

„Bis zum 1. April 1912 soll eine Reichsabgabe von der unverdienten Wertsteigerung bei Grundstücken (Zuwachssteuer) eingeführt werden, welche so zu bemessen ist, daß sie einen Jahresertrag von mindestens 20 Mill. Mark erwarten läßt.

Über diese ist durch besonderes Gesetz mit der Maßgabe Bestimmung zu treffen, daß denjenigen Gemeinden und Gemeindeverbänden, in denen eine Zuwachssteuer am 1. April 1909 in Geltung war, der bis zu diesem Zeitpunkt erreichte jährliche Durchschnittsertrag dieser Abgabe für einen Zeitraum von mindestens 5 Jahren nach dem Inkrafttreten der Reichsabgabe belassen wird.

Dieses Gesetz ist dem Reichstage bis zum 1. April 1911 vorzulegen."

Die Regierung kam dieser gesetzlichen Pflicht schon am 10. April 1910 durch Einbringung des Entwurfes eines Zuwachssteuergesetzes nebst Begründung beim Reichstage nach, um sowohl die Unsicherheit des Grundstückmarktes als auch die Ungewißheit der Gemeinden hinsichtlich ihrer Etataufstellung möglichst bald zu beseitigen. Am 15. April erfolgte seine erste Lesung, nach der er einer Kommission von 28 Mitgliedern überwiesen wurde, die in 9 Sitzungen die erste, in 4 Sitzungen die zweite Lesung der 57 Paragraphen vornahm und eine große Masse von Abänderungsanträgen durchberiet. Am 15. Mai vertagte sie sich, entgegen dem Wunsche der Regierung nach schleuniger Erledigung, um dann vom 25. November bis 14. Dezember die dritte Lesung zu erledigen, nach der das Gesetz von ihr mit 14 gegen 1 Stimme bei 6 Stimmenenthaltungen angenommen wurde. Das Plenum, dem der Abgeordnete Graf Westarp Bericht erstattete, beriet vom 16. Januar bis zum 1. Februar 1911 die Vorlage in zweiter und dritter Lesung und nahm sie schließlich nach mannigfachen, zum Teil recht erheblichen Abänderungen mit 198 gegen 93 Stimmen bei 20 Stimmenthaltungen an. Nach Zustimmung des Bundesrats erfolgte die Ausfertigung des Gesetzes am 14. Februar, seine Verkündigung im Reichsgesetzblatt am 18. Februar 1911. Es trat in Kraft am 1. April 1911 mit Rückwirkung bis zum 1. Januar 1911. Die Ausführungsbestimmungen des Bundesrats sind unter dem 27. März 1911 erlassen.

Bei der Beratung der Vorlage ergaben sich erhebliche Schwierigkeiten namentlich infolge der Notwendigkeit, den durch besonders sorgfältige und geschickte Bearbeitung des landwirtschaftlichen Bodens hervorgerufenen Teil der Wertsteigerung zuverlässig zu ermitteln und auszuscheiden. Ferner stießen die landwirtschaftlichen und die städtischen Interessen oft hart aneinander. Auch das Bestreben, den „soliden Grundstückshandel" und das Baugewerbe vor Beeinträchtigung zu schützen, wirkte stark ein. Inwieweit die Länge der Besitzzeit auf die Progression des Steuerfußes Einwirkung haben müsse, gab bei der verschiedenartigen Beurteilung der Wirkungen dieser Dauer Anlaß zu erheblichen Meinungsverschiedenheiten. Daneben wurde von seiten der Interessenten eine außerordentlich starke Agitation gegen die Vorlage entfaltet. Für das Zustandekommen des Gesetzes war schließlich ein Kompromiß der Mehrheitsparteien maßgebend. Hierzu trug nicht am wenigsten die sehr erheblich gestiegene finanzielle Bedeutung der Vorlage bei, da der Staatssekretär des Reichsschatzamts geradezu erklärte: „— der Etat für 1911 bilanziert die Heeresvorlage von 8 Mill. Mark und die Veteranenbeihilfe von 5 Mill. Mark mit dem zu erwartenden Erträgnis aus der Zuwachssteuer."

Die zahlreichen und bedeutenden, vom Reichstage vorgenommenen Änderungen charakterisieren sich durchgehends als starke Abschwächungen des Prinzipes der Zuwachsbesteuerung und seiner Wirksamkeit. Namentlich gilt das von der zu den §§ 10 und 15 beschlossenen Hinzurechnung der Kapitalaufwendungen zum Erwerbspreise an Stelle ihres Abzugs vom Veräußerungspreise, wodurch die Steuer aus einer reinen Bodenwert-Zuwachssteuer in eine partielle Vermögenszuwachssteuer umgewandelt worden ist. Der Staatssekretär Wermuth äußerte sich über diese Abschwächungen dahin, daß dadurch „einem Teil des Gesetzes die Seele ausgebrochen worden ist“. Das Gefühl, bei der Neuheit dieser Steuer gewissermaßen einen „Sprung ins Dunkle“ zu tun, hat bei diesen Abschwächungen mitgewirkt. Anderseits sind die Steuersätze in der dritten Kommissionsberatung für Wertzuwachs von mehr als 190 % des Erwerbspreises etwas erhöht worden. Der Ertrag der Steuer für das Reich wurde danach vom Staatssekretär für das erste Jahr auf 13 Mill., für die folgenden auf je 20—22 Mill. Mark geschätzt. Ob die Steuer günstige bodenpolitische Wirkungen haben, insbesondere die ungesunde Bodenspekulation beschränken und die Steigerung der Bodenpreise mäßigen wird, muß angesichts jener Abschwächungen sehr zweifelhaft erscheinen. Nur die Erfahrung kann aber hierüber wie auch über den finanziellen Erfolg entscheiden.

B.

Übersicht über den Gesetzesinhalt.

Die sachliche Gliederung des Gesetzes ergibt sich aus der nachfolgenden Übersicht seines Inhaltes:

Gegenstand der Steuerpflicht: §§ 1—3, 6—7.
Eintritt der Steuerpflicht: §§ 4 und 5.
Berechnung des steuerpflichtigen Wertzuwachses: §§ 8—27.
Steuertarif: § 28.
Steuerpflichtige Personen und Steuerbefreiungen: §§ 29—33.
Erlaß und Erstattung der Steuer: § 34.
Verfahrensvorschriften: §§ 35—57.
Teilung des Steuerertrags unter die „Steuergläubiger": §§ 58—61.
Inkrafttreten und rückwirkende Kraft des Gesetzes, Zeitpunkt des Eintritts der Steuer- und der Anmeldepflicht: §§ 72, 62—65.
Rechte des Bundesrats zum Erlaß von Ausführungs- und Ergänzungsbestimmungen und zum Erlaß der Steuer: § 66.
Abänderungen des Reichsstempelgesetzes vom 15. Juli 1909: §§ 67—71.

C.

Zuwachssteuergesetz.

Vom 14. Februar 1911.

(RGBl. S. 33.)

Wir Wilhelm, von Gottes Gnaden Deutscher Kaiser, König von Preußen usw., verordnen im Namen des Reichs, nach erfolgter Zustimmung des Bundesrats und des Reichstags, was folgt:

Gegenstand der Steuerpflicht.

§ 1.

Beim Übergange des Eigentums an inländischen Grundstücken wird von dem Wertzuwachs, der ohne Zutun des Eigentümers entstanden ist, gemäß den Vorschriften dieses Gesetzes eine Abgabe (Zuwachssteuer) erhoben.

Beträgt der Veräußerungspreis, und im Falle einer Teilveräußerung der Wert des Gesamtgrundstücks, bei bebauten Grundstücken nicht mehr als 20000 *M*, bei unbebauten Grundstücken nicht mehr als 5000 *M*, so bleibt der Eigentumsübergang von der Steuer frei. Als unbebaut gelten auch solche Grundstücke, auf denen sich Gartenhäuser, Schuppen, Lagerstätten und ähnliche zu vorübergehenden Zwecken dienende Baulichkeiten befinden. Die Steuerfreiheit

tritt nur ein, wenn weder der Veräußerer und sein Ehegatte im letzten Jahre ein Einkommen von mehr als 2000 *M* gehabt haben, noch einer von ihnen den Grundstückshandel gewerbsmäßig betreibt. Wird festgestellt, daß die Veräußerung für Rechnung eines Dritten erfolgt, so ist die Steuerfreiheit nur zu gewähren, wenn die Voraussetzungen für die Befreiung auch in der Person des Dritten vorliegen.

Abs. 1.

1. Für die Begriffe „Grundstück" und „Gesamtgrundstück" hier und in den übrigen Bestimmungen des Gesetzes ist die wirtschaftliche Einheit des Besitzes das maßgebende Merkmal, also nicht die rechtliche Einheit noch die Eintragung im Grundstückkataster oder Lagerbuch oder auf einem oder mehreren Grundbuchblättern. Dies entsprechend der Rechtsprechung des preußischen KG. und der amtlichen Handhabung des RStempelG. Im übrigen ist unter Grundstücken zu verstehen jeder im Inland gelegene Grundbesitz, bebauter wie unbebauter, städtischer und ländlicher, und zwar die Erdoberfläche nebst den mit ihr als wesentliche Bestandteile verbundenen Gegenständen (Sachen und Rechten) mit Ausnahme der Maschinen und Bodenerzeugnisse (§ 10).

2. Auch das Bergwerkseigentum unterliegt der Steuerpflicht. Bezüglich der Kuxe siehe Anm. 3 zu § 2 und den vorletzten Satz von Anm. 1 zu § 3, bezüglich der Bergwerksprodukte Anm. 4 zu § 10.

3. Die Worte „der ohne Zutun des Eigentümers entstanden ist" sollen nur das Prinzip des Gesetzes, wonach die Steuer lediglich den nicht durch eigene Tätigkeit oder Aufwendungen des Eigentümers, sondern durch gesellschaftliche Entwicklungsvorgänge hervorgebrachten Wertzuwachs treffen soll, zu prägnantem Ausdruck bringen. Sie haben für die praktische Anwendung des Gesetzes keine selbständige Bedeutung neben den einzelnen Gesetzesbestimmungen. Vielmehr darf das durch sie ausgedrückte Prinzip nur zur Auslegung der Einzelbestimmungen in Zweifelsfällen benutzt werden. Für die Ermittlung des Wertzuwachses und für die Ausscheidung seines steuerpflichtigen Teiles sind also lediglich die Vorschriften dieses Gesetzes maßgebend. Der Steuerpflichtige kann daher nicht etwa geltend machen, daß ein Teil des nach diesen sich ergebenden Wertzuwachses „durch sein Zutun" entstanden und daher steuerfrei sei.

Abs. 2.

4. Diese Einschränkung der Steuerpflicht lehnt sich an die Befreiungsvorschrift in der Tarifstelle 11 des R-StempelG. an, ist aber weiter ausgeführt worden. Die letztgedachte Vorschrift ist daher mit der erweiterten Fassung des obigen Abs. 2 durch § 70 in Übereinstimmung gebracht worden (vgl. Anm. 1 zu § 70). Der Zweck der Befreiungsvorschrift in Abs. 2 ist zunächst, die zahlreichen Fälle von der Steuerpflicht auszuscheiden, in denen der Steuerertrag nicht im Verhältnis zur Veranlagungsarbeit und ihren Kosten steht, ferner aber auch, die kleinen Leute zu schonen, die ihren vielleicht viele Jahre hindurch mühsam bearbeiteten Besitz mit Gewinn veräußern. Die Schwierigkeit hinreichend sicherer Ausscheidung des durch Arbeit erzielten Wertzuwachses (vgl. Einleitung) beeinflußt also diese Erwägungen.

5. Die Bestimmung betreffs Teilveräußerungen sowie diejenige im Schlußsatz sollen Steuerumgehungen verhindern, die mittels Parzellenverkäufen oder durch die beliebte Vorschiebung von Strohmännern unternommen werden. Die Ausschließung der gewerbsmäßigen Spekulanten rechtfertigt sich ohne weiteres, weil hier das Motiv der billigen Schonung wegfällt.

6. Zu beachten ist, daß die Freilassung von der Steuer beim Vorliegen der Voraussetzungen des Abs. 2 ohne Rücksicht auf die sei es absolute sei es am Erwerbspreise gemessene Höhe des erzielten Gewinnes stattfindet. Die zuerst beschlossene Beschränkung der Steuerfreiheit auf einen nicht mehr als 50 % des Erwerbs-

preises betragenden Zuwachs wurde vom Reichstag wieder gestrichen.

7. Die Befreiung gilt nur für physische, nicht auch für juristische Personen. Letztere können also nicht etwa, wenn sie zur Einkommensteuer nicht veranlagt sind, geltend machen, daß sie kein steuerpflichtiges Einkommen von mehr als 2000 Mark haben.

8. Ob ein Grundstück als bebauet oder unbebauet zu gelten hat, bestimmt sich im Einzelfall nach der im Grundstücksverkehr üblichen Auffassung. Das Gesetz selbst gibt im zweiten Satz des Abs. 2 nur einen Anhalt dafür.

9. Die Feststellung des Einkommens kann an der Hand der Veranlagung zur Einkommensteuer erfolgen. Dabei kommt aber nur das wirklich veranlagte Einkommen in Betracht, nicht das durch Kinderprivileg, Abzug der Lebensversicherungsprämie u. a. Spezialvorschriften ermäßigte, von dem die Einkommensteuer berechnet wird.

10. Als „Veräußerung für Rechnung eines Dritten" gilt nicht die kraft Vormundschaft oder anderer gesetzlicher Vertretungsbefugnis erfolgte.

BundRAB. §§ 3, 11, 12, 14, 22, 23, 30.

Immobiliare Berechtigungen.

§ 2.

Die Vorschriften dieses Gesetzes über Grundstücke finden Anwendung auf Berechtigungen, für welche die sich auf Grundstücke beziehenden Vorschriften des bürgerlichen Rechts gelten; ausgenommen sind unbewegliche Bergwerksanteile.

1. Zu den „Berechtigungen" im Sinne dieses Paragraphen gehören namentlich: das Erbbaurecht (BGB. § 1012), das Erbpachtrecht einschließlich des Büdner- und Häuslerrechts (EG. BGB. Art. 63), ferner nach Maßgabe des Landesrechts Bergwerkseigentum,

Schiffsmühlen-, Fischerei-, Fähr-, Apotheken-, Wirtschaftsgerechtigkeiten u. a. m. Vgl. die Preußischen Ausführungsgesetze zum BGB. Art. 40 und zur Grundbuchordnung Art. 22, 27, 28 und das bayerische Gewerbegesetz vom 30. Jan. 1868 Art. 7. Sie unterliegen den im Zuwachssteuergesetze für Grundstücke erlassenen Vorschriften insoweit, als die Natur der Dinge es zuläßt. Daher fallen sie z. B. unter § 3, wenn sie zum Vermögen der dort genannten Vereinigungen gehören, dagegen unter die Befreiungen in § 1 Abs. 2 nur dann, wenn eine solche Berechtigung zusammen mit einem Grundstück, auf dem sie haftet, nicht aber wenn sie allein verkauft wird. Keinesfalls ist erforderlich, daß ein Grundbuchblatt für sie angelegt ist. Die Bestellung einer Berechtigung bleibt steuerfrei, da die Steuerpflicht auf die Fälle abgeleiteten Erwerbes beschränkt ist.

2. Unter „Vorschriften des bürgerlichen Rechts" sind solche des Reichs- und des Landesrechts zu verstehen.

3. Die grundsätzliche Freilassung der unbeweglichen Kuxe ist erfolgt, weil eine unterschiedliche Behandlung der beweglichen und unbeweglichen Kuxe wirtschaftlich ungerechtfertigt sein würde. Die Übertragung von Kuxen beider Arten ist jedoch steuerpflichtig, sofern die besonderen Voraussetzungen des § 3 vorliegen.

BundRAB. §§ 2, 3, 11, 30.

Grundstücksverwertungs- und Steuerersparungsgesellschaften.

§ 3.

Dem Übergange des Eigentums an Grundstücken steht gleich der Übergang von Rechten an dem Vermögen einer Gesellschaft mit beschränkter Haftung, einer Kommanditgesellschaft, Gewerkschaft, eingetragenen Genossenschaft, eines eingetragenen Vereins oder einer offenen Handelsgesellschaft, soweit das Vermögen der Vereinigung aus Grundstücken besteht, wenn entweder zum Gegenstande des

Unternehmens die Verwertung von Grundstücken gehört, oder wenn die Vereinigung geschaffen ist, um die Zuwachssteuer zu ersparen.

1. Dieser Paragraph soll speziell die weitverbreitete und systematisch betriebene Art von Steuerumgehung verhindern, die sich in die Form der Mobilisierung des Grundstückseigentums und -Wertes mittels Einbringens des Grundbesitzes in eine eigens zu diesem Zwecke gebildete Gesellschaft kleidet. Für die Form der Aktiengesellschaft und Kommanditgesellschaft auf Aktien verbot sich indessen diese gesetzliche Handhabe, weil der Übergang ihrer Anteile, von den Namensaktien abgesehen, sich jeder Ermittlung entzieht. Er enthält also nicht etwa allgemeine Bestimmungen über die Steuerpflicht von Gesellschaften und von Anteilsübertragungen derselben, sondern stellt eine Ausnahmevorschrift für solche Fälle dar, in denen die Gefahr einer derartigen Steuerumgehung naheliegt. Die Steuerpflicht ist daher hier beschränkt auf den aus Grundbesitz bestehenden Teil des Gesellschaftsvermögens und auf solche Gesellschaften, die sich mit der Verwertung von Grundstücken befassen. Unter „Verwertung" ist nicht lediglich die Veräußerung, sondern sind auch andere Vorgänge zu verstehen, die in ihrer wirtschaftlichen Bedeutung der Veräußerung gleichkommen. Anderseits aber auch nicht jede Veräußerung oder jede (z. B. bergmännische) Benutzung, sondern nur eine solche, die auf Nutzbarmachung des Mehrwertes abzielt. Wieweit das zutrifft, bestimmt sich stets nach den Umständen des Falles. Nicht darunter fallen z. B. die gelegentlich einer Geschäftsveränderung oder -Verlegung erfolgten Grundbesitz-Veräußerungen einer Gesellschaft noch auch der Fall, daß eine Bergwerksgesellschaft sich gezwungen sieht, zur Vermeidung des Ersatzes von Bergschäden Grundstücke anzukaufen und dann wieder zu verkaufen. Erst recht nicht gehört hierher der regelmäßige Kuxenhandel. Nicht nötig ist, daß die Verwertung unmittelbar den Gegenstand des Unternehmens bildet, sondern es kann genügen, wenn dies mittelbar geschieht, z. B. indem

sich eine Gesellschaft mit der Verwertung von Anteilen einer anderen befaßt, für welche die Voraussetzungen der Steuerpflicht vorliegen.

2. Die Gesellschaftsanteile sind selbständiges Steuerobjekt. Als Wertzuwachs gilt für sie der Unterschied zwischen Erwerbs- und Veräußerungspreis schlechthin, ohne die Zu- und Abrechnungen der §§ 14, 16, 22. Für die Feststellung des Zuwachses kommt aber immer nur der Teil des Geschäftsanteils in Betracht, der dem aus Grundstücken oder grundstücksgleichen Berechtigungen bestehenden Teile des Gesellschaftsvermögens entspricht.

3. Gegen Steuerumgehungen dieser Art, die an Grundstücken, welche nach dem 31. März 1905 erworben wurden, vor dem 1. Januar 1911 vorgenommen worden sind und daher von der Rückwirkung des Gesetzes (§ 62 Abs. 1) nicht miterfaßt werden, gibt § 64 eine besondere Handhabe.

BundRAB. §§ 2, 3, 5, 7, 11, 30.

Eintritt der Steuerpflicht.

§ 4.

Die Steuerpflicht wird begründet durch die Eintragung der Rechtsänderung in das Grundbuch oder, wenn es einer solchen zum Übergange des Eigentums nicht bedarf, durch den Vorgang, der die Rechtsänderung bewirkt.

Sofern das Grundbuch noch nicht als angelegt anzusehen ist, tritt an die Stelle der Eintragung die Umschreibung in öffentlichen Büchern.

Abs. 1.

1. Da der Kaufpreis in der Regel beim Übergange des Eigentums entrichtet und dadurch der Veräußerer zur Entrichtung der Steuer befähigt wird, so ist die Steuerpflicht an die den Eigentumsübergang bewirkende Eintragung der Rechtsänderung in das Grundbuch geknüpft.

Sache des Steuerpflichtigen ist es daher, beim Vertragsabschluß dafür zu sorgen, daß ihm zu diesem Zeitpunkte ein dem Steuerbetrage entsprechender barer Teil des Kaufpreises zur Verfügung steht. Wegen Stundungen und Teilzahlungen siehe § 48.

2. Verluste, die der Verkäufer wegen Zahlungsunfähigkeit des Käufers erleidet, berühren an sich die Steuerpflicht nicht.

BundRAB. §§ 3 und 30.

Veräußerungsgeschäfte ohne Eigentumsübertragung.

§ 5.

Erfolgt der Übergang des Eigentums nicht innerhalb eines Jahres nach Abschluß des zur Übertragung des Eigentums verpflichtenden Veräußerungsgeschäfts, so gelangt die Zuwachssteuer aus Anlaß dieses Rechtsgeschäfts und, falls innerhalb des einjährigen Zeitraumes mehrere Rechtsgeschäfte dieser Art abgeschlossen worden sind, aus Anlaß des letzten Rechtsgeschäfts zur Hebung.

Die Steuerpflicht tritt im Falle des Abs. 1 mit Ablauf eines Jahres nach Abschluß des Veräußerungsgeschäfts ein: für die Veranlagung ist der Zeitpunkt maßgebend, in welchem das Rechtsgeschäft oder bei mehreren Rechtsgeschäften das letzte Rechtsgeschäft abgeschlossen ist.

Als Rechtsgeschäfte im Sinne des Abs. 1 sind auch anzusehen:

1. die Übertragung der Rechte der Erwerber aus Veräußerungsgeschäften;
2. die Übertragung von Rechten aus Anträgen zur Schließung eines Veräußerungsgeschäfts, die den Veräußerer binden, sowie aus Verträgen,

durch die nur der Veräußerer zur Schließung eines Veräußerungsgeschäfts verpflichtet wird;

3. nachträgliche Erklärungen des aus einem Veräußerungsgeschäfte berechtigten Erwerbers, die Rechte für einen Dritten erworben oder die Pflichten für einen Dritten übernommen zu haben;
4. die Abtretung der Rechte aus dem Meistgebot und die Erklärung des Meistbietenden, daß er für einen anderen geboten habe;
5. Rechtsgeschäfte, durch die jemand ermächtigt wird, ein Grundstück ganz oder teilweise auf eigene Rechnung zu veräußern.

1. Durch diese Bestimmungen soll speziell denjenigen bisher bekannt gewordenen Arten von Steuerumgehung entgegengewirkt werden, die durch eine besondere rechtliche Konstruktion des Veräußerungsgeschäfts, namentlich durch unvollkommene Vertragsabreden oder durch Dazwischenschiebung einer dritten, befreiten Person sich der Steuerpflicht zu entziehen suchen.

Abs. 1 und 2.

2. Diese Vorschriften sollen im Interesse der Rechtssicherheit verhindern, daß die Auflassung und Eintragung wegen der Steuerpflicht über Gebühr hinausgeschoben werden oder daß man sich, wie im spekulativen Grundstücksverkehr vielfach vorgekommen, überhaupt damit begnügt, im Wege des obligatorischen Veräußerungsgeschäftes die Grundstücke von Hand zu Hand zu übertragen und die förmliche Eigentumsübertragung erst dann vorzunehmen, wenn dies zur Wahrnehmung des grundbuchlichen Eigentumsrechtes unerläßlich ist. Dem Übergange des Eigentums wird daher der obligatorische Veräußerungsvorgang in dem Falle gleichgestellt, daß diesem nicht innerhalb eines Jahres nach seiner Vornahme die förmliche Eigentumsübertragung nachfolgt, wobei, falls inzwischen mehrere derartige Geschäfte vorgenommen sind, für die Fristbemessung das erste, für die Abgabefestsetzung das letzte Geschäft maßgebend ist.

3. Unter „Veräußerungsgeschäft" sind alle entgeltlichen obligatorischen Rechtsgeschäfte zu verstehen, die unmittelbar oder mittelbar als Grundlage für den Übergang des Eigentums oder der Berechtigung zu dienen geeignet und in rechtswirksamer Form abgeschlossen sind.

Abs. 3.

4. Hier sind im wesentlichen dieselben Rechtsvorgänge aufgeführt, die gleichfalls zur Verhütung von Steuerumgehungen in Tarifnummer 11 des RStempelG. unter a Abs. 2 der Grundwechselabgabe unterstellt sind.

Abs. 1—3.

5. Steuerfrei sind Rechtsvorgänge der hier bezeichneten Arten, sofern sie vor dem 1. Januar 1911 abgeschlossen sind (§ 17 Abs. 2).

6. Beim Erwerbe auf Grund mehrerer aufeinander folgender Rechtsgeschäfte erfolgt, falls die Steuerpflicht vor dem Übergang an den letzten Erwerber in Gemäßheit dieses Paragraphen eintritt, die Steuerfestsetzung nach Maßgabe des § 27.

BundRAB. §§ 3, 11, 12, 30.

Verschleierung des Steuerfalls.

§ 6.

Die Besteuerung wird nicht dadurch ausgeschlossen, daß ein nach diesem Gesetze steuerpflichtiges Rechtsgeschäft durch ein anderes Rechtsgeschäft verdeckt wird, insbesondere an die Stelle des Überganges des Eigentums ein Rechtsvorgang tritt, der es ohne Übertragung des Eigentums einem anderen ermöglicht, über das Grundstück wie ein Eigentümer zu verfügen.

Diese Vorschrift tritt allen solchen Steuerumgehungsversuchen entgegen, die das eigentliche, einen entgeltlichen Eigentumsübergang bezweckende Rechtsgeschäft durch ein anderes, an sich steuerfreies zu verdecken bestrebt sind. Die Steuerpflicht tritt in solchen Fällen trotz der Verdeckung ein.

BundRAB. § 46.

Befreiungen von der Steuerpflicht.

§ 7.

Die Zuwachssteuer wird nicht erhoben:

1. beim Erwerbe von Todes wegen im Sinne der §§ 1 bis 4 des Erbschaftssteuergesetzes sowie beim Erwerb auf Grund einer Schenkung unter Lebenden im Sinne des § 55 des Erbschaftssteuergesetzes, sofern nicht die Form der Schenkung lediglich gewählt ist, um die Zuwachssteuer zu ersparen;
2. bei der Begründung, Änderung, Fortsetzung und Aufhebung der ehelichen Gütergemeinschaft;
3. beim Erwerb auf Grund von Verträgen, die zwischen Miterben oder Teilnehmern an einer ehelichen oder fortgesetzten Gütergemeinschaft zum Zwecke der Teilung der zum Nachlaß oder zum Gesamtgut gehörenden Gegenstände abgeschlossen werden, sowie beim Erwerb auf Grund eines Zuschlags, der in den vorgenannten Fällen bei Teilung im Wege der Versteigerung einem Miterben oder Teilnehmer erteilt wird;
4. beim Erwerbe der Abkömmlinge von den Eltern, Großeltern und entfernteren Voreltern;
5. beim Einbringen in eine ausschließlich aus dem Veräußerer und dessen Abkömmlingen oder aus

diesen allein bestehende Gesellschaft des Bürgerlichen Gesetzbuchs oder Vereinigung der im § 3 bezeichneten Art. Die Steuerpflicht tritt ein, soweit nachträglich ein Gesellschafter aufgenommen wird, der nicht zu den Abkömmlingen des Veräußerers gehört;

6. beim Einbringen von Nachlaßgegenständen in eine ausschließlich von Miterben gebildete Gesellschaft des Bürgerlichen Gesetzbuchs oder Vereinigung der im § 3 bezeichneten Art. Die Vorschrift der Ziffer 5 Satz 2 findet entsprechende Anwendung;

7. beim Austausch im Inlande gelegener Grundstücke zum Zwecke der Zusammenlegung (Flurbereinigung), der Grenzregelung oder der besseren Gestaltung von Bauflächen (Umlegung) sowie bei Ablösung von Rechten an Forsten, wenn diese Maßnahmen auf der Anordnung einer Behörde beruhen oder von einer solchen als zweckdienlich anerkannt werden;

8. beim Austausch von Feldesteilen zwischen angrenzenden Bergwerken und bei der Vereinigung zweier oder mehrerer Bergwerke zum Zwecke der besseren bergbaulichen Ausnutzung, sofern sie nicht zum Zwecke der Steuerersparung erfolgen.

Zu den Miterben im Sinne der Ziffern 3, 6 wird der überlebende Ehegatte gerechnet, der mit den Erben des verstorbenen Ehegatten gütergemeinschaftliches Vermögen zu teilen hat.

Abs. 1.

1. Die hier gemachten Ausnahmen von der Steuerpflicht rechtfertigen sich teils durch das Fehlen einer Gewinnverwirklichung teils durch ihren engen Zusammenhang mit Vorgängen, wie namentlich der Erbfolge, bei denen eine solche Verwirklichung nicht vorhanden ist. Letzterenfalls wird der bisherige Wertzuwachs aber beim nächsten steuerpflichtigen Veräußerungsfalle miterfaßt, da bei diesem für die Bemessung des Wertzuwachses von dem Preise zur Zeit des letzten steuerpflichtigen Rechtsvorganges auszugehen ist. Als steuerpflichtig in diesem Sinne gelten auch vor dem Inkrafttreten des Gesetzes gelegene Erwerbsvorgänge, die, wenn sie nach diesem Zeitpunkte eingetreten wären, Anlaß zur Steuererhebung gegeben haben würden. Zu beachten ist jedoch die gemäß § 65 Abs. 1 erfolgende Beschränkung der später eintretenden Steuerpflicht in den Fällen der Ziffer 3 und 4, sofern die Auseinandersetzung bzw. der Erwerb aus der Hand von Aszendenten vor dem 1. Januar 1911 erfolgte.

2. Eine Teilung im Wege öffentlicher Versteigerung und Zuschlagserteilung in den Fällen der Ziff. 3 ist im Westen und Süden vielfach üblich.

3. „Erwerb" in Ziff. 4 umfaßt alle zwischen Eltern als Veräußerern und Abkömmlingen als Erwerbern abgeschlossenen entgeltlichen Verträge, nicht nur die einen vorweggenommenen Erbgang darstellenden.

4. Im Falle der Ziff. 5 Satz 2 ist für den Umfang der Steuerpflicht das Beteiligungsverhältnis des fremden Gesellschafters maßgebend. Die Vorschrift dient der Verhütung von Steuerumgehungen; ebenso in Ziff. 7 die geforderte behördliche Anordnung oder Anerkennung. Letztere kann auch im Veranlagungsverfahren geschehen. Ihr gleich steht die Verfügung der Behörde, durch die eine private Flurbereinigung oder Umlegung für vollzugsreif erklärt wird.

5. Zu Ziff. 8: Die Vereinigung mehrerer Bergwerke zu einem einheitlichen Ganzen (Konsolidation im Sinne des preußischen Berggesetzes) soll nur insoweit steuer-

frei bleiben, als sie aus bergtechnischen oder sonstigen sachlichen Gründen notwendig oder zweckmäßig erscheint. Steuerpflichtig ist daher z. B. die Vereinigung mehrerer technisch selbständiger Bergwerke zu einer Aktiengesellschaft.

BundRAB. §§ 12 und 14.

Steuerpflichtiger Wertzuwachs und Preisbestimmung.

§ 8.

Als steuerpflichtiger Wertzuwachs gilt der Unterschied zwischen dem Erwerbspreis und dem Veräußerungspreise.

Der Preis bestimmt sich nach dem Gesamtbetrage der Gegenleistung einschließlich der vom Erwerber übernommenen oder ihm sonst infolge der Veräußerung obliegenden Leistungen und der vorbehaltenen oder auf dem Grundstücke lastenden Nutzungen und bei Verträgen über Leistung an Erfüllungsstatt nach dem Werte, zu dem die Gegenstände an Erfüllungsstatt angenommen werden.

Ist einem der Vertragschließenden ein Wahlrecht oder die Befugnis eingeräumt, innerhalb gewisser Grenzen den Umfang der Gegenleistung zu bestimmen, so ist für die Bemessung der Abgabe der höchste mögliche Betrag der Gegenleistung maßgebend.

Abs. 1.

1. Gegenstand der Steuerpflicht ist, gemäß dem Gedanken der Gewinnverwirklichung, der Wertzuwachs an Grundstücken oder ihnen gleichgestellten Berechtigungen, der sich in dem Unterschiede zwischen dem „Erwerbspreise" (dem Preise des Grundstücks beim Erwerb) und dem „Veräußerungspreise" (dem Preise bei der Veräußerung) darstellt, wie diese in den §§ 9—27 näher bestimmt sind.

Abs. 2.

2. Unter „Preis" ist hier und in den folgenden Paragraphen sowohl der Erwerbs- als der Veräußerungspreis zu verstehen. Bei der Berechnung des Preises für das Grundstück ist der Preis oder Wert eines darauf betriebenen Geschäftes nicht zu berücksichtigen. Den Beteiligten gibt aber § 13 die Möglichkeit, sowohl bei Verkäufen wie beim Einbringen in Gesellschaften den Preis des Grundstücks und des Geschäftes besonders zu vereinbaren.

Abs. 3.

3. Diese Vorschrift soll einer mittels wahlweiser Bestimmung der Gegenleistung oder mittels Unterlassung der Preistrennung angestrebten Steuerminderung entgegenwirken.

Erwerb in der Zwangsversteigerung.

§ 9.

Beim Übergang im Wege der Zwangsversteigerung gilt als Preis der Betrag des Meistgebots, zu dem der Zuschlag erteilt wird, unter Hinzurechnung der vom Ersteher übernommenen Leistungen. Im Falle der Abtretung der Rechte aus dem Meistgebot und der Erklärung des Meistbietenden, daß er für einen anderen geboten habe, tritt an die Stelle des Meistgebots der Wert der Gegenleistung, wenn sie höher ist als das Meistgebot.

1. Über den Fall, daß der Ersteher Hypothekengläubiger war und mit seiner Forderung teilweise ausfiel, siehe § 14 Ziff. 2.

2. Unter Meistgebot ist hier zu verstehen: das Bargebot, für das der Zuschlag erteilt wird, einschließlich der nach den Versteigerungsbedingungen oder nach den gesetzlichen Vorschriften bestehenbleibenden Rechte.

3. Die in § 10 vorgeschriebenen Abzüge vom Preise gelten auch für den Erwerb in der Zwangsversteigerung. Um dies klar auszudrücken, sind sie aus § 5 ausgeschaltet und als besonderer Paragraph hinter § 9 eingefügt worden.

Abzüge vom Preise.

§ 10.

Von dem Preise kommt in Abzug der Wert der vom Veräußerer übernommenen Lasten, der Maschinen, auch soweit sie zu den wesentlichen Bestandteilen des Grundstücks gehören, und der Erzeugnisse des Grundstücks, solange sie mit dem Boden zusammenhängen.

1. Lasten, die der Verkäufer im Kaufvertrage übernommen hat, vom Preise abzurechnen, entspricht der Gerechtigkeit. Dahin gehören z. B. die Verpflichtung zur Unterhaltung von Bahnanlagen, Turn- oder Spielplätzen oder dergleichen. Ein entsprechendes Recht des Käufers, das nach § 13 zur Anrechnung gelangen könnte, braucht derartigen Verpflichtungen nicht notwendig gegenüberzustehen, daher die Vorschrift unentbehrlich ist.

2. In das Grundstück eingebaute Maschinen sind wirtschaftlich nicht als Grundstücksbestandteile anzusehen. Da aber die Rechtsprechung des bürgerlichen Rechts solche Maschinen als wesentliche Grundstücksbestandteile ansieht, so würde der beim Verkauf für die Maschinen gezahlte Preis auch nach § 13 nicht besonders in Rechnung gestellt werden können, mithin der Steuer unterliegen. Dies verhindert die obige Spezialbestimmung.

3. Ebenso gelten nach bürgerlichem Recht die Erzeugnisse des Grundstücks, solange sie mit dem Boden zusammenhängen, als wesentliche Bestandteile des ersteren, so daß auch hier eine Sonderberechnung im Sinne des § 13 nicht möglich ist. Auch für sie war daher eine gleichartige Vorschrift notwendig, um sie der Steuerpflicht zu entziehen. Denn bei land- oder forstwirtschaftlich oder gärtnerisch genutzten Grundstücken bestimmt sich

der Preis wesentlich mit nach den auf ihnen vorhandenen Erzeugnissen.

4. Zu den „Erzeugnissen" in diesem Sinne gehören namentlich: die aufstehende Ernte bei landwirtschaftlichen Besitzungen; der gesamte Holzbestand, also nicht bloß dessen schlagreifer Teil, bei forstwirtschaftlich genutzten Grundstücken; Obstbäume und Rebstöcke nebst dem daran hängenden Obst und Wein bei Grundstücken, die dem Obst- und Weinbau gewidmet sind; Hopfenpflanzen bei Hopfenkulturen; das aufstehende Gras bei Wiesen. Nicht aber bei Niederwaldbetrieb die im Boden verbleibenden Wurzelstöcke, ferner Bergwerksprodukte überhaupt nicht, weil sie nicht zu den „Erzeugnissen" des Bodens im Sinne des bürgerlichen Rechtes gehören.

5. Abzugsfähig ist vom Erwerbspreise der Wert zur Zeit des Erwerbs und vom Veräußerungspreise der Wert zur Zeit der Veräußerung. Zwischen Erwerb und Veräußerung mit dem Grundstück verbundene Maschinen und Erzeugnisse sind also nicht ohne weiteres mit ihrem Anschaffungswert in Abzug zu bringen. Infolge der Wertaussonderung sind auch die auf die ausgesonderten Gegenstände gemachten Aufwendungen nicht anrechnungsfähig. Ebensowenig dürfen für die Wertminderung derselben gezahlte Entschädigungen dem Veräußerungspreise hinzugerechnet werden.

Ersatz des Preises durch den Wert.

§ 11.

Ist ein Preis nicht vereinbart oder nicht zu ermitteln, so tritt an dessen Stelle der Wert des Grundstücks.

Das Gleiche gilt, wenn auf dem Grundstück eine der im § 2 bezeichneten Berechtigungen oder ein Nießbrauchsrecht lastet, zu deren Beseitigung der Veräußerer nicht verpflichtet ist, und der Wert des Grundstücks den Betrag der Gegenleistung über-

steigt. Wenn die Beteiligten zum Zwecke der Steuerersparung einen Teil des Entgelts in die Form einer Vermittlungsgebühr, einer den üblichen Zinssatz erheblich übersteigenden Verzinsung des gestundeten Preises oder einer sonstigen Nebenleistung kleiden, so ist der als Teil des Entgelts anzusetzende Betrag durch Schätzung zu ermitteln.

Abs. 1.

1. Als vereinbart gilt, was nach der Absicht der Parteien das Entgelt für die Eigentumsübertragung bildet, unabhängig davon, was sie etwa nach außen als Preis angeben (vgl. § 6). „Wert" ist der gemeine Wert zur Zeit des Eintritts der Steuerpflicht (§ 12).

Abs. 2.

2. Die Bestimmungen des Abs. 2 sollen beliebte Steuerumgehungsversuche verhüten, denen gemeinsam ist, daß die Vereinbarungen der Vertragsparteien in der Absicht getroffen sind, die Zahlung des Entgeltes zum Zwecke der Steuerersparung in einer der hier genannten Formen zu vereinbaren. Dahin gehört der Fall, daß der Eigentümer dem Erwerber zunächst ein Nießbrauchsrecht oder eine immobiliare Berechtigung im Sinne des § 2 einräumt und danach das nackte Eigentum auf ihn zu einem erheblich hinter dem Werte des Grundstücks zurückbleibenden Preise überträgt. Ferner der Fall, daß ein Teil des Preises in Form von Zinsen bezahlt wird. Das kann namentlich geschehen, indem der Kaufvertrag über das Grundstück nach außen durch einen Mietvertrag verdeckt wird, bei dem die Miete die Verzinsung des Restkaufgeldes darstellt, dem Mieter ein Vorkaufsrecht eingeräumt wird und die sonst nötigen Abmachungen durch Sicherungshypotheken sichergestellt werden. Da in derartigen Fällen der übliche Zinsfuß erheblich überschritten wird, so ist diese Überschreitung als kennzeichnendes Merkmal in den Gesetzestext aufgenommen worden. Ebensowohl läßt sich ein Teil des Kaufgeldes in

die Form einer Vermittlungsgebühr oder einer Nebenleistung kleiden.

BundRAB. § 22.

Wertermittlung. **§ 12.**

Die Wertermittlung ist in den Fällen, in denen für die Berechnung der Abgabe ein Wert in Betracht zu kommen hat, auf den gemeinen Wert des Grundstücks zu richten. Die Vorschrift des § 8 Abs. 3 findet entsprechende Anwendung.

Der Wert wiederkehrender Leistungen oder Nutzungen bestimmt sich nach den Vorschriften des Erbschaftssteuergesetzes.

Abs. 1.

1. Hat gemäß §§ 11 und 12 eine Wertermittlung behufs Berechnung des Veräußerungspreises stattgefunden, so ist der ermittelte Wert beim nächsten Steuerfall maßgebend für die Berechnung des Erwerbspreises.

2. Gemeiner Wert ist nach § 22 der BundRAB. der Verkaufs- oder Verkehrswert, der durch den Preis bestimmt wird, welcher im gewöhnlichen Geschäftsverkehre nach der Beschaffenheit des Gegenstandes ohne Rücksicht auf andere ungewöhnliche oder lediglich persönliche Verhältnisse zu erzielen ist. Der Reichskanzler ist ermächtigt, über die Ermittlung des Wertes für einzelne Grundstücksarten Grundsätze aufzustellen. Im Einverständnisse mit ihm kann die Landeszentralbehörde bestimmen, daß, soweit für den in Betracht kommenden Zeitpunkt nach landesrechtlichen Vorschriften der gemeine Wert ermittelt ist, diese Wertermittlung der Steuerberechnung zugrunde gelegt wird, sofern nicht der Steuerpflichtige nachweist, daß der Wert ein anderer war. Demgemäß bestimmt für Bayern § 16 Abs. 2 der BayerAB.: „Ist der Wert eines Grundstücks oder Grundstücksteils aus Anlaß der Erhebung der bayerischen Landesgebühren für den in Betracht kommenden Erwerbs-

oder Veräußerungsvertrag im Wege des Wertsermittlungsverfahrens nach Art. 42 des Gebührengesetzes gerichtlich festgestellt worden, so ist dieser Wert auch bei der Berechnung der Zuwachssteuer zugrunde zu legen, sofern nicht der Steuerpflichtige nachweist, daß der Wert ein anderer war."

Abs. 2.

3. Vgl. Reichserbschaftssteuergesetz vom 3. Juni 1906 §§ 17—20; im Wortlaut mitgeteilt in der Preuß. Ausf.-Anw. D 11 (s. Anhang II unten).

BundRAB. § 22.

Preistrennung.

§ 13.

Betrifft der steuerpflichtige Rechtsvorgang steuerpflichtige und steuerfreie Gegenstände, ohne daß Einzelpreise oder -werte angegeben werden, so bestimmt die Steuerbehörde den auf die steuerpflichtigen Gegenstände entfallenden Teil der Gesamtsumme, wenn nicht der Steuerpflichtige auf Erfordern innerhalb der ihm bestimmten Frist die Trennung der Preise oder Werte nachholt. Sind zum Zwecke der Steuerersparung unrichtige Angaben gemacht worden, so ist der Betrag durch Schätzung zu ermitteln.

Das Gleiche gilt für die Verteilung des Gesamtbetrags auf mehrere steuerpflichtige Gegenstände.

Abs. 1.

1. Zu Gegenständen im Sinne des Abs. 1 gehören selbstverständlich auch Rechte.

2. Der zweite Satz des Abs. 1 soll jeden Zweifel darüber ausschließen, daß die Steuerbehörde an die Einzelpreis-Angaben des Pflichtigen nicht gebunden ist.

Abs. 1 u. 2.

3. Absichtlich zu niedrige Angabe des auf das Grundstück entfallenden Veräußerungspreises rächt sich, von der Strafbarkeit (§§ 50 u. 51) abgesehen, dadurch, daß der jetzige Erwerber bei späterer Veräußerung natürlich eine um so höhere Zuwachssteuer zahlen muß, und noch dazu obwohl von jener Steuerersparung nicht er, sondern sein damaliger Verkäufer den Vorteil hatte.

4. Es handelt sich hier um Gegenstände, die nicht, wie die in § 10 genannten, als Teile des Grundstücks angesehen werden, sondern die, wie z. B. Hausgerät oder lebendes Inventar, als selbständige Dinge mitverkauft sind. Bei ersteren pflegt das Entgelt Teil des Kaufpreises zu sein, für letztere werden gewöhnlich neben dem Grundstückspreise besondere Preise vereinbart.

Hinzurechnungen zum Erwerbspreise.

§ 14.

Dem Erwerbspreis sind hinzuzurechnen:

1. als Kosten des Erwerbes, sofern nicht an Stelle des Erwerbspreises der Wert maßgebend ist, vier vom Hundert des Erwerbspreises und, falls der Veräußerer nachweislich einschließlich der ortsüblichen Vermittlungsgebühr einen höheren Betrag aufgewendet hat, dieser;
2. falls der Erwerb im Wege der Zwangsversteigerung erfolgt ist und der Veräußerer zur Zeit der Einleitung der Zwangsversteigerung Hypotheken- oder Grundbuchgläubiger war, der nachweisliche Betrag seiner ausgefallenen Forderungen, bis zu dem Wert, den das Grundstück zur Zeit der Zwangsversteigerung oder, wenn der Wert zur Zeit der Eintragung der Forderung höher war, zu diesem Zeitpunkt hatte. Die Forderungen kommen, wenn sie durch entgeltliches Rechtsgeschäft erworben sind, nur in Höhe des geleisteten Entgelts in Anrechnung. Beruht ihr Erwerb auf einer Schenkung, oder

ist ihre Eintragung innerhalb kürzerer Zeit als sechs Monate vor der Einleitung der Zwangsversteigerung erfolgt, so werden die Forderungen nur berücksichtigt, wenn nach den Umständen Schenkung oder Eintragung keine Steuerersparung bezwecken;

3. die Aufwendungen für Bauten, Umbauten und für sonstige dauernde besondere Verbesserungen, auch solche land- oder forstwirtschaftlicher Art, sowie für bergmännische Versuchs- und Ausrichtungsarbeiten, die innerhalb des für die Steuerberechnung maßgebenden Zeitraums gemacht sind und weder die nach § 10 abzugsfähigen Gegenstände betreffen, noch der laufenden Unterhaltung von Baulichkeiten oder der laufenden Bewirtschaftung von Grundstücken dienen, soweit die Bauten und Verbesserungen noch vorhanden sind. Außerdem sind fünf vom Hundert oder wenn der Veräußerer Baugewerbetreibender oder Bauhandwerker und selbst der Bauunternehmer ist, fünfzehn vom Hundert des anrechnungsfähigen Wertes den Aufwendungen hinzuzurechnen. Diese Bestimmung findet jedoch keine Anwendung, wenn der Unternehmer eine Gesellschaft im Sinne des Handelsgesetzbuchs oder eine Genossenschaft ist, die nicht ausschließlich aus Baugewerbetreibenden oder Bauhandwerkern bestehen. Als Aufwendungen im Sinne dieser Vorschrift gelten Beträge, die aus Versicherungen gedeckt sind, nicht, wenn sie zur Wiederherstellung von Baulichkeiten verwendet sind, die vor dem für die

Steuerberechnung maßgebenden Zeitraum errichtet waren;

4. die Aufwendungen, Leistungen und Beiträge für Straßenbauten, andere Verkehrsanlagen einschließlich der Kanalisierung, sowie ohne entsprechende Gegenleistung und Verzinsung geleistete Beiträge für sonstige öffentliche Einrichtungen, soweit die Aufwendungen, Leistungen und Beiträge innerhalb des für die Steuerberechnung maßgebenden Zeitraums gemacht sind. Für jedes volle Jahr dieses Zeitraums nach Schluß des Kalenderjahrs, in welchem die Aufwendungen gemacht oder die Leistungen oder Beiträge verausgabt sind, längstens jedoch für fünfzehn Jahre, sind ihnen vier vom Hundert ihres Betrags hinzuzurechnen. Auf Antrag des Veräußerers tritt an die Stelle dieser Zinsanrechnung die Hinzurechnung gemäß § 16, und zwar gemäß Abs. 1 Ziffer 1 von demjenigen Betrage, welcher den dort bezeichneten Höchstbetrag bei Berücksichtigung auch der Aufwendungen nach Ziffer 4 nicht übersteigt, gemäß Abs. 1 Ziffer 2 von dem Mehrbetrage.

1. Die Abänderungen, welche der Reichstag bei diesem und dem mit ihm zusammenhängenden § 22 an der Regierungsvorlage (deren §§ 10 und 15 sie bildeten) vorgenommen hat, schneiden sowohl in das Prinzip der Zuwachsbesteuerung als in seine finanzielle Wirksamkeit am tiefsten ein.

Nach der Vorlage sollten die hier in Ziff. 3 und 4 aufgeführten Aufwendungen nicht zum Erwerbspreise hinzugerechnet, sondern vom Veräußerungspreise abgerechnet werden, weil der Wertzuwachs nach der Natur der Sache wie nach der Erfahrung auf den Wert des nackten **Bodens**, nicht aber auf den der mit ihm verbundenen Kapitalaufwendungen entfällt. Die letzteren unterliegen vielmehr, wie namentlich das Beispiel der Gebäude zeigt, ihrer Natur und Bestimmung nach einer fortgesetzten **Entwertung**, so daß, wenn trotzdem der Wert des Grundstücks bei der Veräußerung gegen den Wert beim Erwerb gestiegen ist, diese Steigerung nur auf den **Boden** entfällt. Die Entwertung der Kapitalaufwendungen vergrößert also nicht, sondern vermindert den Unterschied zwischen Erwerbs- und Veräußerungspreis.

Aber auch die finanzielle Wirkung ist in beiden Fällen sehr verschieden, nämlich erheblich günstiger für die Allgemeinheit, in deren Interesse die Steuer erhoben wird, wenn die Aufwendungen vom Veräußerungspreise abgezogen werden, dagegen für die Steuerpflichtigen erheblich günstiger im umgekehrten Falle. Ward z. B. ein Grundstück für 100000 Mark einschließlich der Erwerbskosten erworben, danach ein Haus im Werte von 100000 Mark darauf errichtet und es dann für 250000 Mark veräußert, so beträgt der Wertzuwachs zwar nach beiden Berechnungsweisen 50000 Mark, nach der ersteren sind diese aber 50 % des wirklichen Erwerbspreises von 100000 Mark, nach der letzteren dagegen nur 25 % des (durch Hinzurechnung des Gebäudewertes) angenommenen Erwerbspreises von 200000 Mark. Durch die progressive Staffelung der Steuer wird der Unterschied der in den beiden Fällen zu zahlenden Steuersätze noch größer.

Durch die Hinzurechnung der Aufwendungen zum Erwerbspreise ist also der **Grundgedanke der Wertzuwachsbesteuerung zu falschem Ausdrucke** im Gesetze gekommen. Richtig verfährt die englische Zuwachssteuer (siehe Einleitung), indem sie als steuerpflichtigen Wertzuwachs denjenigen Wertbetrag festsetzt, um den der bei Eintritt des gesetzlichen Steuerfalls bestehende „reine Bodenwert" (site value) den bei der allgemeinen Wertabschätzung des gesamten Bodens im Vereinigten Königreiche nach dem Stande vom 30. April

1909 ermittelten „ursprünglichen reinen Bodenwert" übersteigt. Das deutsche Gesetz geht dagegen nicht vom reinen Boden, sondern vom Grundkapital, d. h. dem Boden mitsamt den mit ihm verbundenen Kapitalaufwendungen aus. Indem es den unverdienten Wertzuwachs besteuert, den dieses Grundkapital während der Besitzzeit erfahren hat, nimmt es materiell den Charakter einer auf das immobiliare Vermögen beschränkten Reichsvermögenszuwachssteuer an. Wie die finanzielle Wirksamkeit, so wird auch die Erwartung günstiger bodenpolitischer Wirkungen der Steuer dadurch stark beeinträchtigt. Für die Entwicklung der Reichsbesteuerung ist dieser an die Einführung der Tantiemen- und der Talonsteuer sich anschließende weitere Schritt zur Ausbildung eines Systems von dem Wesen und der Wirkung nach direkten Reichssteuern auf Vermögensbesitz und Einkommen von besonderer Bedeutung. Die verkehrssteuerartige äußere Form der Zuwachssteuer ist, wie bei der Erbschaftssteuer, dabei nicht maßgebend. Nicht, was sie sein soll und ihrer steuertechnischen Einkleidung nach zu sein vorgibt, entscheidet über den Charakter der Steuer, sondern das, was sie ist.

2. Die §§ 14 und 22, ergänzt durch die näheren Bestimmungen der dazwischen liegenden Paragraphen, bezwecken, vom Wertzuwachse den verdienten auszuscheiden und dadurch den steuerpflichtigen unverdienten zu ermitteln. Die Bestimmungen unter Ziff. 3 und 4 sind von dem die Abzüge vom Veräußerungspreise aufführenden § 22 (§ 15 der Regierungsvorlage) hierher versetzt.

3. Ziff. 1: Die Erwerbskosten gehören, wie der Erwerbspreis, zu den Unkosten der Gewinnung des Wertzuwachses und sind daher dem vereinbarten Erwerbspreise zuzurechnen. Ihre Einsetzung mit 4% des letzteren soll nur den besonders bei lange zurückliegendem Erwerbe schwierigen Nachweis des Kostenbetrags im Interesse des Pflichtigen wie der Behörden erleichtern. Der Nachweis höherer Kosten ist daher zugelassen. Unter „Veräußerer" ist auch der Rechtsvorgänger zu verstehen, sofern ein steuerfreier Rechtsvorgang dazwischen liegt. Die Beschränkung der Vermittlungsgebühr auf den ortsüblichen Betrag soll Steuerumgehungen verhüten. Zu den Erwerbskosten gehören die Kosten der Beurkundung des Veräußerungsgeschäfts (Kaufvertrags), diejenigen der Auflassung, der Eintragung in das Grundbuch, Schreibgebühren, kurz alle mit der Veräußerung verbundenen und auf besonderer rechtlicher Grundlage beruhenden Ausgaben, auch Kaufstempel und Umsatzsteuern, nicht aber die Zuwachssteuer selbst, auch wenn sie vertraglich der Erwerber zu zahlen hat (vgl. § 24).

4. Ziff. 2: Es entspricht der Billigkeit, daß der Veräußerer, wenn er das Grundstück in der Zwangsversteigerung erwarb, denjenigen Betrag seiner Forderung, mit dem er gleichzeitig als Hypothekengläubiger ausfiel, seinem nach § 9 als Erwerbspreis geltenden Meistgebote hinzurechnen darf. Denn von Wertzuwachs kann erst die Rede sein, nachdem der Schaden, den er durch den Erwerb erlitt und zur Abwendung noch größeren Schadens erleiden mußte, in Rechnung gestellt ist. Ihre natürliche Obergrenze findet diese Anrechnung im Werte des Grundstücks zur Eintragung der Forderung. Wurde diese gegen Entgelt erworben, so ist die Schadenshöhe von vornherein begrenzt durch die Höhe dieses Entgelts; daher Satz 2. In den beiden Fällen des letzten Satzes liegt die Vermutung einer beabsichtigten Steuerumgehung nahe. Hier ist daher zur Voraussetzung der Hinzurechnung gemacht, daß die Umstände des Falles das Gegenteil ergeben. So wenn die Schenkung jahrelang zurückliegt oder es sich um eine seitens eines Bauhandwerkers durch Leistungen für den Bau erworbene Forderung handelt.

5. Ziff. 3: In diesen Bestimmungen und in denen der Ziff. 4 liegt das Schwergewicht des Unterschieds zwischen dem Wertzuwachs überhaupt und dem steuerpflichtigen unverdienten Wertzuwachs. Die Begründung der Regierungsvorlage sagt von dem letzteren: „Diesen Teil des Zuwachses mit voller Genauigkeit zu erfassen und im Gesetze zu umgrenzen hindert die Mannigfaltigkeit der Einwirkungen des Eigentümers auf den Grundstückswert und die Undurchsichtigkeit des Zusammenhanges zwischen der Wertsteigerung und ihren Ursachen, die nicht selten in Maßnahmen des Eigentümers und in solchen der Gemeinschaft zugleich zu finden sind." Das Gesetz beschränkt sich daher darauf, abgesehen von den speziellen Aufführungen in Ziff. 4, eine „allgemeine Begriffsumgrenzung der anrechnungsfähigen Aufwendungen zu geben und deren Bestimmung im einzelnen der Ausführung und Anwendung zu überlassen". Von dieser Auffassung und Behandlung ist aber der Reichstag durch eine kasuistische Erweiterung des Gesetzes nicht unerheblich abgewichen.

Sonach bestimmt sich nach den Besonderheiten des Einzelfalls, was als anrechnungsfähige Aufwendung anzusehen ist. Lage und Bestimmung des Grundstücks sind in erster Linie maßgebend, ferner ist nötig, daß die Aufwendungen für das Grundstück selbst, nicht für sein bewegliches Zubehör gemacht sind. Bauten und Umbauten sind nur als besonders wichtige Spezialfälle genannt. Durch die Aufwendungen müssen d a u e r n d e und b e s o n d e r e Verbesserungen geschaffen sein. Es fallen daher nicht darunter solche, welche die nach § 10 abzugsfähigen Gegenstände betreffen oder der laufenden Unterhaltung von Baulichkeiten oder der laufenden Bewirtschaftung von Grundstücken dienen oder welche nicht in die für die Steuerberechnung maßgebende Besitzzeit fallen, endlich nach der Begründung überhaupt nicht „solche Aufwendungen, die sonst durch die bestimmungsgemäße Verwendung des Grundstücks bedingt werden und sich im Rahmen der ordentlichen Ausgaben halten".

Dazu gehören z. B. bei Häusern: Erneuerung des Hausanstrichs, des Verputzes, des inneren Anstrichs, der Tapeten; Reparaturen an Dach, Schornstein, Wasser- und Lichtanlagen; Erneuerung von Öfen. Dagegen haben als Umbau oder besondere Verbesserung zu gelten: Umbau eines Wohnhauses in ein Geschäftshaus, von Boden- oder Kellerräumen zu Zimmern, erstmalige Anlage von Zentralheizung, Wasserleitung, Gas- oder elektrischer Beleuchtung, aber auch die Aufwendungen für die Instandsetzung (nicht Instandhaltung) eines devastierten Gutes oder eines vernachlässigten Miethauses, auch soweit sie sich auf Anlagen gewöhnlicher Art beziehen, jedoch unter Aussonderung des auf die laufende Unterhaltung entfallenden Betrages.

Bauzinsen, d. h. Zinsen des aufgewendeten Baukapitals bis zur gebrauchsfertigen Herstellung des Gebäudes, sind in dem Umfang anrechnungsfähig, in dem die Einstellung solcher Zinsen in die Bilanz nach dem Handelsgesetzbuch zugelassen ist.

Die besonderen Verbesserungen können auch rechtlicher Art sein, z. B. Beseitigung einer auf dem Grundstük lastenden Grunddienstbarkeit oder Bestellung einer solchen zu dessen Gunsten.

Die Aufwendungen land- und forstwirtschaftlichen Charakters sowie die bergmännischen Versuchs- und Ausrichtungsarbeiten sind im Gesetze genannt, um betreffs ihrer jeden Zweifel auszuschließen. Es soll damit aber zugleich auch zum Ausdruck gebracht werden, daß bei landwirtschaftlich benutzten Grundstücken neben denjenigen Verbesserungen, die, wie z. B. Drainagen, einen bautenähnlichen Charakter haben, Verbesserungen anderer Art auch dann berücksichtigt werden sollen, wenn sie, wie z. B. das tiefe Rigolen des Bodens, das Aufbringen von Humusboden u. dgl., nicht als sichtbare Anlagen in Erscheinung treten. Dies um so mehr, da der vorgesehene Zuschlag von 5 % in diesen Fällen nicht Platz greifen kann, wie überhaupt nicht da, wo Verbesserungen durch eigene Arbeit herbeigeführt sind. Zu den besonderen Verbesserungen landwirtschaftlicher Art gehören auch die Umwandlung von nicht oder wenig ertragfähigem Boden in ertragfähigeren, von Wald- und Heideboden in Ackerland, Wiesen oder Weiden.

Daß die Bauten und Verbesserungen noch vorhanden sein müssen, ist nötig, weil sonst solche Aufwendungen, deren Veranstaltungen während der Besitzzeit wieder beseitigt worden sind, Anspruch auf Berücksichtigung erhalten würden. Gleichgültig ist aber, ob bei Eintritt des Steuerfalls noch eine Werterhöhung als Folge der Aufwendung vorhanden ist und in welchem Umfange. Denn wegen befürchteter Veranlagungsschwierigkeiten hat der Reichstag die Voraussetzung des Vorhandenseins einer solchen Werterhöhung eingeschränkt auf das bloße Vorhandensein der Verbesserungen. Das Vorhandensein der letzteren soll aber in einschränkendem Sinne zu verstehen sein, so daß als nicht vorhanden auch solche Anlagen gelten müssen, die nicht mehr benutzt werden, wie z. B. ein verfallener Bergwerksschacht oder ein weder unterhaltenes noch benutztes Gebäude oder ein solches, dessen Benutzung zu seinem ursprünglichen Zwecke wesentlich beeinträchtigt ist.

Vorhandensein bedeutet ferner, daß die Aufwendungen nur zu dem zur Zeit der Veräußerung noch vorhandenen Werte der Bauten und Verbesserungen zu berücksichtigen sind. Das gilt auch für die zur Wiederherstellung von Anlagen gemachten Aufwendungen. Sind deren Kosten durch Versicherungsgelder gedeckt, so sind sie, da der Wert von Gebäuden, die bereits zur Zeit des Erwerbs vorhanden waren, im Erwerbspreise zum Ausdruck gelangte und der Versicherungsbetrag lediglich an die Stelle dieser Gebäude tritt, nur dann anrechnungsfähig, wenn sie zur Wiederherstellung eines innerhalb der steuerpflichtigen Zeit errichteten Gebäudes verwendet worden sind. War das Gebäude dagegen vor dieser Zeit errichtet, so ist nur der die Entschädigungssumme etwa übersteigende Teil der Wiederherstellungskosten anrechnungsfähig. Die bergmännischen Versuchs- und Ausrichtungsarbeiten sind dagegen, im Gegensatze zu allen sonstigen Aufwendungen der Ziff. 3, im vollen Betrag ohne Rücksicht darauf anrechnungsfähig, ob und wieweit sie zur Zeit des Eintritts der Steuerpflicht noch vorhanden sind.

Gleichgültig ist, ob die Bauten und Verbesserungen freiwillig beseitigt oder durch Naturgewalt zerstört sind.

Zu den „Aufwendungen" gehören außer den vom Eigentümer barbezahlten Beträgen auch der Barwert der aus seiner eigenen Wirtschaft entnommenen Erzeugnisse, wie Bauholz, Steine, Naturallöhne für die verwendeten Arbeiter usw.

Die Hinzurechnung von 5 % des anrechnungsfähigen Wertes soll ein billiges Entgelt für die eigene, bei Ausführung der Verbesserungen geleistete Tätigkeit des Eigentümers sein. Ihre Erhöhung auf 15 % für derartige berufsmäßig geleistete Arbeit soll auch den „berechtigten Unternehmergewinn" der Bauhandwerker und Baugewerbetreibenden deren Wünschen gemäß berücksichtigen.

6. Ziff. 4: Die hier aufgeführten Aufwendungen, Leistungen und Beiträge sind sowohl dann anrechnungsfähig, wenn der Grundstückseigentümer selbst Anlagen der bezeichneten Art errichtet hat, als auch wenn ein anderer, sei es ein öffentlich-rechtlicher Verband oder wer sonst, sie geschaffen und der Steuerpflichtige Zuschüsse dazu gezahlt hat. Der erstere Fall kommt durch die Bezeichnung „Aufwendungen" zum Ausdruck, insofern damit die selbstgemachten Aufwendungen zu eigenen Unternehmungen, wie z. B. zu sogenannten Unternehmerstraßen, gemeint sind.

Aus den Worten „für sonstige öffentliche Einrichtungen" ergibt sich, daß nicht nur Straßen, Plätze, Kanalisations- und Verkehrsanlagen, sondern öffentliche Einrichtungen und Anlagen jeder Art hierunter fallen. Daher gehören hierher z. B. Beleuchtungsanlagen und Wasserleitungen, ferner die den Unternehmern einer Kolonisation von den Behörden auferlegten Leistungen für Gemeindezwecke, Kirche, Schule usw. Ein Unterschied besteht jedoch insofern, als nur für die „sonstigen öffentlichen Einrichtungen" die Anrechnungsfähigkeit der Beiträge an die Voraussetzung gebunden ist, daß diese ohne entsprechende Gegenleistung und Verzinsung geleistet sind. „Entsprechend" will besagen, daß nicht jede beliebige, noch so kleine Gegenleistung die Anrechnung der Beiträge ausschließt, sondern nur eine im Verhältnis zu ihnen stehende. Unterschiedslos für alle derartigen Aufwendungen, Leistungen und Beiträge gilt aber, daß sie innerhalb des für die Steuerberechnung maßgebenden Zeitraums gemacht sein müssen. Solche

Zuschüsse zu Anlagen auf dem Grundstücke, die der Steuerpflichtige auf Grund einer Zinsgarantie gezahlt hat, sind gleichfalls anrechnungsfähig.

Unter „Straßenbauten“ fällt nicht nur die Neuanlage einer Straße, sondern auch die Pflasterung oder Chaussierung eines bestehenden Weges.

Die Hinzurechnung von 4 % jährlicher Zinsen vom Betrage der anrechnungsfähigen Aufwendungen, Leistungen und Beiträge zu denselben, für jedes Jahr des für die Steuerberechnung maßgebenden Zeitraums, jedoch höchstens auf 15 Jahre, entspricht einer Forderung der Gerechtigkeit, ist aber auch ein Vorteil für die bauliche Entwicklung der Städte, weil anderenfalls die Neigung der Unternehmer zur Erschließung des Baugeländes durch Straßenbauten, Kanalisierung, Wasser- und Beleuchtungsanlagen usw. erheblich eingeschränkt würde. Mit Rücksicht auf diese Zinsenhinzurechnung erschien es angebracht, die in Ziff. 4 vorgeschriebenen Anrechnungen auszuscheiden von der in § 16 allgemein und für den ganzen, der Steuerberechnung zugrunde liegenden Zeitraum vorgesehenen Hinzurechnung gewisser Prozentsätze vom Betrage des Erwerbspreises und der nach § 14 zulässigen Anrechnungen zum Erwerbspreise, so daß also die Vorschrift des § 16 nur die nach § 14 Ziff. 1—3 zugelassenen Anrechnungen zum Gegenstande hat. Bei dieser Regelung würden nun aber die Besitzer baureifen Geländes insofern bevorzugt, als für sie ein mehr als 15jähriger Besitz nach Herstellung der Straße oder sonstigen Anlage kaum in Frage kommt. Umgekehrt liegt der Fall bei den nicht zum Verkaufe sondern zu dauernder Benutzung bestimmten landwirtschaftlichen Grundstücken. Hat der Besitzer eines solchen z. B. zu einem Chausseebau einen Zuschuß von 8 oder 10 Mk. für das laufende Meter geleistet, so steht er sich schlechter als der Besitzer baureifen Geländes, weil er nur die Zinsen nach § 14 Ziff. 4, nicht aber die in § 16 vorgesehenen Prozentsätze in Anrechnung bringen kann. Aus diesem Grunde ist dem Steuerpflichtigen im Schlußsatze der obigen Ziff. 4 das Recht zugesprochen, an Stelle dieser Zinsanrechnung die Hinzurechnung gemäß § 16 zu wählen. In diesem Falle berechnet er sich also, und zwar für den ganzen, der Steuerberechnung zugrunde liegenden Zeitraum (der nach § 17 Abs. 3 im Maximum 40 Jahre betragen kann), die in § 16 vorgesehenen, dem Erwerbspreise hinzuzurechnenden Prozentsätze vom Betrage des Erwerbspreises und der nach § 14 Ziff. 1, 2, 3 und 4 sowie nach § 15 zugelassenen Anrechnungen.

Die Aufwendungen usw. der Ziff. 4 sind im Gegensatze zu denen der Ziff. 3 im ursprünglichen Betrage anrechnungsfähig, ohne Rücksicht, ob und wieweit die Anlagen noch vorhanden sind.

BundRAB. § 22.

§ 15.

Kultivierungsarbeiten.

Soweit es sich um die Verbesserung von Flächen handelt, die aus Moorland, Sumpfland, Öd- oder Heideland bestehen, ist auf Antrag des Veräußerers an Stelle der in § 14 Ziffer 3 bezeichneten Aufwendungen dem Erwerbspreis die Erhöhung des Ertragswertes hinzuzurechnen.

1. In diesen Fällen handelt es sich um besonders wirksame landwirtschaftliche Meliorationen, die wegen ihres Nutzens für die allgemeine Landeskultur dadurch bebegünstigt werden, daß nach Wahl des Steuerpflichtigen an Stelle der in § 14 Ziff. 3 bezeichneten Aufwendungen, die durch diese erzielte Erhöhung des Ertragswertes zum Erwerbspreise hinzugerechnet werden darf. Da hier kein Konjunkturgewinn vorliegt, anderseits diese Werterhöhung nicht selten ein Vielfaches des ursprünglichen Wertes ausmacht, so ist diese Bevorzugung gerechtfertigt. Vorausgesetzt ist dabei nach Auffassung ihrer Urheber (die Vorschrift beruht auf einem in der Reichstagskommission gestellten Antrage) eine Schaffung von Neuland, also eine wesentliche Umänderung der ganzen Beschaffenheit des Grundstücks, durch die seine Ertragsfähigkeit erheblich gesteigert oder es überhaupt erst zu Ertrag gebracht wird.

2. Die Bezeichnungen Moorland usw. sind nur beispielsweise gewählt. Es ist nicht etwa nötig, daß sie in den Grundsteuerlisten vorkommen. Insgesamt kommen hier etwa 3 ½ Millionen Hektar unkultiviertes Land in Betracht, deren Kultivierung im Interesse der Volksernährung und der Seßhaftmachung ländlicher Bevölkerung auf jede Weise gefördert zu werden verdient.

BundRAB. § 22.

Prozentuale Hinzurechnungen zum Erwerbspreise.

§ 16.

Dem Erwerbspreis werden für jedes Jahr des für die Steuerberechnung maßgebenden Zeitraums hinzugerechnet:

1. von dem Betrage des Erwerbspreises und der Anrechnungen nach § 14 Ziffer 1 bis 3, § 15, der zusammen einhundert Mark, bei Weinbergen dreihundert Mark für das Ar nicht übersteigt, zweieinhalb vom Hundert.
2. von dem Mehrbetrage bei unbebauten Grundstücken zwei, bei bebauten Grundstücken eineinhalb vom Hundert.

Beträgt der für die Steuerberechnung maßgebende Zeitraum nicht mehr als fünf Jahre, so ermäßigen sich die Hinzurechnungen bei unbebaut gebliebenen Grundstücken auf die Hälfte.

Die Hinzurechnung erfolgt für jedes volle Kalenderjahr nach Schluß des Jahres, in dem der für die Steuerberechnung maßgebende Zeitraum beginnt, oder die Aufwendung gemacht, oder in dem bei

Bauten und Umbauten die behördliche Gebrauchsabnahme und soweit eine solche nicht besteht, die gebrauchsfertige Herstellung erfolgt ist.

1. Durch diese Bestimmungen soll:

a) der fortschreitenden Geldentwertung Rechnung getragen werden, welche die vergleichende Gegenüberstellung der beiden durch den Erwerbs- und durch den Veräußerungspreis ausgedrückten Werte erschwert;

b) die Berücksichtigung der Besitzdauer bei Abmessung der Steuer eine notwendige Ergänzung erfahren;

c) den Schwierigkeiten einer vollkommen ausreichenden Sonderung des auf der eigenen Tätigkeit des Eigentümers beruhenden vom unverdienten Wertzuwachse entgegengewirkt **werden.**

2. Zu b) ist zu bemerken, daß im allgemeinen die steuerliche Leistungsfähigkeit steigt, je kürzer die Besitzzeit ist, in der die Wertsteigerung sich vollzogen hat. Namentlich läßt Besitzwechsel nach kurzer Besitzdauer einen spekulativen, solcher nach langer Besitzdauer dagegen einen soliden Charakter des Veräußerungsgeschäftes vermuten. Denn der Spekulant, der beim Erwerb nur auf Differenzgewinn ausgeht, muß schon zur Vermeidung erheblichen Zinsverlustes am Erwerbspreise, aber auch um sein Anlagekapital oder seinen Kredit für neue Unternehmungen wieder frei zu bekommen, möglichst bald weiterzuverkaufen suchen. Allein diese Vermutung trifft nicht zu beim „soliden Grundstückshandel" und beim Baugewerbe, da die berufsmäßig bebauten und umgesetzten Grundstücke meistens nur kurze Zeit im Besitze des Veräußerers verbleiben. Sie trifft ferner nicht zu auf die „Urbesitzer", d. h. die langjährigen Besitzer von vielfach ererbtem Land, das infolge einer Stadterweiterung Bauland geworden ist. Hier werden mittels möglichst langer Zurückhaltung des Landes von der Bebauung oft weit größere Gewinne als vom spekulativen Grundstücks-Zwischenhandel gemacht. Auf solche

Fälle ist die Tendenz des Gesetzes daher ebenso gerichtet wie auf die Spekulationsgewinne.

Nach alledem schien es angebracht, die Steuertarifsätze nicht gleichmäßig nach der Länge der Besitzdauer, sondern in den Fällen, in denen der Zuwachs einen niedrigen Prozentsatz des Erwerbspreises ausmacht, stärker herabzusetzen als in denjenigen, in welchen er im Verhältnis zum Erwerbspreise hoch ist. Diesem Zwecke dient die hier vorgesehene Hinzurechnung von gewissen Prozentsätzen des Erwerbspreises und der nach § 14 Ziff. 1—3 und § 15 zugelassenen Anrechnungen zum ersteren. Sie wirkt in den niedrigen Steuerstufen sehr erheblich auf die Herabsetzung des Steuersatzes ein, während ihre Wirkung in den höheren Stufen immer geringer wird. Dadurch wird der solide kurzfristige Besitz entlastet, der Urbesitz dagegen, wenn er bedeutende Gewinne macht, dennoch entsprechend hoch erfaßt. Beträgt z. B. der Erwerbspreis 100 Mk., der Veräußerungspreis des Urbesitzers nach 40 Jahren 1100 Mk., so erhöht sich der erstere durch die Hinzurechnung von $40 \times 2\frac{1}{2}$ % um 100 Mk., so daß die Wertsteigerung 1100—200 = 900 Mk. oder 450 % des erhöhten Erwerbspreises beträgt. Sie fällt sonach in die höchste Steuerstufe (vgl. § 28 Abs. 1). In dieselbe Stufe fällt aber auch die ohne jene Hinzurechnung vorhandene Wertsteigerung von 1000 Mk. = 1000 % des Erwerbspreises.

Endlich soll die Steuerpflicht nach einer gewissen Dauer der Besitzzeit sogar ganz aufhören, wenn nämlich der Zuwachs in einem so niedrigen Verhältnis zum Erwerbspreise steht, daß er vermutlich nur erarbeiteter ist. Bei Hinzurechnung von $2\frac{1}{2}$ % zum Erwerbspreise landwirtschaftlichen Bodens sind nämlich nach 4 Jahren bereits alle Fälle steuerfrei, in denen der Zuwachs nicht mehr als 10 % desselben beträgt, nach 10 Jahren alle, wo er bis zu 25 %, nach 40 Jahren alle, in denen er bis zu 100 % steigt.

3. Was den Punkt zu c) anlangt, so dient die vorgesehene Erhöhung des der Wertzuwachsberechnung zugrunde zu legenden Erwerbspreises als eine Art summarischer Ausgleich für die Unmöglichkeit, die werterhöhende Wirkung von Arbeitsaufwendungen des Eigentümers und seiner Angehörigen oder Arbeiter vollständig zu erfassen und sie auszuscheiden von der werterhöhenden Wirkung seiner Kapitalaufwendungen. Da namentlich in kleinbäuerlichen Verhältnissen mit intensiver Bodenbearbeitung die erstere Wirkung häufig, der dadurch erzielte Wertzuwachs aber namentlich im Vergleich zu der durch Konjunkturen und Spekulation erzielten Wertsteigerung gering ist, so dient die Hinzurechnung nach § 16 auch zur Erreichung dieses Zweckes, da durch sie, wie erwähnt, für alle Fälle, in denen der Zuwachs einen niedrigen Prozentsatz des Erwerbes ausmacht, die Tarifsätze stärker herabgesetzt werden als für die Fälle, in denen er einen hohen Prozentsatz ausmacht.

4. Die Hinzurechnung auch auf den Betrag der nach § 14 Ziff. 1—3 und § 15 zulässigen Anrechnungen zu erstrecken, war schon deshalb nötig, weil für höherwertige Grundstücke mittels der in Ziff. 1 und 2 ausgesprochenen Differenzierung der Grundstücksarten ein niedrigerer Prozentsatz als für geringwertige vorgeschrieben ist. Geht daher ein Grundstück infolge von Bauten oder anderen Aufwendungen in eine höhere Wertkategorie über, so muß der infolgedessen Platz greifende niedrigere Prozentsatz nach Maßgabe des durch die Anrechnungen erhöhten Preises hinzugerechnet werden.

5. Die Differenzierung der hinzuzurechnenden Prozentsätze steht unter dem Gesichtspunkte, dem als Arbeitsinstrument genutzten Boden die Vorteile der Hinzurechnung in höherem Maße zuteil werden zu lassen als dem baureifen, vielfach als Spekulationsobjekt dienenden Gelände. Als Merkmal für den ersteren dient die Höhe des Preises, da bei Grundstücken im Preise von mehr als 100 Mk. pro Ar = 2500 Mk. pro Morgen die Preishöhe schon durch das städtische Wohnungsbedürfnis beeinflußt erscheint. Für bebaute Grundstücke über dieser Preislage ist anderseits ein niedrigerer Satz deshalb vorgesehen, weil hier dieselben Momente,

aber in geringerem Maße, wie bei den landwirtschaftlichen Grundstücken wirksam sind.

Abs. 2.

6. Die hier vorgesehene Erhöhung des steuerpflichtigen Zuwachses durch Ermäßigung der Hinzurechnungen für unbebaut gebliebene Grundstücke auf die Hälfte betrifft die Fälle besonders kurzfristigen und daher präsumtiv spekulativen Gewinnes.

Zeitlicher Rückgriff. **§ 17.**

Beruht der Erwerb des Grundstücks auf einem steuerfreien Rechtsvorgange (§ 7), so ist für die Bemessung des Wertzuwachses von dem Preise zur Zeit des letzten steuerpflichtigen Rechtsvorganges auszugehen.

Ob im Sinne dieser Vorschrift Rechtsvorgänge steuerfrei oder steuerpflichtig sind, ist auch für die Zeit vor dem Inkrafttreten dieses Gesetzes nach ihm zu bestimmen. Rechtsgeschäfte der im § 5 bezeichneten Art stehen einem steuerfreien Erwerbsvorgange gleich, sofern sie vor dem 1. Januar 1911 abgeschlossen worden sind.

Wenn der letzte steuerpflichtige Rechtsvorgang mehr als vierzig Jahre vor dem Eintritt der Steuerpflicht liegt, so ist als Erwerbspreis der Wert anzusehen, den das Grundstück vierzig Jahre vor dem Eintritt der Steuerpflicht hatte, sofern der Steuerpflichtige nicht nachweist, daß er oder sein Rechtsvorgänger vor jener Zeit bei einem steuerfreien oder steuerpflichtigen Erwerb einen höheren Erwerbspreis gezahlt hat.

Liegt der für die Bemessung des Wertzuwachses

maßgebende Erwerbsvorgang vor dem 1. Januar 1885, so tritt an die Stelle des Preises der Wert, den das Grundstück an diesem Tage gehabt hat, wenn der Steuerpflichtige nicht nachweist, daß er oder sein Rechtsvorgänger vor jener Zeit bei einem steuerfreien oder steuerpflichtigen Erwerb einen höheren Erwerbspreis gezahlt hat.

Als für die Steuerberechnung maßgebender Zeitraum gilt im Falle des Abs. 3 der vierzigjährige Zeitraum, im Falle des Abs. 4 die Zeit seit dem 1. Januar 1885.

Abs. 1—4.

1. Die Steuerfreiheit von Rechtsvorgängen der in § 7 Ziff. 1—8 gedachten Arten bedeutet keineswegs die dauernde Befreiung der bis zum Eintritt dieser Vorgänge erfolgten Wertsteigerung. Es wird vielmehr die Erhebung der Steuer nur solange ausgesetzt, bis das Grundstück von einem steuerpflichtigen Vorgang betroffen wird. Alsdann ist die Steuer unter Berücksichtigung des beim letzten steuerpflichtigen Erwerbe gezahlten Preises zu bemessen (Abs. 1). Als steuerpflichtig haben dabei auch vor dem Inkrafttreten des Gesetzes gelegene Erwerbsvorgänge zu gelten, die, wenn sie nach ihm eingetreten wären, die Steuerpflicht herbeigeführt haben würden (Abs. 2). Bei konsequenter Durchführung dieses Grundsatzes könnte indessen in Fällen mehrfachen steuerfreien Eigentumswechsels der letzte Eigentümer über Gebühr belastet werden, ferner aber auch die Ermittlung des Preises für einen sehr weit zurückliegenden Erwerbszeitpunkt Schwierigkeiten begegnen. Daher erschien es, trotzdem für den finanziellen Erfolg der Steuer eine möglichst weitgehende Rückdatierung natürlich von größter Bedeutung ist, gleichwohl geboten, der Berücksichtigung früherer Erwerbspreise eine zeitliche Grenze zu ziehen. Das ist in der Weise geschehen, daß bei vor dieser Grenze belegenen Erwerbsvorgängen an die Stelle des Preises der Wert tritt, den das Grundstück zu diesem begrenzenden Zeitpunkte hatte. Als dieser Zeitpunkt ist der 40 Jahre vor dem Eintritt der Steuerpflicht liegende festgesetzt (Abs. 3).

Für die Zeit vor dem Inkrafttreten des Gesetzes, also vor dem 1. April 1911, war jedoch eine Einschränkung mit Rücksicht auf die Schwierigkeiten der Wertermittlung geboten, die in dem Maße steigen, wie man zeitlich zurückgreift. Hier kam es darauf an, einen Ausgleich mit dem entgegenstehenden finanziellen Interesse zu finden. Von diesen Gesichtspunkten aus wurde der 1. Januar 1885 gewählt, weil dadurch der in die Jahre 1885—95 fallende große Aufschwung der Großstädte und ihrer Bodenwerte, auf dem Lande aber die die ländlichen Bodenwerte steigernde Wirkung der Agrarzollerhöhungen von 1885 und 1887 miterfaßt wird. Der in Abs. 3 vorgeschriebene Rückgriff auf den Wert, den das Grundstük 40 Jahre vor dem Eintritt der Steuerpflicht hatte, tritt daher im vollen Umfange erst bei den Veräußerungen ein, die nach dem 1. Januar 1925 stattfinden (Abs. 4).

2. Von „Rückwirkung" oder „rückwirkender Kraft" des Gesetzes in Beziehung auf die in Abs. 3 und 4 dieses Paragraphen vorgesehene zeitliche Begrenzung zu sprechen, wie dies wohl geschieht, ist falsch und irreführend. Die Rückwirkung des Gesetzes, d. h. die Feststellung, von welchem Zeitpunkte ab Rechtsvorgänge der im Gesetz bezeichneten Arten stattgefunden haben müssen, um steuerpflichtig zu sein, ist vielmehr in § 62 Abs. 1 geregelt. Hier dagegen kann nur vom zeitlichen Rückgriff des Gesetzes bei Feststellung des gesetzlichen Erwerbspreises die Rede sein.

3. Der in Abs. 3 und 4 dem Steuerpflichtigen nachgelassene Nachweis bezweckt, eine Schädigung des Steuerpflichtigen für den Fall zu verhüten, daß er oder sein Rechtsvorgänger vor dem in Abs. 3 oder 4 bezeichneten Zeitpunkte einen Preis bezahlt hatte, der höher war als der Wert zur Zeit dieses Zeitpunktes, und zwar insbesondere auch für den Fall, daß ein solcher höherer

Preis gelegentlich eines nach § 7 steuerfreien Rechtsvorganges gezahlt wurde. Es sollte dadurch namentlich der im Wege der Erbauseinandersetzung oder Überlassung erworbene Besitz nicht schlechter gestellt werden als der in gewöhnlicher entgeltlicher Übertragung erhaltene.

Abs. 5.

4. Es wird zweifelsfrei festgestellt, daß auch die Anrechnungen des § 16 in allen Fällen nur für die Zeit bis zu dem in Abs. 3 und 4 bezeichneten Stichjahre zulässig sein sollen.

BundRAB. § 22.

Grundstücke in Festungsrayons.

§ 18.

Bei Grundstücken in Festungsrayons, die vor dem Erlaß des Rayongesetzes vom 21. Dezember 1871 erworben sind und für die eine Rayonentschädigung nicht gewährt worden ist, ist dem für den 1. Januar 1885 ermittelten Wert der Betrag hinzuzurechnen, um den das Grundstück durch Einführung der Rayonbeschränkung an Wert gemindert worden ist.

Der Wert derjenigen Grundstücke, welche Rayonbeschränkungen unterworfen sind, wird durch diese sehr stark herabgemindert. Eine Entschädigung für die Beschränkungen ist erst durch Reichsgesetz vom 21. Dezember 1871 eingeführt worden. Bei erfolgender oder schon bei in Aussicht genommener Aufhebung dieser Beschränkungen schnellen nun die niedrigen Preise rasch und stark in die Höhe, wodurch der ganze große Wertzuwachs der Besteuerung verfällt. Diejenigen Eigentümer, die oder deren Rechtsvorgänger beim Inkrafttreten jenes Gesetzes derartige Grundstücke schon besaßen, die also keine Entschädigung erhielten, werden dadurch sehr benachteiligt gegenüber den anderen, die ihre rayonpflichtigen Grundstücke später billig erwarben.

Den ersteren wird daher hier ein billiger Ausgleich gewährt.

Erwerbspreis bei Flurbereinigung, Grenzregelung, Umlegung.

§ 19.

Bei einem aus Anlaß einer Flurbereinigung, Grenzregelung oder Umlegung (§ 7 Ziffer 7) empfangenen Grundstück ist als Erwerbspreis das Entgelt anzusehen, das der Eigentümer oder sein Rechtsvorgänger für das in die Flurbereinigung, Grenzregelung oder Umlegung gegebene Grundstück gezahlt hat. Ausgleichszahlungen, die bei der Flurbereinigung, Grenzregelung oder Umlegung stattgefunden haben, sind entsprechend anzurechnen.

Hat der Eigentümer oder sein Rechtsvorgänger bei der Flurbereinigung, Grenzregelung oder Umlegung mehrere Grundstücke empfangen, so werden deren Erwerbspreise aus dem im Abs. 1 bezeichneten Entgelt nach dem Verhältnis berechnet, in welchem die Werte der empfangenen Grundstücke im Zeitpunkt der Flurbereinigung, Grenzregelung oder Umlegung zueinander gestanden haben.

BundRAB. §§ 11 und 22.

Teilveräußerungen.

§ 20.

Beschränkt sich der steuerpflichtige Rechtsvorgang auf einen Teil eines Grundstücks, so wird der Erwerbspreis dieses Teiles nach dem Verhältnis seines Wertes zum Werte des Gesamtgrundstücks berechnet.

Unentgeltliche dauernde Überlassung von Grundstücken für Verkehrszwecke, für öffentliche oder gemeinnützige Zwecke wird in der Weise berücksichtigt, daß der Gesamterwerbspreis nicht auf die ursprüngliche, sondern auf die nach der Abtretung verbleibende Fläche verteilt wird. Hierzu ist nicht erforderlich, daß eine Eigentumsübertragung erfolgt ist.

Werden Teile eines örtlich und wirtschaftlich zusammenhängenden Grundbesitzes durch verschiedene Rechtsvorgänge von demselben Veräußerer oder von dessen Erben innerhalb dreier Jahre übertragen, so ist der Steuerpflichtige berechtigt, von dem Wertzuwachs des einen Teiles des Grundstücks einen bei der Veräußerung anderer Teile eingetretenen Verlust abzuziehen. Die Zuwachssteuer wird bei den einzelnen Rechtsvorgängen fällig; etwa zuviel gezahlte Steuer wird nach dem letzten Rechtsvorgang erstattet.

Abs. 1.

1. Es handelt sich hier sowohl um den Fall der Abveräußerung eines Teiles eines Grundstücks als um den Fall der Parzellenveräußerung bei Teilung einer Grundstücksgesamtheit, die zu einem Einheitspreis erworben war. In beiden Fällen kann eine Schädigung des Steuerpflichtigen dadurch eintreten, daß die verkaufte Parzelle höheren Wert hat als der übrige Grundstücksteil, z. B. wenn sie ein besonders wertvolles Eckgrundstück oder einen Acker von besonders hohem Kulturwert darstellt, während der Rest aus minderwertigem Boden besteht. Daher soll in solchen Fällen diese Wertverschiedenheit berücksichtigt werden durch eine ihr entsprechende Verteilung des Erwerbspreises auf den verkauften Teil und den Rest. Wurden also z. B. für das ganze Grundstück von 1500 qm Größe beim Erwerb 300000 Mk. gezahlt, demnächst 500 qm davon verkauft, die aber beim Erwerbe doppelt soviel wert waren wie die übrigen 1000 qm, so ist der Erwerbspreis für beide

Teile auf je 150 000 Mk. zu berechnen, nämlich: 500 qm zu 300 Mk. = 150 000 Mk. und 1000 qm zu 150 Mk. = 150 000 Mk.

Die Hinzurechnungen nach § 14 Ziff. 1 und § 16 bemessen sich nach dem berechneten Preise des Trennstücks. Bei denjenigen nach § 14 Ziff. 3 und 4 ist ententscheidend, welchen Teil des Grundstücks die Aufwendungen betreffen.

Abs. 2.

2. Der gemeinnützige und unentgeltliche Charakter der Überlassung rechtfertigt die Anrechnung des Erwerbspreises auf die verbleibende Fläche. Beispiele sind: Landüberlassungen zu Zwecken von Kirchen, Schulen, politischen Gemeinden, zu Entwässerungen oder sonstigen Meliorationen, wie sie sowohl bei ländlichen Kolonisationen als auch bei Aufschließung von städtischem Baugelände vorkommen. Voraussetzung ist, daß die Überlassungen nicht etwa zugleich als anrechnungsfähige Aufwendungen (§ 14 Ziff. 3 und 4) in Betracht kommen.

3. Überlassung zu solchen Zwecken ohne Eigentumsübertragung kommt z. B. vor an Boden, den eine Terraingesellschaft zur Aufschließung ihres Baugeländes dem Fiskus für Eisenbahngeleise überläßt.

Abs. 3.

4. Diese Vorschrift beseitigt die Ungerechtigkeit, die darin liegen würde, bei größeren, einheitlich vorgenommenen Parzellierungsgeschäften lediglich die gewinnbringenden Verkäufe zu besteuern, ohne Rücksicht auf die Verlustgeschäfte. Der grundsätzliche Einwand gegen die Zuwachssteuer, daß bei Besteuerung der Konjunktur- und Spekulations*gewinne* an Grundstücken die nicht seltenen *Verlust*fälle außer Betracht blieben, ist nur insoweit berechtigt, als Gewinn und Verlust Geschäfte betreffen, die unselbständige Teile eines einheitlichen Parzellierungsgeschäftes sind. Darüber hinaus gibt nach dem Grundgedanken der Zuwachssteuer nur der bei einer Grundstücksveräußerung realisierte *Gewinn* Anlaß und inneren Grund zur Erhebung dieser Steuer. Anderenfalls würde die Zuwachssteuer einen einkommensteuerartigen Charakter erhalten.

5. Die Einheitlichkeit des Parzellierungsgeschäftes als Voraussetzung der Anrechnung des Verlustes ist zu finden in den gesetzlichen Merkmalen des örtlichen und wirtschaftlichen Zusammenhangs der mit Gewinn und der mit Verlust verkauften Grundstücke, in der Einheit der Person des Veräußerers oder seiner Erben und in der zeitlichen Begrenzung dieser Veräußerungen auf 3 Jahre.

BundRAB. §§ 22 und 23.

Anrechnung bei Teilveräußerungen.

§ 21.

Bei Teilveräußerungen sind nur diejenigen Aufwendungen (§ 14 Ziffern 3, 4) anzurechnen, welche diesen Teil ausschließlich oder gemeinschaftlich mit anderen Teilen betreffen. Im letzteren Falle erfolgt die Anrechnung nach dem Verhältnis des Wertes, den die Grundstücksteile zur Zeit der Veräußerung haben.

Die Frage, wie bei Teilveräußerungen im Sinne des § 20 Abs. 1 die anrechnungsfähigen Aufwendungen auf die verkauften und auf die Restteile des Grundstücks zu verteilen sind, wird hier geregelt. Die Lösung ergibt sich, was den ersten Satz des Textes betrifft, aus der Natur der Sache, was den zweiten anlangt, aus der Analogie des § 20 Abs. 1, auf dessen obige Erläuterung daher hier verwiesen werden kann.

BundRAB. § 23.

Abzüge vom Veräußerungspreise.

§ 22.

Von dem Veräußerungspreise sind in Abzug zu bringen:

1. die dem bisherigen Eigentümer nachweislich zur Last fallenden Kosten der Veräußerung

und Übertragung einschließlich der für die Vermittelung gezahlten ortsüblichen Gebühr, sofern nicht an Stelle des Veräußerungspreises der Wert maßgebend ist;

2. auf Antrag des Veräußerers der Betrag, um den nachweislich während des für die Steuerberechnung maßgebenden Zeitraums, jedoch nicht länger als für fünfzehn zusammenhängende Jahre, der aus dem Grundstück erzielte Jahresertrag hinter drei vom Hundert des Erwerbspreises zuzüglich der nach § 14 Ziffer 1 bis 3 zulässigen Anrechnungen zurückbleibt. Ist statt des Erwerbspreises der Wert zu einer späteren Zeit als der des Erwerbs maßgebend (§ 17 Abs. 3 und 4), so sind die drei vom Hundert nicht von diesem Werte, sondern von dem Erwerbspreise zu berechnen, den der Steuerpflichtige oder sein Rechtsvorgänger vor jener Zeit bei einem steuerfreien oder steuerpflichtigen Erwerbe gezahlt hat.

1. Über die Versetzung der in der Regierungsvorlage hier aufgeführten Aufwendungen und Beiträge nach § 14 Ziff. 3 und 4 vgl. Anm. 1 zu § 14.

Zu Ziff. 1:

2. Bezüglich der Vermittlungsgebühr vgl. Anm. 3 zu § 14 Ziff. 1.

Zu Ziff. 2:

3. Die Anrechnung von Zinsen des Erwerbspreises für nichtgenutzte Grundstücke während der Besitzdauer bildet einen der umstrittensten Punkte des Gesetzes. In den bisherigen Zuwachssteuerordnungen ist sie, außer in Hamburg, in größerem oder geringerem Umfange zugelassen. Die Begründung der Regierungsvorlage sah dagegen, soweit es sich um unbebaute Grundstücke handelt, in ihr geradezu eine Prämie für fehlende Einsicht und Sorgfalt bei Verwaltung des Grundbesitzes, jedoch abgesehen von Fällen, wo nach den örtlichen Verhältnissen die Voraussetzungen für die Bebauung oder anderweite Benutzung nicht gegeben sind. Doch würde in solchen Fällen durch die Zinsenzubilligung die Anwendung des Gesetzes mehr in das Ermessen der örtlichen Behörden gesetzt, als im Rahmen reichsgesetzlicher Regelung angängig sei. Der Reichstag gewährte aber die Zinsenanrechnung allgemein und für den gesammten Erwerbspreis einschließlich der nach § 14 Ziff. 1—3 zulässigen Anrechnungen. Hauptsächlich war dafür bestimmend die Rücksicht auf den „soliden Grundstückshandel", dessen Tätigkeit sonst lahm gelegt werde, während zugleich die Konzentration des Grundstückshandels und des Baugewerbes in wenigen sehr kapitalkräftigen Händen gefördert würde. Denn nur die großen Terraingesellschaften könnten trotz des Zinsverlustes den Boden solange zurückhalten, bis infolge der langen Besitzdauer Steuerfreiheit oder erhebliche Ermäßigung des Steuersatzes eingetreten sei. Sie könnten sich auch in Baugesellschaften verwandeln und den Bauunternehmern gefährliche Konkurrenz machen. Ferner soll der Zinsenabzug einen gewissen Anreiz zur Verwertung des Geländes, namentlich zur Bebauung geben. Auch wurde es für unbillig erachtet, einen in der steuerpflichtigen Höhe nicht wirklich erzielten, sondern um den Betrag der entgangenen Zinsen geringeren, ja vielleicht infolge jahrelanger Ertragslosigkeit des Grundstücks ganz aufgezehrten Gewinn zu versteuern. Durch die Zulassung des Zinsenabzugs ist freilich die Ausführung des Gesetzes sehr erschwert worden, da die Ausrechnung und Nachweisung der während 15 Jahren aus dem Grundstücke gezogenen Nutzungen, für die dem Steuerpflichtigen der Beweis obliegt, oft außerordentlich schwierig sein wird.

4. Die Beschränkung der Zinsenzubilligung auf 15 Jahre hat den Charakter eines Kompromisses zwischen ihren

grundsätzlichen Anhängern und Gegnern. Der Steuerpflichtige hat, wenn der für die Steuerberechnung maßgebende Zeitraum länger als 15 Jahre ist, die Wahl unter den diesen Zeitraum bildenden Jahren. Damit er dieses Wahlrecht aber nicht durch Heraussuchung ganz unzusammenhängender, für die Steuerberechnung besonders günstiger Jahre, in denen also der Ertrag möglichst gering war, mißbraucht, ist das Erfordernis aufgenommen worden, daß die 15 Jahre „zusammenhängende" sein müssen. Im allgemeinen werden für den Besitzer von Baugelände die vom Tage der Veräußerung an zurückgerechneten, also die letzten 15 Jahre der Besitzdauer die günstigsten sein, da erst in dieser Zeit die laufende Nutzung des Geländes aufhören wird. Für in schlechtem Zustand übernommene landwirtschaftliche Besitzungen sind dagegen die ersten 15 Jahre die günstigsten, weil die wenigst ertragreichen. Die Beweislast für das Zurückbleiben des Ertrags hinter 3 % des Erwerbspreises und der Aufwendungen liegt aber stets dem Steuerpflichtigen ob.

5. Die Hinzurechnung nicht nur der nach § 14 Ziff. 1 sondern auch der nach Ziff. 2 und 3 zulässigen Anrechnungen zum Erwerbspreise bei Berechnung der 3 % ist die logische Konsequenz der vom Reichstage für die Feststellung des steuerpflichtigen Zuwachses vorgenommenen Hinzurechnung der anrechnungsfähigen Aufwendungen und Beiträge zum Erwerbspreise an Stelle ihres Abzugs vom Veräußerungspreise (vgl. Anm. 1 zu § 14). Sie ist aber auch mit praktischen Erwägungen motiviert worden. Andernfalls würde nämlich jemand, der ein unbebautes Grundstück erwarb und bebaute, sofern die Wohnungen darin leer standen, im Veräußerungsfalle keine 3 % vom Veräußerungspreise abziehen, während der Käufer eines schon bebauten Grundstücks den hinter 3 % zurückbleibenden Ertrag auch von den Hausbaukosten abziehen dürfte.

6. Der Ausdruck „Jahresertrag" soll kund tun, daß nicht etwa die ganzen 15 . 3 = 45 % in Vergleich zu stellen sind mit dem während dieser ganzen 15 Jahre

erzielten Ertrage. Vielmehr soll die Rechnung für jedes Jahr gesondert aufgestellt werden.

7. Der Schlußsatz in Ziff. 2 betrifft die Fälle, in denen während der zeitlichen Begrenzung des Rückgriffs an die Stelle des Erwerbspreises der Wert des Grundstücks tritt (§ 17 Abs. 3 und 4). Hier wäre es unangebracht und könnte zu einer mit dem Grundgedanken der Zinsenzubilligung in Widerspruch stehenden Begünstigung des Steuerpflichtigen führen, eine Verzinsung vom Werte zu gewähren, weil ja nicht dieser sondern ein anderer Betrag wirklich gezahlt wurde. Es ist daher auch in diesen Fällen, insbesondere also auch wenn der frühere Erwerbspreis geringer als der für die Steuerberechnung maßgebende Wert ist, bei Berechnung der 3 % vom weiter zurückliegenden Erwerbspreise auszugehen, gleichviel ob er für einen im Sinne des Gesetzes steuerfreien oder steuerpflichtigen Erwerb gezahlt wurde.

8. Für die Ermittlung des Ertrags im Sinne des § 22 Ziff. 2 kann der Reichskanzler besondere Grundsätze aufstellen. Bisher ist das nicht geschehen.

BundRAB. § 22.

Hinzurechnungen zum Veräußerungspreise.

§ 23.

Dem Veräußerungspreise sind hinzuzurechnen Entschädigungen für eine Wertminderung des Grundstücks, soweit der Anspruch während des für die Steuerberechnung maßgebenden Zeitraums nach dem 1. Januar 1911 entstanden und der Betrag nicht nachweislich zur Beseitigung des Schadens verwendet worden ist.

1. Diese Vorschrift verhindert, daß Entschädigungen für Wertminderungen des Grundstücks, die der Besitzer vor der Veräußerung erhalten, aber nicht zur Beseitigung des Schadens verwendet hat, sich der Steuer ent-

ziehen. Denn solche Entschädigungen stellen, soweit diese Verwendung unterblieben ist, einen am Grundstück erzielten unverdienten Gewinn dar. Dahin gehören Entschädigungen aus Anlaß einer Enteignung oder der Ausführung von Bebauungsplänen, ferner für Bergschäden, für Anlage von Vorfluten, für Verunreinigung von Flüssen, für Aufgabe von Fensterrechten usw., kurz alle Beträge, die auf gesetzlicher, öffentlich-rechtlicher oder privatrechtlicher Grundlage dem Eigentümer für die Wertminderung des Grundstücks gezahlt werden. Die Entschädigung muß aber für eine Wertminderung des Grundstücks selbst, in seiner beim Erwerbe gegebenen Beschaffenheit, und nicht etwa der vom Eigentümer geschaffenen Verbesserungen gezahlt sein. Durch ihre Hinzurechnung zum Veräußerungspreise erhöht sich der steuerpflichtige Wertzuwachs.

2. Die zeitliche Beschränkung entspricht der zeitlichen Begrenzung der Steuerpflicht der Veräußerungen in § 62 Abs. 1.

Übernahme der Steuer durch den Erwerber.

§ 24.

Wird die Zahlung der Zuwachssteuer nach dem Vertrage von dem Erwerber übernommen, so ist ein nach den sonstigen Vorschriften dieses Gesetzes berechneter Steuerbetrag dem Veräußerungspreise hinzuzuzählen und hiernach die Steuer festzusetzen.

1. Durch diesen Paragraphen wird der Möglichkeit vorgebeugt, den Betrag der Abgabe dadurch herabzumindern, daß zufolge besonderer Vertragsabrede die Steuer vom Erwerber übernommen und dafür der Veräußerungspreis entsprechend niedriger bemessen wird.

2. Es ist zunächst derjenige Betrag zu berechnen, der nach dem Gesetze und dem vertragsmäßigen Veräußerungspreise als Steuer in Betracht kommen würde. Der um diesen Betrag vermehrte vertragsmäßige Ver-

äußerungspreis ist sodann der Steuerberechnung zugrunde zu legen.

Steuerberechnung bei Erwerb durch Miteigentümer oder Gesellschafter.

§ 25.

Im Falle der steuerpflichtigen Überlassung eines gemeinschaftlichen Grundstücks an einen Mitberechtigten oder Gesellschafter bleibt für die Bemessung des Wertzuwachses der Anteil des Erwerbers außer Betracht. Beim Eintritt des nächsten Steuerfalls ist der Wertzuwachs, der für den Anteil des Erwerbers seit dem letzten vor der Auseinandersetzung gelegenen steuerpflichtigen Rechtsvorgang entstanden ist, und der für die Anteile der früheren Mitberechtigten oder Gesellschafter seit der Auseinandersetzung eingetretene Wertzuwachs gesondert zu versteuern.

Die hier vorgesehene Regelung beruht auf dem Grundsatze der Steuererhebung zur Zeit der Gewinnverwirklichung. In dem hier behandelten Falle sollen der Wertzuwachs, der auf den ursprünglichen Anteil des Erwerbers fällt, und der an den Anteilen der früheren Mitberechtigten seit der Auseinandersetzung eingetretene Wertzuwachs ein jeder besonders veranlagt werden. Das ist deshalb erforderlich, weil für beide Fälle eine verschieden lange Besitzdauer in Betracht und somit ein verschiedener Tarifsatz zur Anwendung kommt.

Beispiel: ein Grundstück wird von A, B und C gemeinsam für 60 000 Mk. gekauft und nach erfolgter Wertsteigerung von C für 90 000 Mk. übernommen. Durch die Zahlung des Übernahmepreises an A und B, von denen jeder 30 000 Mk. erhält, findet eine Realisierung des 30 000 Mk. betragenden Wertzuwachses nur soweit statt, als er auf *deren* Anteile entfällt. Daher wird auch nur dieser Teil des Zuwachses versteuert. Er beträgt, da A und B zusammen 60 000 Mk. von C erhielten, dagegen beim gemeinsamen Erwerbe zusammen 40 000 Mk. gezahlt hatten, 20 000 Mk. = 50 % des Erwerbspreises. Der andere auf den Anteil von C entfallende Teil des Wertzuwachses beträgt 10 000 Mk. Er kommt erst zur Versteuerung, wenn C das Grundstück weiterveräußert, und zwar indem der gesamte für den Anteil von C seit dem Zeitpunkte des Erwerbs des Grundstücks durch die Gemeinschaft bis zu der vom jetzigen Alleineigentümer C vorgenommenen Weiterveräußerung entstandene Wertzuwachs besonders berechnet und versteuert wird. In ihm ist jener auf den Anteil des C entfallene Wertzuwachs von 10 000 Mk. mitenthalten. Sein anderer Bestandteil ist der während des Alleinbesitzes des C hinzugekommene Wertzuwachs. Daneben ist gleichfalls gesondert zu berechnen und zu versteuern der für die Anteile von A und B seit der Auseinandersetzung eingetretene Wertzuwachs.

Grundstückstausch.

§ 26.

Bei der Vertauschung ist die Zuwachssteuer für jeden Tauschgegenstand gesondert zu berechnen und zu erheben.

Beim Tausche von Grundstücken gilt jede der beiden Eigentumsübertragungen als „Veräußerung" im Sinne dieses Gesetzes. Die Befreiungsvorschrift des § 1 gilt auch für derartige Tauschgeschäfte.

Zwischengeschäfte.

§ 27.

Erfolgt der Erwerb auf Grund mehrerer aufeinanderfolgender Rechtsgeschäfte von dem bisherigen Berechtigten an den letzten Erwerber, so gilt der von dem ersteren gezahlte Preis als Erwerbspreis und die Gesamtheit der Beträge, um die sich der Preis des Grundstücks zwischen je zwei Rechtsgeschäften erhöht hat, als Wertzuwachs. Das Gleiche gilt, falls vor dem Übergang an den letzten Erwerber die Steuerpflicht gemäß § 5 eingetreten ist mit der Maßgabe, daß für den Übergang an den letzten Erwerber als Erwerbspreis das Entgelt bestimmend ist, das bei der früheren Versteuerung als Veräußerungspreis zugrunde gelegt worden ist.

Als Rechtsgeschäfte im Sinne des Abs. 1 sind auch Vorgänge der im § 5 Abs. 3 bezeichneten Art anzusehen.

Die hier vorgesehene Zusammenziehung mehrerer obligatorischer Veräußerungsgeschäfte soll verhindern, daß durch Zwischengeschäfte das Verhältnis der Wertsteigerung zum Erwerbspreise und damit gemäß § 28 der Betrag der Steuer herabgemindert wird. Als Wertzuwachs gilt daher bei der Versteuerung die Gesamtsumme der durch die aufeinanderfolgenden Rechtsgeschäfte bewirkten Preissteigerungen.

§ 28.

Steuertarif.

Die Steuer beträgt

10 v. H. bei einer Wertsteigerung von nicht mehr als 10 v. H. des Betrages, der sich aus dem Erwerbspreis und den Zu- und Abrechnungen (§§ 14 bis 16, 21) zusammensetzt,

11 v. H. bei einer Wertsteigerung von mehr als 10 v. H. bis einschließlich 30 v. H. dieses Betrages,

12 v. H. bei einer Wertsteigerung von mehr als 30 v. H. bis einschließlich 50 v. H. dieses Betrages,

13 v. H. bei einer Wertsteigerung von mehr als 50 v. H. bis einschließlich 70 v. H. dieses Betrages,

14 v. H. bei einer Wertsteigerung von mehr als 70 v. H. bis einschließlich 90 v. H. dieses Betrages,

15 v. H. bei einer Wertsteigerung von mehr als 90 v. H. bis einschließlich 110 v. H. dieses Betrages,

16 v. H. bei einer Wertsteigerung von mehr als 110 v. H. bis einschließlich 130 v. H. dieses Betrages,

17 v. H. bei einer Wertsteigerung von mehr als 130 v. H. bis einschließlich 150 v. H. dieses Betrages,

18 v. H. bei einer Wertsteigerung von mehr als 150 v. H. bis einschließlich 170 v. H. dieses Betrages,

19 v. H. bei einer Wertsteigerung von mehr als 170 v. H. bis einschließlich 190 v. H. dieses Betrages,

20 v. H. bei einer Wertsteigerung von mehr als 190 v. H. bis einschließlich 200 v. H. dieses Betrages,

21 v. H. bei einer Wertsteigerung von mehr als 200 v. H. bis einschließlich 210 v. H. dieses Betrages,

22 v. H. bei einer Wertsteigerung von mehr als 210 v. H. bis einschließlich 220 v. H. dieses Betrages,

23 v. H. bei einer Wertsteigerung von mehr als 220 v. H. bis einschließlich 230 v. H. dieses Betrages,

24 v. H. bei einer Wertsteigerung von mehr als

230 v. H. bis einschließlich 240 v. H. dieses Betrages,

25 v. H. bei einer Wertsteigerung von mehr als 240 v. H. bis einschließlich 250 v. H. dieses Betrages,

26 v. H. bei einer Wertsteigerung von mehr als 250 v. H. bis einschließlich 260 v. H. dieses Betrages,

27 v. H. bei einer Wertsteigerung von mehr als 260 v. H. bis einschließlich 270 v. H. dieses Betrages,

28 v. H. bei einer Wertsteigerung von mehr als 270 v. H. bis einschließlich 280 v. H. dieses Betrages,

29 v. H. bei einer Wertsteigerung von mehr als 280 v. H. bis einschließlich 290 v. H. dieses Betrages,

30 v. H. bei einer Wertsteigerung von mehr als 290 v. H. dieses Betrages.

Die Steuer ermäßigt sich für jedes vollendete Jahr des für die Steuerberechnung maßgebenden Zeitraums um eins vom Hundert ihres Betrages. Ist das Grundstück vor dem 1. Januar 1900 erworben, so beträgt die Ermäßigung für die Zeit bis zum 1. Januar 1911 einundhalb vom Hundert jährlich.

Steuerbeträge, die im ganzen unter zwanzig Mark bleiben, werden nicht erhoben.

Abs. 1.

1. Für die Gestaltung der Steuersätze ist, wie bei fast allen bisherigen Zuwachssteuerordnungen, in erster Linie die Höhe der Wertsteigerung, ausgedrückt in Prozenten des durch die gesetzlich zulässigen Hinzurechnungen erhöhten Erwerbspreises, sowie ferner die Länge der Besitzdauer maßgebend. Die Steuer ist nach der Höhe dieser Wertsteigerung progressiv gestaffelt (Abs. 1), während der Länge der Besitzdauer die Vorschrift des Abs. 2 und die Bestimmungen des § 16 Rechnung tragen. Die Progression entspricht der gerechtfertigten Annahme, daß die im Verhältnis zum Erwerbspreise steigende Wertzunahme eine entsprechende Steigerung der steuerlichen Leistungsfähigkeit anzeigt. Neben diesem relativen Wertzuwachse zugleich auch dessen absolute Höhe zu berücksichtigen, wie es z. B. die Hamburger und die Berliner Zuwachssteuer durch Einführung von Zuschlägen zu den nach der absoluter Wertsteigerung abgestuften Steuersätzen tun, unterläßt das Gesetz deshalb, weil sonst der Steuerpflichtige durch Teilveräußerungen die Wertgrenze unterhalb der für die Zuschläge vorgesehenen Mindestgrenze halten könnte.

2. Über den Einfluß der Besitzdauer, besonders den zu vermutenden spekulativen Charakter der Veräußerung bei kurzer Besitzzeit, jedoch mit den beiden wichtigen Ausnahmen der Geschäfte des „soliden Grundstückshandels" und der Bauunternehmer, vgl. Anm. 2 zu § 16. Hohe Wertsteigerung und kurze Besitzzeit künden, letztere freilich mit den gedachten beiden Ausnahmen, schon jede für sich, noch weit mehr aber wenn sie zusammentreffen, eine größere Leistungsfähigkeit an. Im letzteren Falle ist zudem die Wertsteigerung mit besonders starker Wahrscheinlichkeit zurückzuführen auf werterhöhende Leistungen öffentlicher Körperschaften oder sonstiger Dritter. Anderseits ist bei den „Urbesitzern" gerade umgekehrt die lange Besitzdauer Vermittlerin von oft enorm hohen spekulativen Gewinnen (vgl. auch hierüber Anm. 2 zu § 16).

3. Auch der bodenpolitische Charakter der Zuwachssteuer tritt in der progressiven Staffelung der Steuersätze zutage, insofern der in der Hoffnung auf immer weitere Steigerung des Bodenwertes erfolgenden Zurückhaltung bebauungsfähigen Geländes von der Veräuße-

rung und damit auch von der Bebauung durch die Steuer entgegengewirkt wird. Denn deren Sätze sind der Zunahme der Wertsteigerung nicht einfach proportional, sondern wachsen mit dieser progressiv. Anderseits besteht bei gleichmäßig durchgeführter Ermäßigung der Steuer nach der zunehmenden Länge der Besitzzeit die Gefahr, jene Zurückhaltung zu begünstigen.

4. Aus allen diesen vielfach einander widerstreitenden Gründen ist die Anwendung der beiden Maßstäbe eine vorsichtige und eingeschränkte. Die Steuer beginnt mit einem Betrage von 10 % des im Sinne des Gesetzes unverdienten Wertzuwachses. Dieser Satz wird erhoben, wenn der Wertzuwachs nicht mehr als 10 %, d. h. also wenn er bis zu einschließlich 10 % beträgt. Im Gegensatze zu wohl allen bisherigen Zuwachssteuerordnungen ist also nicht etwa ein bestimmter niedriger Wertzuwachs — sonst meistens 10 % des Erwerbspreises — steuerfrei gelassen, sondern jeder, auch der geringste, im gesetzlichen Sinne unverdiente Wertzuwachs ist steuerpflichtig. Denn eine solche Freilassung würde nach der Begründung der Vorlage vornehmlich den Veräußerungsfällen zugute kommen, in denen in spekulativer Absicht Grundstücke in raschem Wechsel von Hand zu Hand gegeben werden. Die Steuer steigt dann ganz gleichmäßig und allmählich um je 1 % in Stufen von je 20 % des immer im gesetzlichen Sinne verstandenen Erwerbspreises bis zu 20 % bei einer Wertsteigerung von mehr als 190 bis einschl. 200 % dieses Preises. Von da ab steigt zwar die Steuer auch fernerhin um je 1 %, jedoch in Stufen von nur 10 % des Erwerbspreises, bis sie 29 % bei einer Wertsteigerung von mehr als 280 bis einschl. 290 % erreicht. Bei einer solchen von mehr als 290 % erreicht sie ihr Maximum und ihren Beharrungsstand von 30 %.

5. Zum Erwerbspreise müssen auch hier die nach den §§ 14—16 zulässigen Hinzurechnungen hinzutreten; eine Abrechnung vom Erwerbspreise kann dagegen im Falle des § 21 (Teilveräußerungen) eintreten.

6. Betreffs des gänzlichen Aufhörens der Steuerpflicht nach einer gewissen Besitzzeit in Fällen, wo das niedrige

Verhältnis des Wertzuwachses zum Erwerbspreise dafür spricht, daß der erstere durch Arbeit verdient ist, siehe den Schlußsatz der Anm. 2 zu § 16.

Abs. 2.

7. Die mit der Länge der Besitzzeit fortschreitende Ermäßigung der Steuer rechtfertigt sich: 1. durch das fortgesetzte Sinken des Geldwertes; 2. durch die mannigfachen, im einzelnen nicht oder nur schwer nachweisbaren Aufwendungen besonderer Art, die einen verdienten und daher steuerfrei zu lassenden Wertzuwachs herbeiführen; 3. durch die Erfahrung, daß ein allmähliches Steigen des Bodenwertes innerhalb bestimmter Grenzen vielfach nicht so sehr in außergewöhnlichen Umständen, als vielmehr in dem besonderen Maße von Sorgfalt und Einsicht seinen Grund hat, die auf die laufende Unterhaltung der Gebäude und auf die Pflege der Grundstücke verwendet worden sind. Zumal auf den landwirtschaftlichen Kleinbesitz mit sehr intensiver Bewirtschaftung durch den Eigentümer und seine Familie trifft dies zu. Vgl. Anm. 1 und 3 zu § 16.

8. Die im zweiten Satze des Abs. 2 vorgesehene Verstärkung der Ermäßigung bezweckt speziell für die Übergangszeit eine noch größere Schonung des langjährigen Besitzes.

Abs. 3.

9. Durch diese Freilassung soll eine übermäßige Erschwerung sowohl des Veranlagungsgeschäftes als des Grundstücksverkehrs verhindert werden.

Zu Abs. 1—3.

10. Die Umgestaltungen, die der Steuertarif durch den Reichstag erfahren hat, bestehen im wesentlichen in einer Erhöhung für den langfristigen und zugleich einen hohen Prozentsatz vom Erwerbspreise ausmachenden Wertzuwachs, dagegen in einer erheblichen Ermäßigung für den nur bis zu 75 % des Erwerbspreises betragenden und zugleich in einer nicht längeren als 15 jährigen Besitzzeit entstandenen Wertzuwachs.

BundRAB. §§ 12, 13, 14, 21.

Steuersubjekt.

§ 29.

Die Entrichtung der Zuwachssteuer liegt demjenigen ob, dem das Eigentum an dem Grundstück vor dem die Steuerpflicht begründenden Rechtsvorgange zustand. Mehrere Steuerpflichtige haften als Gesamtschuldner.

Kann die Steuer von dem Veräußerer nicht beigetrieben werden, so haftet der Erwerber für die Steuer bis zum Betrage von zwei vom Hundert des Veräußerungspreises. Diese Bestimmung findet keine Anwendung beim Erwerb im Wege der Zwangsversteigerung.

Die Haftung fällt fort, sobald der Veräußerer einen entsprechenden Betrag gezahlt oder sichergestellt hat.

Abs. 1.

1. Die Steuerpflicht trifft den Veräußerer, weil ihm der im Veräußerungspreise mitenthaltene und realisierte unverdiente Wertzuwachs zufließt.

Abs. 2 und 3.

2. Zur Sicherung des Steuerfiskus dient für den Fall, daß die Steuer vom Veräußerer nicht beizutreiben ist, sei es daß er sie nicht zahlen kann, sei es daß er sich ihrer Leistung zu entziehen weiß, die Haftung des Erwerbers. Solche Sicherung ist unentbehrlich wegen der weit verbreiteten „Schiebungen" auf den Grundstücksmärkten, bei denen die Vorschiebung von mittellosen „Strohmännern" eine große Rolle spielt. Die Eintragung der Eigentumsänderung in das Grundbuch, wie die Regierungsvorlage wollte, von vorheriger Sicherheitsleistung abhängig zu machen, hat der Reichstag dagegen wegen der darin liegenden übermäßigen Erschwerung des Grundstücksverkehrs abgelehnt. Die Beschränkung der Haftung des Erwerbers auf 2 % des Ver-

äußerungspreises bezweckt, daß die Parteien von vornherein mit einem bestimmten Höchstbetrag der Haftung rechnen, zugleich aber diese überhaupt ausschließen können mittels Zahlung oder Sicherstellung eines gleich hohen Betrages durch den Veräußerer. Im letzteren Falle ist der Erwerber von jeder Haftung frei, also auch für den diesen Betrag übersteigenden Teil der Steuer.

3. Die Vorschriften in Abs. 2 und 3 finden nur Anwendung auf Veräußerungen, die nach dem Inkrafttreten des Gesetzes erfolgen (§ 62 Abs. 1).

Steuerfreiheit. § 30.

Von der Steuerpflicht (§ 29 Abs. 1) befreit sind:

1. der Landesfürst und die Landesfürstin;
2. das Reich;
3. die Bundesstaaten und Gemeinden (Gemeindeverbände), in deren Bereich das Grundstück sich befindet;
4. Vereinigungen aller Art, welche, ohne Erwerbszwecken zu dienen, satzungsgemäß sich mit innerer Kolonisation, Arbeiteransiedelung, Grundentschuldung oder Errichtung von Wohnungen für die minderbemittelten Klassen befassen, falls sie den zur Verteilung gelangenden Reingewinn auf eine höchstens vierprozentige Verzinsung der Kapitaleinlagen beschränken, den Mitgliedern, Geschäftsführern oder sonstigen Beteiligten auch nicht in anderer Form besondere Vorteile gewähren, bei Auslosung, Austritt eines Mitglieds oder für den Fall der Auflösung nicht mehr als den Nennwert ihrer Anteile zusichern und bei der Auflösung den

etwaigen Rest ihres Vermögens für die vorbezeichneten Zwecke bestimmen. Ob diese Voraussetzungen zutreffen, entscheidet der Bundesrat. Er ist auch ermächtigt, solchen Vereinigungen der vorbezeichneten Art Steuerfreiheit zuzubilligen, die eine höchstens fünfprozentige Verzinsung der Kapitaleinlagen gewähren.

1. Die Steuerfreiheit des Reichs, der Bundesstaaten und der Gemeinden beruht darauf, daß sie selber den unverdienten Wertzuwachs im wesentlichen geschaffen haben. Die Befreiung des Landesfürsten und der Landesfürstin entspricht der gleichartigen Bestimmung für die Grundwechselabgabe (§ 84 des RStempelG., Tarifnummer 11), zu deren allmählicher Ersetzung die Zuwachssteuer nach § 69 bestimmt ist. Wegen zulässiger Ausnahmen von dieser Befreiung zugunsten der Gemeinden vgl. § 31. Landesfürst und Landesfürstin sind aber, wie bei der Reichserbschaftssteuer, nur insoweit steuerfrei, als es sich um Grundstücke handelt, die im Gebiete ihres eigenen Landes gelegen sind.

2. Ein Gemeindeverband kann die Steuerbefreiung nur für solche Grundstücke in Anspruch nehmen, hinsichtlich deren ihm nach § 58 ein Steueranteilrecht landesgesetzlich zusteht.

3. Auf selbständige Gutsbezirke findet die Steuerbefreiung keine Anwendung.

4. Die in Ziff. 4 vorgesehene Steuerbefreiung gemeinnütziger Siedlungsgesellschaften beruht auf deren gemeinnützigem Charakter. Über das Verfahren bei Inanspruchnahme dieser Befreiung siehe BundRAB. § 15, über die Kontrollierung des satzungsgemäßen Verhaltens § 17 daselbst.

5. Die Befreiung erstreckt sich nur auf die Steuerpflicht, nicht auch auf die Haftpflicht aus § 29 Abs. 2. Sie entbindet nicht von der Mitteilungs- und Anmeldungspflicht.

BundRAB. §§ 12, 14—17.

Beschränkung der Steuerfreiheit.

§ 31.

Durch die Landesgesetzgebung können Ausnahmen von der Bestimmung der Ziffer 1 des § 30 zugunsten der Gemeinden (Gemeindeverbände) gemacht werden. Wo solche landesgesetzlichen Bestimmungen bereits bestehen, behält es dabei sein Bewenden.

Diese Ausnahme von der Steuerbefreiung des Landesfürsten und der Landesfürstin erklärt sich daraus, daß im Fürstentum Lippe nach Landesgesetz (vgl. die Einleitung) das etwa 20 % der gesamten Landesfläche betragende fürstliche Domanium zur Zuwachssteuer der Gemeinden herangezogen werden kann. Den Gemeinden dieses wohlerworbene Recht zu nehmen, wäre unbillig gewesen.

Steuerhaftung in besonderen Fällen.

§ 32.

Gehen dem Eintritte der Steuerpflicht mehrere aufeinanderfolgende Rechtsgeschäfte der im § 5 bezeichneten Art voraus (§ 27), so haften die an einem dieser Rechtsvorgänge als Veräußerer Beteiligten für die Steuer neben dem Steuerpflichtigen als Gesamtschuldner. Im Verhältnis der Beteiligten zueinander haftet jeder Veräußerer für die Steuer nur in der Höhe, in der er haften würde, wenn der Übergang auf Grund des von ihm geschlossenen Veräußerungsgeschäfts erfolgt wäre.

Ist die Vornahme des steuerpflichtigen Rechtsvorganges unter Mitwirkung eines Bevollmächtigten oder durch die Tätigkeit eines Vermittlers mit der Maßgabe erfolgt, daß diesen der einen gewissen Betrag übersteigende Teil des Preises verbleibt, so haftet für den auf den Mehrerlös entfallenden Teil der Steuer neben dem Veräußerer als Gesamtschuldner derjenige, dem der Mehrerlös zukommt.

Liegt der die Haftung begründende Rechtsvorgang vor dem Inkrafttreten dieses Gesetzes, so finden die Vorschriften der Abs. 1, 2 keine Anwendung.

Abs. 1.

1. Die Haftung der an einem dieser Rechtsvorgänge Beteiligten erstreckt sich auf den ganzen, zur Zeit des Eintritts der Steuerpflicht fälligen Steuerbetrag. Dies deshalb, weil Zwischengeschäfte der in § 5 bezeichneten Art gewöhnlich Steuerumgehungen Vorschub zu leisten bestimmt sind, allgemein aber nach außen hin oft schwer als Einzelgeschäfte erkennbar sind. Eine Haftung nur nach Maßgabe der Beteiligung würde daher die Veranlagung und Einziehung der Steuer sehr erschweren.

Abs. 2.

2. Im Falle des Abs. 2 beschränkt sich die Mithaftung auf den der Beteiligung an der Gewinnverwirklichung entsprechenden Teil der Steuer.

Abs. 3.

3. Als die Haftung begründender Rechtsvorgang ist das Veräußerungsgeschäft anzusehen (vgl. § 33). Da nun Veräußerungsgeschäfte nur für die Zeit seit 1. Januar 1911 als steuerpflichtige Rechtsvorgänge in Betracht kommen (vgl. § 17 Abs. 2 Satz 2), so hat Absatz 3 lediglich für die Zeit von dahin bis zum 1. April 1911 Bedeutung.

Befreiung von der Steuerhaftpflicht.

§ 33.

Jeder, der nach den Vorschriften des § 32 Abs. 1 für die Entrichtung der Abgabe haftet, ist berechtigt, innerhalb eines Monats nach Vornahme des die

Haftpflicht begründenden Rechtsvorganges die Festsetzung und Erhebung der Abgabe von dem Wertzuwachse zu beantragen, der bis zu dem die Haftpflicht begründenden Rechtsvorgang entstanden ist. Bei der nächsten Versteuerung bemißt sich die Abgabe nach dem Steuersatze, der bei Einrechnung dieses Wertzuwachses anzuwenden wäre.

Jedem nach § 32 für die Steuer Haftpflichtigen ist durch diese Vorschrift die Möglichkeit gegeben, sich von dieser Haftpflicht zu befreien. Der Antrag kann auf die Festsetzung beschränkt werden.

BundRAB. § 12.

Steuererlaß.

§ 34.

Ist im Falle des § 5 das steuerpflichtige Rechtsgeschäft nichtig oder aufgehoben, so ist nach näherer Bestimmung des Bundesrats die Abgabe auf Antrag zu erlassen. Dasselbe gilt, wenn wegen Nichterfüllung der Vertragsbedingungen das Rechtsgeschäft rückgängig gemacht oder das Eigentum zurückübertragen wird. Ferner ist in den Fällen der Preisminderung nach §§ 459, 460 des Bürgerlichen Gesetzbuchs der Veräußerungspreis entsprechend zu ermäßigen und die Steuer entsprechend zurückzuzahlen.

Wird das Grundstück auf den bisherigen Eigentümer wieder übertragen, so kann nach näherer Bestimmung des Bundesrats die Abgabe erlassen werden. Die Abgabe muß erlassen werden, wenn die Rückübertragung innerhalb zweier Jahre seit der Veräußerung erfolgt.

Wird die Steuer erlassen, so gilt die Veräußerung im Sinne dieses Gesetzes als nicht erfolgt.

1. In den Fällen des Abs. 1 ist eine bereits gezahlte Steuer zurückzuerstatten. Es wird hier die Sache zumeist so liegen, daß der Veräußerer sich durch irgendwelche Umstände gezwungen sieht, das Grundstück wieder zurückzunehmen. Da das in der Regel nicht später als innerhalb zweier Jahre seit der Veräußerung geschehen wird, so ist ihm, sofern dies zutrifft, die Rückvergütung gesetzlich gewährleistet, anderenfalls aber nach billigem Ermessen und näherer Bestimmung des Bundesrates zugesprochen.

2. Über den innerhalb Jahresfrist zu stellenden Antrag auf Erlaß oder Erstattung der Steuer entscheidet das Zuwachssteueramt unter Zustimmung der Oberbehörde oder einer anderen von der Landeszentralbehörde im Einverständnis mit dem Reichskanzler zu bestimmenden Stelle. BundRAB. §§ 29—31. Wegen Berechnung der Frist siehe daselbst § 31 Abs. 1, wegen anderweiter Bestimmung der gedachten Stelle für Preußen die Ausf.-Anw. D 13, 14 und 15, für Bayern die §§ 21, 22 und 40 der BayrAB., für Sachsen § 13 der SächsAB.

Nach der Preuß. Ausf.-Anw. D 15 ist auch der Betrag für Kreis, Staat und Reich von der Gemeindekasse vorläufig auszulegen und bei der nächsten Monatsabrechnung zu verrechnen.

Auch von Amts wegen kann Erstattung erfolgen, wenn sich bei einer Nachprüfung offenbare Unrichtigkeiten ergeben, die nicht sonst, z. B. durch weitgehende Anrechnung von Aufwendungen, ausgeglichen erscheinen, und es sich bei der Überhebung um mindestens 20 Mk. handelt. BundRAB. § 29 Abs. 2. Das Erstattungsverfahren ist kostenfrei. Ebenda § 32.

3. Über den Erlaß der Steuer aus Billigkeitsgründen durch den Bundesrat vgl. § 66 und BundesRAB. § 30.

4. Ward die Steuer im vollen Betrage erlassen oder erstattet, so kommt der Rechtsvorgang, durch den sie fällig wurde, bei einem späteren Steuerfall als Erwerbsvorgang nicht in Betracht. Ausgenommen ist der Fall, daß infolge nachträglicher Preisminderung kein steuerpflichtiger Zuwachs verblieb.

BundRAB. § 31 Abs. 2.

Verwaltung und Erhebung der Steuer.

§ 35.

Für die Verwaltung und Erhebung der Zuwachssteuer ist der Bundesstaat zuständig, in welchem sich das Grundstück befindet.

Die Verwaltung der Zuwachssteuer erfolgt durch die von der Landesregierung hierzu bestimmten Stellen.

1. Die §§ 35—57 schließen sich zum Teil dem für das Reichserbschaftssteuergesetz vom 3. Juni 1906 geltenden Verfahren an.

2. Dem Ermessen der Landesregierung ist namentlich überlassen, ob und wieweit sie Gemeindebehörden mit der Verwaltung der Steuer betrauen will.

3. In den BundRAB. sind die mit der Verwaltung der Zuwachssteuer betrauten Stellen Zuwachssteuerämter benannt. Sie werden ebenso wie die Oberbehörden, denen sie unterstehen, von der Landesregierung bestimmt und öffentlich bekannt gegeben. Ein Verzeichnis der Zuwachssteuerämter und Oberbehörden ist, ebenso wie jede spätere Veränderung, unter Angabe ihrer Geschäftsbezirke dem Reichskanzler zur Veröffentlichung im Zentralblatt für das Deutsche Reich, die jedoch auf das Verzeichnis der Oberbehörden beschränkt werden kann, mitzuteilen. Die Erhebung der Steuer kann auch anderen Stellen als den Zuwachssteuerämtern übertragen werden. Auch können andere Stellen als Hilfsstellen zur Vorbereitungsarbeit herangezogen werden. Zuständig ist dasjenige Zuwachssteueramt, in dessen Bezirk das veräußerte Grundstück liegt. BundRAB. §§ 1 und 2. Über den Fall, daß es in mehreren Bezirken liegt, siehe § 2 Abs. 1 daselbst. Das Besteuerungsverfahren zerfällt in das Anmeldungs-, Vor-, Haupt-, Beschwerde-, Aufsichts- und Prüfungsverfahren (§§ 3—11, 12—17, 18—32, 34—37, 38 des Gesetzes).

4. In Preußen wird die Zuwachssteuer in den Stadtgemeinden durch den Gemeindevorstand, in den Landgemeinden und Gutsbezirken durch den Kreisausschuß, nach Maßgabe der Bestimmungen des Kreis- und des Kommunal-

abgabengesetzes veranlagt. Für Stadtgemeinden mit weniger als 2000 Einwohnern hat die Veranlagung auf ihren Antrag durch den Kreisausschuß zu erfolgen. Auf Antrag von Landgemeinden mit mehr als 5000 Einwohnern oder von solchen, in denen eine Zuwachssteuer schon vor dem 1. Januar 1911 in Kraft war, ist die Veranlagung durch den Kreisausschuß dem Gemeindevorstand zu überweisen. In den Hohenzollernschen Landen tritt an die Stelle des Kreisausschusses der Amtsausschuß. PreußAG. § 1. Oberbehörden sind die geordneten Kommunalaufsichtsbehörden, also für die Kreis- und die städtischen Zuwachssteuerämter in erster Instanz die Regierungspräsidenten, in zweiter die Oberpräsidenten, in den Hohenzollernschen Landen der Minister des Innern, für Berlin der Oberpräsident zu Potsdam bzw. der Minister des Innern, dagegen für die Zuwachssteuerämter in den zur selbständigen Veranlagung befugten Landgemeinden die Landräte als Vorsitzende der Kreisausschüsse, in höherer Instanz die Regierungspräsidenten. Landeszentralbehörde sind die Minister des Innern und der Finanzen. PreußAusfAnw. A 1 und 3.

In Bayern liegt die Verwaltung und Erhebung der Steuer den (staatlichen) Rentämtern unter Leitung der Regierungsfinanzkammern und unter Oberaufsicht des Finanzministeriums ob. In München ist das Stadtrentamt München I, in Nürnberg das Rentamt Nürnberg I zuständig. Bei der Schwierigkeit der im Veranlagungsverfahren herbeizuführenden Feststellungen ist auf die persönliche Einvernahme der Beteiligten sowie auf mündliches Verhandeln mit diesen besonderes Gewicht zu legen. Die Tätigkeit der Rentämter als Zuwachssteuerämter unterliegt einem besonderen Prüfungsverfahren der Regierungsfinanzkammern. BayrAB. §§ 1, 14, 30, 31.

In Sachsen sind Zuwachssteuerämter in den Städten mit revidierter Städteordnung die Stadträte. In den übrigen Städten und in den Landgemeinden können Bürgermeister oder Gemeindevorstand mit den Geschäften des Zuwachssteueramtes widerruflich betraut werden. Soweit dies nicht geschieht, dienen, ebenso wie für die selbständigen Gutsbezirke, als Zuwachssteueräumter die Hauptzollämter. Oberbehörde ist die Generalzolldirektion, Landeszentralbehörde das Finanzministerium. Bei der Veranlagung der Steuer und bei Feststellung der Unterlagen eines Steuerfeststellungsbescheides (§ 47 des Gesetzes) wirkt in den Städten mit revidierter Städteordnung oder mit ortsgesetzlich gemischten Ausschüssen ein „gemischter Ausschuß" mit, dem das Recht, selbständig den Steuer- oder den Feststellungsbescheid zu erlassen oder die Ermittlungen einzustellen, übertragen werden kann. In anderen Stadt- sowie in den Landgemeinden wirkt der Stadtgemeinderat bzw. der Gemeinderat oder ein aus Mitgliedern desselben gebildeter Ausschuß mit. Zu gutachtlicher Äußerung über die Berechnungsunterlagen sind den Hauptzollämtern gegenüber der Bürgermeister oder der Gemeindevorstand, in dessen Bezirk das Grundstück liegt, unter Mitwirkung der nämlichen Organe verpflichtet. In selbständigen Gutsbezirken kann durch Vermittlung der zuständigen Amtshauptmannschaft eine gutachtliche Äußerung des Bezirksausschusses eingeholt werden. Auch sind die Bezirks- und Kreisausschüsse zur Namhaftmachung von geeigneten Sachverständigen verpflichtet. SächsAB. §§ 1 und 4—6.

Reichskontrolle.

§ 36.

Die Reichsbevollmächtigten für Zölle und Steuern üben in Ansehung der Ausführung dieses Gesetzes dieselben Rechte und Pflichten aus, die ihnen bezüglich der Zölle und Verbrauchssteuern beigelegt sind.

In Staaten, in denen die Geschäfte der Oberbehörde für die Zuwachssteuer anderen Behörden als den Zolldirektivbehörden übertragen sind, werden der Umfang und die Art der Tätigkeit der Reichsbevollmächtigten vom Reichskanzler im Einvernehmen mit der beteiligten Bundesregierung geregelt.

Unter Zustimmung des Bundesrats kann der Reichskanzler die Wahrnehmung der Geschäfte der Reichsbevollmächtigten, soweit die Ausführung dieses

Gesetzes in Betracht kommt, anderen Beamten übertragen.

Vgl. die „Zusammenstellung der den Reichsbevollmächtigten in bezug auf die Zuwachssteuer zugeteilten Bezirke" (Anhang II der PreußAusfAnw. vom 19. Mai 1911), abgedruckt unten im Anhang (D) unter II.

§ 37.

Anmeldepflicht.

Jeder steuerpflichtige Rechtsvorgang und, sofern eine Preiserhöhung eintritt, jedes Rechtsgeschäft der im § 5 bezeichneten Art ist binnen einer Frist von einem Monat der zuständigen Steuerbehörde (§ 35 Abs. 2) anzumelden. Die Verpflichtung hierzu trifft den Veräußerer und den Erwerber. Sind mehrere Veräußerer oder Erwerber vorhanden, so trifft die Verpflichtung jeden von ihnen. Sie gilt in gleicher Weise für die gesetzlichen Vertreter.

Die Frist beginnt mit dem Zeitpunkt, in welchem der Verpflichtete von dem steuerpflichtigen Rechtsvorgang oder von dem Rechtsgeschäfte Kenntnis erhält.

Einer Anmeldung bedarf es nicht, wenn vor Ablauf der Frist die Auflassung oder Eintragung stattgefunden hat.

Sind mehrere Personen zur Erstattung der Anmeldung verpflichtet, so wird durch die von einem Verpflichteten bewirkte Anmeldung der Anzeigepflicht der übrigen genügt.

1. Die Anmeldepflicht ist durch die BundRAB. §§ 3 ff. auf die Fälle beschränkt, von denen das Zuwachssteueramt nicht schon gemäß § 38 des Gesetzes amtlicherseits Nachricht erhält, im Wesentlichen also auf die der Auflassung und

Eintragung in das Grundbuch nicht bedürfenden Fälle des Eigentumsübergangs und auf die in privatschriftlicher Form rechtswirksam abgeschlossenen Rechtsgeschäfte, die unmittelbar oder mittelbar als Grundlage für den Eigentumsübergang zu dienen geeignet sind. Dagegen besteht die unbedingte Anmeldepflicht für die Mitglieder der in § 3 des Gesetzes bezeichneten Vereinigungen bezüglich jeder Übertragung von Rechten an Gesellschaftsvermögen, welche nicht selbst in das Grundbuch eingetragen wird. Die Anmeldung hat binnen Monatsfrist an das Zuwachssteueramt zu erfolgen, durch Benutzung eines von diesem zu verabfolgenden Vordrucks oder zu Protokoll desselben. Sie muß die im Muster 3 bezeichneten Angaben enthalten. BundRAB. § 9.

2. Über die Folgen der Nichterfüllung der in diesem Paragraphen vorgeschriebenen Anmeldungspflicht vgl. Anm. 6 zu § 38.

3. Es genügt, wenn die Anmeldung seitens eines von mehreren Pflichtigen bewirkt wird. BundRAB. § 8 Abs. 2.

BundRAB. §§ 2, 3, 8, 9, 10 und 16; BayrAB. § 9.

Mitteilungspflicht. § 38.

Den Steuerbehörden haben nach näherer Bestimmung des Bundesrats Mitteilung zu machen

1. die Grundbuchämter
   von den Eintragungen des Eigentumsüberganges von Grundstücken in das Grundbuch;
2. die Registergerichte und -behörden
   von Eintragungen in das Handels- und Genossenschaftsregister und von Einreichungen zum Handelsregister, soweit sie in Verfolg eines steuerpflichtigen Rechtsvorganges vorgenommen werden;
3. allgemein die Behörden und Beamten des Reichs, Staates und der Gemeinde sowie die Notare
   a) von allen von ihnen beurkundeten Rechts-

vorgängen, die den Übergang des Eigentums an inländischen Grundstücken zum Gegenstande haben oder zu den im § 5 bezeichneten Rechtsgeschäften gehören;

b) von allen Fällen der Erhebung der Abgabe auf Grund der Tarifnummer 11 des Reichsstempelgesetzes.

Die Landesregierungen sind ermächtigt, im Einverständnisse mit dem Reichskanzler die Mitteilungspflicht anderen als den in Ziff. 1 und 2 genannten Stellen zu übertragen.

1. Die Mitteilungen der Grundbuchämter erfolgen in der Regel durch „Übereignungsanzeigen", die nach besonderem Muster (1) einzurichten und binnen 10 Tagen nach Eintragung der Rechtsänderung — für jede Eintragung besonders — einzusenden sind. BundRAB. § 4. Ausnahmen läßt Abs. 3 daselbst zu. Demnach erfolgen in Bayern derartige Mitteilungen nur im Falle der Übertragung des Bergwerkseigentums; im übrigen erhalten hier die Rentämter als Zuwachssteuerbehörden von den während eines Monats im Grundbuche zur Eintragung gelangenden Rechtsänderungen durch die ihnen von den Grundbuchämtern bis spätestens zum Dritten des folgenden Monats zu übersendenden Umschreibverzeichnisse Kenntnis. BayrAB. § 2 Abs. 1.

2. Die Registergerichte und -Behörden haben von Amtswegen die Fälle mitzuteilen, in denen die Anteile einer unter § 3 des Gesetzes fallenden Vereinigung in einer Hand sich vereinigen. Im übrigen haben sie, soweit nicht die Landeszentralbehörde anders verfügt, nur auf Ersuchen des Zuwachssteueramtes Mitteilungen über in Betracht kommende Rechtsvorgänge zu machen. BundRAB. § 5. Das gilt ausdrücklich auch für Bayern. BayrAB. § 3 Abs. 1.

3. Die in Ziff. 3 vorgeschriebenen Mitteilungen sind mittels „Veräußerungsanzeige" nach bestimmtem Muster (2) und für jeden Rechtsvorgang besonders binnen 10 Tagen nach der Beurkundung einzureichen. Ausnahmen wie bei den Übereignungsanzeigen der Grundbuchämter. BundRAB. § 6. Hinsichtlich der Abtretung eines Geschäftsanteils einer Gesellschaft m. b. H. sind solche Mitteilungen auch bei den nicht unter § 3 des Gesetzes fallenden Gesellschaften m. b. H. zu machen, soweit nicht bei den Mitteilungspflichtigen Tatsachen offenkundig sind, aus denen sich ergibt, daß die Gesellschaft, deren Anteil übertragen wird, keinen Grundbesitz hat oder nicht unter § 3 des Gesetzes fällt. Die Landeszentralbehörde kann Mitteilungen letztgedachter Art auf die Übersendung von Monatslisten beschränken. BundRAB. § 7. Für Preußen ist dies geschehen. PreußAusfAnw. B 6. In Bayern hat der Notar Veräußerungsanzeigen nur einem Rentamte zu erstatten, das sich nicht am gleichen Sitz befindet und mit dem er nicht über die Gebühren abrechnet. Im übrigen ersieht das Zuwachssteueramt (Rentamt) die bei den Notaren vorkommenden, für die Steuerpflicht in Betracht kommenden Fälle aus deren monatlichen Gebührenregistern. Als solche Fälle kommen, da die Umschreibungen von Eigentumsübergängen an Grundstücken und Berechtigungen sich aus den monatlichen Umschreibverzeichnissen der Grundbuchämter ergeben, hier in Betracht: die Abtretung von Geschäftsanteilen einer Gesellschaft m. b. H. sowie Eigentums- oder Rechtsübergänge, die der Eintragung im Grundbuche nicht bedürfen. BayrAB. § 2 Abs. 2—4 und § 6.

4. Für jedes Grundstück, für jede Berechtigung (§ 2) und für jede Vereinigung (§ 3) ist ein Kartenblatt (Grundstücksblatt) anzulegen (Muster 4), sobald sich eine Veranlassung hierzu ergibt. Namentlich hat dies zu geschehen nach Eingang einer Anzeige oder Anmeldung für jedes Grundstück, jede Berechtigung oder Vereinigung, auf die sich ein in der Mitteilung oder Anmeldung enthaltener Rechtsvorgang bezieht. Soweit sich die Veräußerungsanzeigen und Anmeldungen auf Veräußerungsgeschäfte im Sinne des § 5 beziehen, sind sie zu sammeln und nach Eingang der Übereignungsanzeige mit dieser, sonst nach Ablauf eines Jahres seit Abschluß des ersten Veräußerungsgeschäftes, in steuerliche Behandlung zu nehmen. BundRAB. § 11, PreußAusfAnw. B 7. Bayern hat von der Befugnis des § 11 Abs. 2 Gebrauch gemacht, wonach die Landeszentralbehörde die Anlegung von Grundstücksblättern untersagen kann. BayrAB. § 12.

5. Die in den Mitteilungen und Anmeldungen enthaltenen Rechtsvorgänge eines Rechnungsjahres werden, sobald sie zu steuerlicher Behandlung Anlaß geben (Veräußerungsgeschäfte nur in den Fällen der §§ 5 und 33 des Gesetzes), von den Zuwachssteuerämtern unter fortlaufenden Nummern in die Zuwachssteuerliste (Muster 5) übernommen. BundRAB. § 12, BayrAB. § 6.

6. Bei Unterlassung rechtzeitiger Mitteilung sind die dem Zuwachssteueramt bekannten Mitteilungs- und Anmeldungspflichtigen vor ihm mit kurzer Frist unter Hinweis auf die Folgen zu mahnen. Bleibt dies erfolglos, so ist im Falle des § 38 Beschwerde bei der vorgesetzten Aufsichtsbehörde zu führen, im Falle des § 37 das Strafverfahren einzuleiten oder der dafür zuständigen Behörde Anzeige zu erstatten. BundRAB § 10.

BundRAB. §§ 3—7, 10 und 16 sowie betreffs der Zeit vom 1. Januar bis 31. März 1911 PreußAusfAnw. D 17, BayrAB. §§ 45 und 46 und SächsAB. § 19.

Zuwachssteuer-erklärung.

§ 39.

Auf Verlangen der Steuerbehörde und innerhalb einer von ihr zu bestimmenden angemessenen Frist hat der gemäß § 37 zur Anmeldung verpflichtete Veräußerer dem Amte eine Zuwachssteuererklärung einzureichen, welche die für die Steuerpflicht und die Steuerbemessung in Betracht kommenden Umstände ersehen läßt.

Die Steuererklärung ist unter der Versicherung zu erstatten, daß die Angaben nach bestem Wissen und Gewissen gemacht sind.

Die Aufforderung zur Abgabe der Zuwachssteuererklärung erfolgt erst, nachdem im Vorverfahren geprüft ist, ob Steuerpflicht vorliegt. Ihr können aufklärende Vorverhandlungen vorausgehen. Die Erklärung kann nach amtlichem Muster (6 und 7) oder zu Protokoll des Zuwachssteueramts erfolgen. Die Einreichungsfrist beträgt zwei Wochen, kann aber von der Steuerbehörde verlängert werden. Eine Sondererklärung kann eingefordert werden beim Vorliegen eines Steuerfalles, für dessen Behandlung das Gesetz besondere Vorschriften vorsieht (Zwangsversteigerung, Gemeinschaftsteilung usw.). Der Aufforderung ist beizufügen: ein Vordruck zur Steuererklärung, ein Auszug aus den Gesetzesbestimmungen und eine Mustererklärung. Die Vordrucke können in Preußen nach Maßgabe des örtlichen Bedürfnisses durch Fragen, namentlich nach dem Vorliegen von Zwischengeschäften (§§ 27, 32), von Vermittlungen (§§ 11 Abs. 2, 32 Abs. 2) und von Fällen des § 7 Ziff. 7, § 19, sowie durch Sonderfragen bei Zwangsversteigerungen, Gemeinheitsteilungen und Teilungen eines gemeinschaftlichen Grundstücks ergänzt werden. Durch Bekanntmachung des Reichskanzlers vom 12. Mai 1911 (Zentralblatt für das Deutsche Reich, 1911, S. 199) sind zwei Mustererklärungen A und B bekannt gegeben worden, und zwar A für Grundstücke, die am 1. Januar 1885 oder später, B für solche, die vor diesem Tage erworben sind. Sie sind unten unmittelbar hinter den den BundRAB. angefügten Mustern 1—16 abgedruckt.

BundRAB. §§ 2, 18—20; PreußAusfAnw. D 9.

Beanstandung der Steuererklärung, Steuerfestsetzung, Steuervergleich. § 40.

Trägt die Steuerbehörde Bedenken, die Angaben in der Steuererklärung als richtig anzunehmen, so teilt sie dem Steuerpflichtigen die beanstandeten Punkte unter Bestimmung einer angemessenen Frist zur Gegenerklärung mit. Erfolgt innerhalb der gesetzten Frist keine Gegenerklärung oder führen die Verhandlungen nicht zu einer Einigung, so ist die Steuerbehörde befugt, nach näherer Bestimmung der

Landesregierung die erforderlichen Ermittelungen selbständig vorzunehmen und danach die Steuer zu erheben.

Die Kosten der Ermittelungen fallen dem Steuerpflichtigen zur Last, wenn sie zu einer endgültigen Steuerfestsetzung führen, die den nach den Angaben des Steuerpflichtigen veranlagten Abgabebetrag um mehr als ein Drittel übersteigt.

1. Erweisen sich einzelne der für die Steuerberechnung maßgebenden Unterlagen als nicht oder nicht ohne unverhältnismäßige Schwierigkeiten feststellbar, so ist das Zuwachssteueramt berechtigt, an ihrer Stelle eine im Vergleichswege mit dem Steuerpflichtigen festzusetzende Summe der Berechnung zugrunde zu legen. In diesem schriftlichen Vergleiche ist zu bemerken, daß die Steuerbehörde zurücktreten kann, wenn die Tatsachen, auf denen er beruhet, vom Pflichtigen absichtlich oder fahrlässig zu seinen Gunsten unrichtig angegeben sind. BundRAB. §§ 23 und 24. Der Vergleich bedarf der Genehmigung einer höheren Instanz in den Fällen der PreußAusfAnw. D 10 und 16, der BayrAB. § 17 und der SächsAB. § 9.

2. Weichen die Ermittlungsergebnisse von den Angaben des Steuerpflichtigen so erheblich ab, daß die Voraussetzungen des Abs. 2 gegeben erscheinen, so ist dem Steuerpflichtigen nach erfolgter Steuerberechnung Gelegenheit zu einer Äußerung über die Gründe zu geben, die ihn zu seinen Angaben veranlaßt haben. BundRAB. § 24; BayrAB. § 18.

Hilfeleistungspflicht.

§ 41.

Die Behörden, Beamten und Notare haben den Steuerbehörden jede zur Ermittelung der Abgabe dienliche Hilfe zu leisten und insbesondere auf Verlangen die Einsicht in die Verhandlungen zu gestatten, die sich auf die für die Steuerbemessung maßgebenden Vorgänge beziehen.

Auskunftspflicht. **§ 42.**

Personen, die als Veräußerer oder Erwerber oder als Vertreter eines von diesen an dem steuerpflichtigen Rechtsvorgange teilhaben, sind verpflichtet, auf Verlangen der Steuerbehörde über die Tatsachen, die für die Veranlagung der Abgabe von Bedeutung sind, Auskunft zu geben und die hierüber in ihrem Besitze befindlichen Urkunden vorzulegen.

Das Gleiche gilt von den an früheren steuerpflichtigen Vorgängen beteiligten Personen.

Steuerbescheid. **§ 43.**

Ist die Zuwachssteuer berechnet, so erteilt die Steuerbehörde einen Steuerbescheid, der die Person des Steuerpflichtigen, den Betrag der Zuwachssteuer, deren Berechnungsgrundlagen und die von der Steuererklärung abweichenden Punkte, ferner die zulässigen Rechtsmittel, die für diese festgesetzten Fristen sowie die Behörden, bei denen sie anzubringen sind, angibt und zugleich die Anweisung zur Entrichtung der Steuer innerhalb einer zu bestimmenden Frist enthält. Die Frist muß mindestens einen Monat betragen.

1. Die Steuerberechnung ist nach Abschluß der Ermittlungen und nach Anleitung der Muster 8 und 9 anzufertigen. Der Steuerbescheid ist nach den Mustern 10 und 11 zu erteilen und muß auch die zur Empfangnahme der Zahlung berechtigte Kasse angeben.

2. Die Steuer ist in Preußen, wenn sie vom Kreisausschuß veranlagt ist, an die Kreiskommunalkassa, sonst an die Gemeindekasse zu zahlen. Diese Kassen haben den dem Reiche zustehenden Steueranteil (§ 58 des Gesetzes) nach den

Bestimmungen des Bundesrats (näheres siehe § 45 derselben), den dem Staate zustehenden nach Bestimmung des Finanzministers abzuführen.

BundRAB. § 25; PreußAG. § 3 und AusfAnw. A 4; BayrAB. § 18.

Rechtsmittel.

§ 44.

Gegen den Steuerbescheid sind als Rechtsmittel zulässig:

1. die Beschwerde, soweit sie nicht landesrechtlich ausgeschlossen wird;
2. das Verwaltungsstreitverfahren oder ein durch die Landesgesetzgebung geordnetes anderweites Verfahren vor den Verwaltungsgerichten, und wenn ein verwaltungsgerichtliches Verfahren nicht besteht oder landesrechtlich ausgeschlossen wird, der Rechtsweg.

Ob durch die Erhebung der Beschwerde seitens des Steuerpflichtigen das Verwaltungsstreitverfahren oder der Rechtsweg für ihn ausgeschlossen wird, oder ob das Verwaltungsstreitverfahren oder das anderweite Verfahren vor den Verwaltungsgerichten oder der Rechtsweg erst nach Erledigung der Beschwerde und der weiteren Beschwerde zulässig ist, richtet sich nach den landesrechtlichen Vorschriften.

1. Die Beschwerde kann auch neben dem Verwaltungsverfahren oder dem Rechtsweg zugelassen werden. BundRAB. §§ 34—37.

2. Über die Rechtsmittel in Preußen siehe PreußAG. § 2. Danach finden in den Fällen, in denen die Steuer durch den Gemeindevorstand veranlagt ward, die §§ 69, 70, 75 des KAG., in denjenigen, in welchen sie durch den Kreisausschuß veranlagt ward, die §§ 14 Abs. 2, 11 Abs. 4 und 5 des Kreis- und Provinzialabgabengesetzes vom 23. April 1906

mit der Maßgabe Anwendung, daß in erster Instanz stets der Bezirksausschuß zuständig ist. Nach den erstgedachten Bestimmungen steht dem Abgabepflichtigen der binnen 4 Wochen beim Gemeindevorstande einzulegende Einspruch zu, über den dieser beschließt. Gegen diesen Beschluß steht dem Pflichtigen binnen 2 Wochen die Klage im Verwaltungsstreitverfahren offen. Beide Rechtsmittel haben keine aufschiebende Wirkung. Nach den letztgedachten Bestimmungen steht dem Pflichtigen zunächst gleichfalls binnen 4 Wochen der Einspruch zu, über den jedoch der Kreisausschuß beschließt, gegen dessen Entscheidung nur die Revision zulässig ist. Auch diese Rechtsmittel haben keine aufschiebende Wirkung.

3. Über die Rechtsmittel in Bayern und Sachsen siehe Anm. 2 und 3 zu § 45.

§ 45.

Beschwerde.

Die Beschwerde ist binnen einer Frist von einem Monat seit der Zustellung des Bescheids bei der Steuerbehörde anzubringen.

Verspätete Beschwerden sind zuzulassen, wenn die Steuerbehörde zu der Annahme gelangt, daß der Beschwerdeführer ohne sein Verschulden verhindert war, die Frist einzuhalten.

Der Beschwerdebescheid hat anzugeben, bei welcher Behörde und innerhalb welcher Frist die weitere Beschwerde einzulegen ist.

Die Beschwerde und die weitere Beschwerde haben keine aufschiebende Wirkung.

Das Beschwerdeverfahren regelt der Bundesrat.

1. Über die Beschwerde entscheidet die Oberbehörde, über die weitere Beschwerde die Landeszentralbehörde. Erstere wird beim Zuwachssteueramt, letztere bei der Oberbehörde eingelegt. Erachtet die Stelle, deren Bescheid angefochten wird, die Anfechtung für begründet, so kann sie ihr abhelfen,

anderenfalls hat sie binnen einem Monat die Sache an die entscheidende Behörde abzugeben. BundRAB. §§ 34—37.

2. In Bayern geht die Beschwerde an die Regierungsfinanzkammer, die weitere Beschwerde entweder binnen einem Monat an das Finanzministerium oder binnen 14 Tagen an den Verwaltungsgerichtshof. Wird die weitere Beschwerde gleichzeitig bei diesen beiden Instanzen eingelegt, so sind die Akten zunächst beim Finanzministerium in Vorlage zu bringen. BayrAB. § 24.

3. In Sachsen entscheidet über Beschwerden betreffs des Verfahrens der Gemeindebehörden als Zuwachssteuerämter die Generalzolldirektion. Gegen den Beschwerdebescheid derselben als Oberbehörde kann binnen 4 Wochen nach Zustellung die Entscheidung des Oberverwaltungsgerichts durch Erhebung der Anfechtungsklage angerufen werden. Die weitere Beschwerde gegen den Steuerbescheid ist ausgeschlossen. SächsAB. §§ 3 und 16.

4. Für die Wahrung einer Frist genügt der Eingang an einer unzuständigen Stelle. BundRAB. § 2 Abs. 4.

Fristen.

§ 46.

Für die Fristen des verwaltungsgerichtlichen Verfahrens sowie für die Frist, in der die gerichtliche Klage zu erheben ist, sind die landesrechtlichen Vorschriften maßgebend. Sind für die Frist zur Erhebung der gerichtlichen Klage landesrechtliche Vorschriften nicht getroffen, so muß die Klage binnen einer Frist von einem Monat erhoben werden; die Frist beginnt mit der Zahlung oder Stundung der Steuer.

Über die Frage, ob Stundung gemäß § 48 eintreten soll, entscheidet endgültig die Steuerbehörde.

Auf den Lauf der im Abs. 1 bezeichneten Fristen finden die für die Verjährung geltenden Vorschriften der §§ 203, 206, 207 des Bürgerlichen Gesetzbuchs entsprechende Anwendung.

Für die gerichtliche Klage sind ohne Rücksicht auf den Wert des Streitgegenstandes ausschließlich die Landgerichte zuständig. Für die Verhandlung und Entscheidung letzter Instanz ist das Reichsgericht zuständig.

1. Bezüglich der Fristen vgl. Anm. 4 zu § 45.

2. Die Kosten des Beschwerdeverfahrens, zu denen auch die landesrechtlichen Gebühren gehören, fallen dem Beschwerdeführer zur Last, wenn die Beschwerde als unbegründet zurückgewiesen wird. Hat sie teilweise Erfolg, so kann ihm ein angemessener Teil der Kosten auferlegt werden. Sie treffen ihn auch dann, wenn es zu einer ihm günstigeren Steuerfestsetzung auf Grund von Umständen führt, die er vor Erlaß des Steuerbescheids geltend machen konnte. BundRAB. §§ 27 und 37.

Steuerfeststellungsbescheid (Probeveranlagung).

§ 47.

Dem Grundstückseigentümer ist auf Antrag für sein Grundstück oder für Grundstücksteile von der Steuerbehörde ein Bescheid über die bis dahin feststellbaren Berechnungsgrundlagen zu erteilen. Der Bescheid unterliegt den gegen den Steuerbescheid gegebenen Rechtsmitteln. Die in dem Bescheide getroffenen Festsetzungen sind für die spätere Veranlagung maßgebend.

Für die Erteilung des Bescheids ist eine Gebühr von 1/2 vom Tausend des Erwerbspreises, mindestens aber von zwanzig Mark zu entrichten; außerdem fallen dem Antragsteller die Kosten des Rechtsmittelverfahrens zur Last.

1. Der Zweck dieser Vorschrift ist, die Grundstücksinteressenten bei vorzunehmenden Veräußerungsgeschäften durch eine Art von Probeveranlagung nach Möglichkeit in den Stand zu setzen, die Höhe der Steuer im voraus bemessen zu können. Namentlich für Auseinandersetzungen von Erben oder sonstigen Miteigentümern ist dies wichtig, da diese sich über ihren Anteil an der Steuer auseinandersetzen und daher deren Höhe kennen müssen. Die Erreichung dieses Zweckes soll dadurch erleichtert werden, daß die Interessenten sich über die bis zur Auseinandersetzung feststellbaren Elemente der Veranlagung Sicherheit verschaffen können. Auch sonst wird aber jeder Eigentümer sicherer und besser bei Benützung dieser Handhabe kalkulieren können. Besonders wichtig ist, daß auf diesem Wege für die anrechnungsfähigen Aufwendungen, da deren Wert sich durch die Zeit und den Gebrauch mindert, ein fester Ausgangspunkt zur Bestimmung ihres Gegenwartswertes geschaffen wird.

2. Die Bestimmung, daß die in solchem Feststellungsbescheid getroffenen Festsetzungen für die spätere Veranlagung maßgebend sind, greift nur insoweit Platz, als die Verhältnisse sich inzwischen nicht geändert haben, also als nicht etwa z. B. in dem Bescheid als vorhanden bezeichnete Bauten oder Verbesserungen infolge eingetretener Veränderungen als nicht mehr vorhanden anzusehen sind (vgl. Anm. 5 zu § 14 Ziff. 3) oder als neue Aufwendungen oder neue Zinsanrechnungsjahre hinzukommen. Die nach § 16 zulässigen Anrechnungen kann der Bescheid natürlich nicht in ihrer Gesamthöhe feststellen, er kann nur ihren Anfangspunkt festsetzen.

3. In Sachsen ist vor Erlaß des Feststellungsbescheides dessen Entwurf mit dem Ergebnis der angestellten Ermittlungen der Generalzolldirektion vorzulegen. SächsAB. § 14. In Bayern unterliegt er vorher der Sachprüfung durch die Regierungsfinanzkammer. BayrAB. § 23.

4. Mit seinem in eine besondere Liste (Muster 15) einzutragenden Antrage auf Erlaß eines Feststellungsbescheides hat der Grundstückseigentümer eine Feststellungserklärung (nach Muster 14) zu verbinden. Vor Prüfung seiner Angaben hat er einen Kostenvorschuß von $1/2$ ‰ des vorläufig

geschätzten Erwerbspreises, mindestens aber von 20 Mark zu zahlen. Für den Bescheid selbst dient das Muster 16. Die Gebühr des Abs. 2 ist eine eigene Einnahme der Verwaltungsbehörde. BundRAB. § 33.

Stundung und Ratenzahlung. § 48.

In Fällen, in denen die sofortige Einziehung der Steuer mit erheblichen Härten verbunden sein würde, ist die Steuer nach näherer Bestimmung des Bundesrats, nötigenfalls gegen Sicherheitsleistung, zu stunden, auch die Entrichtung in Teilbeträgen zu gestatten. Die Bewilligung kann zurückgenommen werden, insoweit deren Voraussetzungen wegfallen.

Stundungen oder Teilzahlungen hat das Zuwachssteueramt auf Antrag auch dann zu bewilligen, wenn im Falle der Anfechtung eines Steuerbescheids die vom Anfechtenden vorgebrachten Tatsachen erheblich erscheinen und zu einer Herabsetzung des Steuerbetrages führen würden. Stundungen und Teilzahlungen sind in der Regel nur gegen Sicherheitsleistung zulässig, über deren Art die landesrechtlichen Vorschriften zu bestimmen haben. Teilzahlungen sind nur unter der Bedingung zu gestatten, daß beim Ausbleiben auch nur einer derselben die sofortige Beitreibung der ganzen rückständigen Steuerschuld erfolgt. Dieser hat jedoch eine Mahnung bezüglich der fälligen Teilzahlung voranzugehen. BundRAB. § 27. Die in Preußen zulässigen Sicherheitsleistungen sind aufgeführt in der AusfAnw. D 12. In Bayern sind die Regierungsfinanzkammern zuständig, wenn sich die Bewilligung auf mehr als drei Monate erstreckt. BayrAB. §§ 20 und 40. Für Sachsen stellt § 12 der AB. eine besondere Anordnung in Aussicht.

Beitreibung durch Zwangsversteigerung. § 49.

Ist der Steuerpflichtige ein Deutscher, so ist zum Zwecke der Einziehung der Zuwachssteuer die Zwangsversteigerung eines Grundstücks ohne seine Zustimmung nicht zulässig.

Vgl. dazu die analoge Bestimmung in § 55.

Strafmittel. **§ 50.**

Die Nichterfüllung der gesetzlichen Pflicht zur Einreichung der Zuwachssteueranmeldung oder -erklärung (§§ 37, 39) unterliegt einer Geldstrafe bis zum vierfachen Betrage der Zuwachssteuer.

Die gleiche Strafe trifft denjenigen, der wissentlich unrichtige Angaben macht, die geeignet sind, zu einer Verkürzung der Steuer zu führen.

Eine Bestrafung findet jedoch nicht statt, wenn der Verpflichtete vor erfolgter Strafanzeige oder bevor eine Untersuchung gegen ihn eingeleitet worden ist, aus freien Stücken die Erfüllung der im Abs. 1 erwähnten Verpflichtungen nachholt oder seine Angaben berichtigt.

1. Am Ertrage der Strafen haben nur die Bundesstaaten, nicht aber das Reich und die Gemeinden Teil.

2. Über die Behandlung eingebrachter Strafbeträge in Sachsen siehe AB. § 17.

Ordnungsstrafen. **§ 51.**

Ist nach den obwaltenden Umständen anzunehmen, daß die rechtzeitige Erfüllung der Verpflichtung nicht in der Absicht unterlassen worden ist, die Zuwachssteuer zu hinterziehen, oder daß die unrichtigen Angaben nicht in dieser Absicht gemacht worden sind, so tritt an die Stelle der im § 50 vorgesehenen Strafe eine Ordnungsstrafe bis zu sechshundert Mark.

Für andere, als die im § 50 und im Abs. 1 bezeichneten Zuwiderhandlungen gegen die Vorschriften dieses Gesetzes oder die zu seiner Ausführung erlassenen Bestimmungen tritt eine Ordnungsstrafe bis zu einhundertfünfzig Mark ein.

Siehe die Anmerkungen zu § 50. Dieses Ordnungsstrafrecht ist nur fakultativ, unterliegt also nicht, wie das Strafrecht der Polizeibehörden, dem Legalitätsprinzip. Die Steuerbehörden können also auch beim Vorliegen der gesetzlichen Voraussetzungen für Anwendung dieses Ordnungsstrafrechts nach ihrem pflichtmäßigen Ermessen davon absehen.

Steuereinziehung neben der Strafe.

§ 52.

Die Einziehung der Zuwachssteuer erfolgt unabhängig von der Bestrafung.

Die Buchführung über die Erhebung der Zuwachssteuer erfolgt nach Maßgabe der näheren Bestimmungen der §§ 26, 39 und 40 der BundRAB. Über die Zahlung der Zuwachssteuer siehe für Preußen Anm. 2 zu § 43.

PreußAG. § 3 Abs. 1; BayrAB. §§ 19 und 25—29; SächsAB. § 18.

Strafpflichtige Personen.

§ 53.

Die Strafe trifft jeden, der eine der in den §§ 50, 51 vorgesehenen Zuwiderhandlungen begeht.

Die Strafe ist bei offenen Handelsgesellschaften, Kommanditgesellschaften und Kommanditgesellschaften auf Aktien gegen die zur Vertretung berechtigten Gesellschafter, bei Gesellschaften mit beschränkter Haftung gegen die Geschäftsführer, bei Genossenschaften, Aktiengesellschaften und sonstigen rechtsfähigen Vereinen gegen die Vorstandsmitglieder nur im einmaligen Betrage, jedoch unter Haftung jedes einzelnen als Gesamtschuldner festzusetzen. Ebenso ist in anderen Fällen zu verfahren, in denen mehrere Personen gemeinschaftlich oder als Vertreter eines Beteiligten sich strafbar gemacht haben.

Die Vorschrift des Abs. 2 Satz 1 findet entsprechende Anwendung im Verhältnis des Vollmachtgebers zum Bevollmächtigten, der innerhalb der ihm zustehenden Vertretungsmacht im Namen des Vollmachtgebers eine Handlung vornimmt, die eine strafbare Zuwiderhandlung enthält.

Anwendung der Zollstrafvorschriften. Geldstrafenempfänger.

§ 54.

Hinsichtlich des Verwaltungsstrafverfahrens, der Strafmilderung und des Erlasses der Strafe im Gnadenwege sowie hinsichtlich der Strafvollstreckung und der Verjährung der Strafverfolgung kommen, auch für die Gebietsteile außerhalb der Zollgrenze, die sich auf die Zollstrafen beziehenden Vorschriften zur Anwendung. Die Landesregierung ist ermächtigt, zu bestimmen, daß an die Stelle der Hauptzollämter und Zoll-Direktivbehörden andere Staatsbehörden treten. Die Steuerbehörden haben in den Fällen der §§ 50, 51 den für die Strafverfolgung zuständigen Behörden Mitteilung zu machen.

Die festgesetzten Geldstrafen fallen der Staatskasse des Bundesstaats zu, von dessen Behörden die Strafentscheidung getroffen ist.

1. Die Zuwachssteuerämter sind, soweit nicht die Landeszentralbehörde andere Bestimmungen trifft, zur Niederschlagung der Steuer wegen Uneinbringlichkeit befugt, jedoch für den einem Betrage von 2 ‰ des Veräußerungspreises gleichkommenden Teil der Steuer nur, soweit diese auch vom Erwerber nicht beigetrieben werden kann. BundRAB. § 28. Über die Notwendigkeit der Genehmigung seitens der Oberbehörde vgl. für Preußen die AusfAnw. D 13, 14 und 15, für Bayern §§ 21 und 40 der BayrAB., für Sachsen § 13 der SächsAB.

2. An die Stelle der Hauptzollämter treten in Preußen in Ansehung der in Abs. 1 genannten Kompetenzen für den Umfang der Stadtkreise die Regierungspräsidenten, für den der Landkreise die Landräte. An Stelle der Zolldirektivbehörden treten im ersten Fall die Oberpräsidenten, im zweiten die Regierungspräsidenten; für Berlin ist erste Instanz der Oberpräsident von Brandenburg, zweite der Minister des Innern. Die in Abs. 1 gedachten Zollstrafvorschriften enthalten für Preußen das Verwaltungsstrafgesetz vom 26. Juli 1897, Gesetzsammlung S. 237. PreußAusfAnw. A 2. In Sachsen sind zur Strafverfolgung lediglich die Hauptzollämter zuständig. SächsAB. § 2.

Keine Freiheitstrafe. § 55.

Die Umwandlung einer nicht beizutreibenden Geldstrafe in eine Freiheitsstrafe findet nicht statt. Auch ist, wenn der Verurteilte ein Deutscher ist, die Zwangsversteigerung eines Grundstücks ohne seine Zustimmung nicht zulässig.

Vgl. zum zweiten Satze die analoge Bestimmung in § 49. Betreffs der Niederschlagung der Steuer wegen Uneinbringlichkeit siehe Anm. 1 zu § 54.

Kostenfreiheit. § 56.

Das Verwaltungsverfahren in Zuwachssteuerangelegenheiten ist — abgesehen von dem Rechtsmittel- und Strafverfahren — kosten-, gebühren-

und stempelfrei, soweit nicht in den §§ 40 Abs. 2, 47 Abs. 2 etwas Abweichendes bestimmt ist.

Die Freiheit erstreckt sich auf das gesamte Ermittlungsverfahren einschließlich des Steuererstattungsverfahrens. Auch die Sendungen der Steuerbehörden an die Steuerpflichtigen haben frei von Postgebühr zu erfolgen.
BundRAB. § 32.

Verjährung des Steueranspruchs.

§ 57.

Der Anspruch auf die Zuwachssteuer verjährt in zehn Jahren. Die Frist beginnt mit dem Schlusse des Jahres, in welchem der Anspruch auf die Steuer entstanden ist; im Falle der Sicherheitsleistung (§ 48) nicht vor Ablauf des Jahres, in welchem die Sicherheit erlischt.

Teilung des Steuerertrags.

§ 58.

Von dem Ertrage der Zuwachssteuer erhält das Reich fünfzig vom Hundert. Weitere zehn vom Hundert erhalten, sofern nicht die Landesgesetzgebung eine andere Bestimmung trifft, die Bundesstaaten als Entschädigung für die Verwaltung und Erhebung der Steuer. Vierzig vom Hundert fließen den Gemeinden oder Gemeindeverbänden zu, in deren Bereiche das Grundstück sich befindet. Die Regelung zwischen Gemeinden und Gemeindeverbänden, soweit diesen nach den Bestimmungen der Landesgesetzgebung ein Besteuerungsrecht zusteht, sowie in Ansehung von Grundstücken, die keiner Gemeinde angehören, erfolgt durch die Landesgesetzgebung. Bis zum Erlasse des Landesgesetzes fließen die vierzig vom Hundert den

Gemeinden zu, in deren Bereiche das Grundstück sich befindet; in Ansehung von Grundstücken, die keiner Gemeinde angehören und in den Fällen, in denen bisher ein Gemeindeverband Zuwachssteuer erhoben hat, erfolgt bis dahin die Regelung durch die Landesregierung.

1. Reich, Staat und Gemeinden sind die Schöpfer der werterhöhenden Maßnahmen und daher die natürlichen Träger des Steueranspruchs oder „Steuergläubiger". Für die Gemeinden kommt dazu noch wesentlich in Betracht, daß viele von ihnen sich diese Steuerquelle bereits erschlossen und damit einen moralischen Anspruch auf ihre Nutzung erworben, auch ihre Finanzen in nicht unerheblichem Maße auf diesen Einnahmen mitaufgebaut haben. Endlich erhalten durch ihre Beteiligung am Steuerertrage alle Gemeinden eine ihrem Bestande wie ihrer Ausgestaltung nach dem überwiegend zuwachssteuerfeindlichem Einflusse der Grundstücksinteressenten entrückte Einnahme, die für ihre Finanzen sehr willkommen ist. Da von rund 76000 deutschen Gemeinden am 1. Januar 1911 erst 652 eine Zuwachssteuer besaßen (siehe Einleitung), so werden ca. 75348 der Nutzung dieser Steuerquelle teilhaftig.

Für das Reich ist wesentlich, daß die Zuwachssteuer ihm einen Ersatz zunächst für den Zuschlag zur Grundwechselabgabe (Tarifnummer 11 des RStempelG.) und mit der Zeit für diese Abgabe selbst gewähren soll (vgl. § 69 des ZuwachsStG. und den bisherigen § 90 des RStempelG.).

Angesichts dieser Ansprüche von Reich und Gemeinden blieb für die Bundesstaaten freilich nur ein Betrag übrig, der etwa den ihnen aus der Verwaltung der Zuwachssteuer erwachsenden Auslagen entsprechen dürfte. Er bestimmt sich nach dem Gesamtbetrage der in seinem Gebiete aufkommenden Steuer ausschließlich der von seinen Gemeinden gemäß § 59 für sich erhobenen Zuschläge.

2. Für die Zulassung der Anteilnahme von Gemeindeverbänden an den den Gemeinden zugedachten 40% war maßgebend, daß in einigen Bundesstaaten auch diese, in Preußen besonders die Kreise, berechtigt sind, Zuwachssteuer zu erheben (siehe Einleitung) und daß ein Teil von ihnen von dieser Berechtigung auch Gebrauch gemacht hat. Das Vorhandensein dieser Berechtigung ist daher auch zur gesetzlichen Voraussetzung für die Anteilnahme jener Verbände an den 40 % gemacht. Die Regelung ihrer Anteilnahme ist der Landesgesetzgebung vorbehalten. Bis zum Erlasse eines solchen Landesgesetzes erhalten ausschließlich die Gemeinden diese 40 %. Mit dieser Bestimmung wird ein gelinder indirekter Druck im Interesse möglichst baldigen Zustandekommens einer derartigen landesgesetzlichen Regelung ausgeübt. Freilich ist mit der Übertragung der Regelung ausschließlich an die Landesgesetzgebung auch die Gefahr verbunden, daß diese Regelung im Sinne einer vielleicht sehr erheblichen einseitigen Bevorzugung, sei es der Gemeinden vor den Gemeindeverbänden, sei es dieser vor jenen, erfolgt. Eine Garantie gegen eine solche Benachteiligung, insbesondere gegenüber dem bisherigen Zustande, gibt dieser Paragraph also keinem der beiden Teile.

Die Landesgesetzgebung kann ferner den Gemeinden oder Gemeindeverbänden des Landes zu den ihnen im Reichsgesetz zugedachten 40 %, die sie nach diesem Paragraph auf jeden Fall erhalten, auch die dem Staate zustehenden 10 % ganz oder teilweise zuweisen. Diese weitgehenden Machtbefugnisse wurden ihr wesentlich deshalb eingeräumt, weil sie es auch schon bisher vollständig in der Hand gehabt hat, ohne jeden Einfluß des Reiches über die Zuwachssteuer zu verfügen. Insbesondere mit Rücksicht auf die Möglichkeit, daß ein Bundesstaat in die Lage kommen kann, eine durchgreifende gesetzliche Reform des Gemeindeabgabenwesens vorzunehmen (wie sie z. B. im Königreich Sachsen im Jahre 1904 vergeblich angestrebt wurde), soll es ihm auch möglich sein, in diesem Zusammenhange über die Zuwachssteuer zu verfügen.

3. Der Zusatz „als Entschädigung für die Verwaltung und Erhebung der Steuer" hat nicht die Bedeutung, als ob für den Bezug der 10 % der Nachweis erforderlich wäre, daß der Staat die Kosten dieser Erhebung und Verwaltung auch wirklich trägt.

4. Die selbständigen Gutsbezirke in Preußen, deren es im Jahre 1905 15 672 gab, kommen als Steuergläubiger nicht in Betracht. Sie haben kein „Besteuerungsrecht" im Sinne der preußischen Gesetzgebung und können daher auch keine Zuwachssteuer erheben.

5. Grundstücke, die zu keiner Gemeinde gehören, noch auch selbständige Gutsbezirke sind, gibt es namentlich in Bayern (hier besonders große Waldungen), Baden und Sachsen-Weimar. Bezüglich ihrer hat die Landesgesetzgebung und bis dahin die Landesregierung über die Zuweisung der 40 % zu bestimmen. In Bayern fallen sie zufolge Bestimmung der letzteren den Distriktsgemeinden zu. BayrAB. § 28 Abs. 4 und § 4 der Verordnung vom 1. April 1911, GVBlatt S. 185.

6. Befindet sich der Gegenstand des steuerpflichtigen Rechtsvorgangs, also das Grundstück oder die Berechtigung, im Bezirke mehrerer Gemeinden (Gemeindeverbände), so bestimmt die für sie gemeinsam zuständige Oberbehörde und, falls für sie mehrere Oberbehörden zuständig sind, die Landeszentralbehörde die Verteilung des auf die Gemeinden (Gemeindeverbände) entfallenden Betrages. Befindet er sich in mehreren Staaten, so steht die Verteilung dem Bundesrate zu. BundRAB. § 41. In Bayern erfolgt, wenn mehrere Gemeinden am Steuerfalle beteiligt sind, die Bestimmung des auf jede von ihnen treffenden Anteils durch die vorgesetzte Regierungsfinanzkammer. Liegen die Gemeinden in verschiedenen Regierungsbezirken, so entscheidet das Finanzministerium. Vor der Herbeiführung der höheren Entscheidung ist der rentamtliche Verteilungsvorschlag den beteiligten Gemeinden und, wenn für diese oder für eine von ihnen ein gemeindlicher Zuschlag (§ 59) erhoben wird, auch dem Steuerpflichtigen zur Äußerung mitzuteilen. Den Verteilungsmaßstab bildet regelmäßig die Höhe des in den einzelnen Gemeinden entstandenen Wertzuwachses. BayrAB. § 26.

7. In Preußen erhalten von dem dem Staate zustehenden Anteil von 10 % des Steuerertrages als Entschädigung für die Verwaltung und Erhebung der Steuer, falls der Kreisausschuß sie veranlagt, der Kreis, sonst die Gemeinde die Hälfte. Die restlichen 5 % erhält der Staat. Von dem

den Gemeinden und Gemeindeverbänden verbleibenden Anteil von 40 % des Steuerertrages erhält die kreisangehörige Gemeinde, in der sich der Steuerfall ereignet hat, sofern sie nicht mehr als 15 000 Einwohner hat, 2/3, sonst 3/4, den Rest erhält der Kreis. Aus den Gutsbezirken erhält der Kreis den vollen Anteil. Die Kreise müssen den auf sie entfallenden Steueranteil für ihre eigenen Aufgaben und zum Teil, jedoch höchstens bis zur Hälfte, auch für die Aufgaben einzelner Gemeinden und Gutsbezirke verwenden. PreußAG. §§ 3 und 4. In den Fällen des § 60 unterliegt die Anwendung dieser Vorschriften für die Übergangszeit bis zum 1. April 1915, je nachdem nur in der Gemeinde, in der sich der Steuerfall ereignet hat, oder nur in dem Kreise, dem sie angehört, oder aber in beiden eine Zuwachssteuer vor dem 1. April 1909 beschlossen und vor dem 1. Januar 1911 in Kraft getreten war, den in § 5 des PreußAG. näher aufgeführten Modifikationen. In den Hohenzollernschen Landen treten an die Stelle des Kreises und des Kreisausschusses der Amtsverband bzw. der Amtsausschuß (daselbst § 6).

8. In Sachsen erhalten diejenigen Gemeinden, deren Behörden als Zuwachssteuerämter tätig sind, vom Steuerertrage neben den ihnen gesetzlich zustehenden 40 % noch weitere 3 %. In Ansehung der selbständigen Gutsbezirke fließen die 40 % dem Bezirksverbande zu, dem der Gutsbezirk angehört, und sind bis zur gesetzlichen Regelung dem Bezirksvermögen zuzuführen. SächsAB. §§ 7 und 18.

9. Über das Abrechnungsverfahren bezüglich der Steueranteile in Bayern siehe BayrAB. §§ 28 und 29.

BundRAB. §§ 27, 41 und 45.

Kommunales Zuschlagsrecht.

§ 59.

Die Gemeinden (Gemeindeverbände) sind berechtigt, mit Genehmigung der Landesregierung durch Satzung zu bestimmen, daß zu dem Anteil, der ihnen nach § 58 von dem Ertrage der Steuer zufließt, für ihre Rechnung Zuschläge erhoben werden.

Die Zuschläge sind nach Hundertteilen zu berechnen; sie dürfen im einzelnen Falle einhundert vom Hundert des der Gemeinde (Gemeindeverbande) zufließenden Betrags nicht übersteigen. Die Zuschläge dürfen für die verschiedenen Grundstücksarten und nach der Dauer des für die Steuererhebung maßgebenden Zeitraums verschieden festgesetzt werden.

Reichssteuer und Zuschlag dürfen zusammen dreißig vom Hundert der Wertsteigerung nicht übersteigen.

1. Durch die Aufführung auch der „Gemeindeverbände" ist insbesondere auch den preußischen Kreisen das Recht der Zuschlagserhebung eingeräumt.

2. Die Zuschläge unterliegen denselben Rechtsmitteln wie die Reichssteuer. Ihr Betrag soll zugleich mit dem der letzteren in einer und derselben Mitteilung dem Pflichtigen bekannt gegeben werden.

3. Die innere Berechtigung der Zuschläge ergibt sich aus folgenden für ihre Einführung maßgebend gewesenen Gesichtspunkten:

a) Durch sie erhält die Gemeinde, die in den meisten Bundesstaaten die Reichssteuer veranlagen wird, ein eigenes finanzielles Interesse an möglichst richtiger Veranlagung, wodurch diese wiederum am besten garantiert wird;

b) sie sind ein gutes Mittel zur Ausgleichung derjenigen örtlichen Verschiedenheiten im Reiche, welche der einheitlichen Anwendung des Reichsgesetzes entgegenstehen;

c) als Kautelen dienen für sie die Notwendigkeit ihrer Genehmigung durch die Landesregierung und die sehr ausgiebige Vertretung des Grundbesitzes in den kommunalen Körperschaften, endlich die doppelte Beschränkung ihres Maximums in Abs. 2 und 3.

Dazu kommt noch die durch die Reichszuwachssteuer eintretende Schmälerung der von vielen Gemeinden aus dieser Steuerquelle bisher gezogenen Nutzungen (vgl. Anm. 1 zu § 58), die über den in § 58 dauernd begrenzten Steueranteil der Gemeinden hinaus eine billige Entschädigung angebracht erscheinen ließ.

4. In Bayern bedarf die Erhebung gemeindlicher Zuschläge der Genehmigung des Ministeriums des Innern, die im Benehmen mit dem Finanzministerium ergeht. Die Berechnung und Erhebung erfolgt auf Antrag der Gemeinde durch das als Zuwachssteueramt zuständige Rentamt gegen eine in die Staatskasse fließende Vergütung von 2 % der eingehenden Beträge. BayrAB. §§ 33—42. Liegt das Grundstück in einem ausmärkischen Bezirke, so sind die Distriktsgemeinden zur Einführung von Zuschlägen berechtigt. Die Beschlußfassung erfolgt durch den Distriktsrat. § 44 daselbst.

Sicherheit der Gemeinden für die Übergangszeit.

§ 60.

Erreicht in Gemeinden (Gemeindeverbänden), in denen eine Zuwachssteuer vor dem 1. April 1909 beschlossen und vor dem 1. Januar 1911 in Kraft getreten war, deren Anteil am Ertrage der Zuwachssteuer gemäß § 58 nicht den auf Grund der vor dem 1. April 1909 beschlossenen Satzung erzielten jährlichen Durchschnittsertrag, so ist ihnen bis zum 1. April 1915 der Unterschied aus dem auf das Reich entfallenden Anteil an dem in der Gemeinde (dem Gemeindeverbande) aufkommenden Ertrage zuzuweisen; von dem überschießenden Betrage fallen dem Reiche fünf Sechstel, dem Bundesstaat ein Sechstel zu. Das gleiche gilt für Gemeinden (Gemeindeverbände), in denen die Satzung vor dem 1. Januar 1911 mit Wirkung über den 1. April 1909 zurück in Kraft getreten ist.

Statt der Zuweisung des Unterschieds kann den

Gemeinden (Gemeindeverbänden) auf Antrag nach Bestimmung des Reichskanzlers für die Dauer des bezeichneten Zeitraums an Stelle der Vorschriften dieses Gesetzes die bisherige Satzung weiterhin mit der Maßgabe belassen werden, daß der Ertrag den Gemeinden (Gemeindeverbänden) in Höhe des vor dem 1. April 1911 erzielten Durchschnittsertrags zufließt und der überschießende Betrag an das Reich abzuführen ist.

Die Festsetzung des Durchschnittsertrags erfolgt durch den Bundesrat.

Abs. 1.

1. Die Bestimmungen dieses Paragraphen sind zur Erfüllung der Vorschrift in Abs. 2 des bisherigen § 90 des RStempelG. in das Gesetz aufgenommen. Sie garantieren den Gemeinden und Gemeindeverbänden, die bereits vor der Inaussichtnahme der Reichssteuer eine Zuwachssteuer bei sich eingeführt oder einzuführen beschlossen hatten, bis zum 1. April 1915 den bisherigen Durchschnittsertrag ihrer Steuer. Das Fehlende wird ihnen zugeschossen aus dem Anteile des Reichs an dem im Bezirke der Gemeinde oder des Gemeindeverbandes aufkommenden Steuerertrage. Um anderseits auch das Interesse des Reiches zu wahren, erhalten vom übrigbleibenden Ertrage dieses 5/6 und der Staat 1/6. Als zu ergänzender Anteil der Gemeinde am Steuerertrage gilt der ihr gemäß § 58 zukommende Anteil, ohne Berücksichtigung der etwa gemäß § 59 von ihr erhobenen Zuschläge.

Abs. 2.

2. Durch dieses Entgegenkommen gegen die Gemeinden oder Gemeindeverbände soll aber das Reich nicht geschädigt werden. Daher setzt die Vorschrift in Abs. 2 den Reichskanzler in die Lage, solchen Fällen, in denen mehr an Entschädigung zu zahlen sein würde als für das Reich *aus der entschädigungsberechtigten Gemeinde selbst* aufkommt, durch Weiterbelassung der Gemeindesatzung für den nämlichen Zeitraum an Stelle der Reichssteuer mit der

Maßgabe vorzubeugen, daß der Ertrag der kommunalen Zuwachssteuer den Gemeinden oder Gemeindeverbänden in Höhe des vor dem 1. April 1911 erzielten Durchschnittsbetrages, zum überschießenden Betrage aber dem Reiche zufließt. Das Reich soll also keinesfalls aus den Erträgnissen anderer Gemeinden die entschädigungsberechtigten Gemeinden abfinden. Da die Gemeinde bei dieser Regelung nur dieselbe Garantie für die Übergangszeit erlangt, die ihr nach Abs. 1 zuteil wird, so ist der Vorteil auf seiten des Reiches, und zwar in doppelter Gestalt, da es der Zuschußpflicht des Abs. 1 entgeht und ferner den den Durchschnitt übersteigenden Überschuß empfängt. Die Anwendung der Vorschrift des Abs. 2 von einem Antrage der Gemeinde abhängig zu machen, wie durch den Reichstag geschehen, war daher inkonsequent. Motiviert wurde es damit, daß hier ein privilegium odiosum für die Gemeinde vorliege.

3. Anträge von Gemeinden auf Belassung ihrer bisherigen Satzungen gemäß Abs. 2 sollen nach kundgegebener Auffassung der Reichsregierung nur berücksichtigt werden dürfen, wenn sie vor dem 1. April 1911 vorbehaltlos gestellt und beim Reichskanzler eingegangen sind.

4. Für Preußen vgl. betreffs der Verteilung des Steueranteils der Gemeinden und Gemeindeverbände unter sich innerhalb der Übergangszeit bis zum 1. April 1915 den § 5 des PreußAG. sowie oben Anm. 7 zu § 58.

BundRAB. §§ 44 und 45; PreußAusfAnw. D 18.

Gebietsteile ohne Gemeindeverfassung.

§ 61.

Für diejenigen Gebietsteile eines Bundesstaats, in denen eine besondere Gemeindeverfassung nicht vorhanden ist, finden die in den §§ 58 bis 60 für Gemeinden getroffenen Vorschriften auf den Bundesstaat Anwendung.

Die Vorschriften des § 60 erstrecken sich auch auf die Bundesstaaten mit der Maßgabe, daß überall an die Stelle der Satzung das Landesgesetz tritt.

Über die bisherigen bundesstaatlichen Zuwachssteuern siehe die Einleitung.

BundRAB. §§ 44 und 45.

Eintritt der Steuerpflicht.

§ 62.

Die Steuerpflicht nach Maßgabe dieses Gesetzes erstreckt sich auch auf Rechtsvorgänge, die nach dem 31. Dezember 1910 bis zum Inkrafttreten dieses Gesetzes stattgefunden haben. Die Vorschriften des § 29 Abs. 2, 3 finden keine Anwendung.

Als Zeitpunkt des Eintritts der Steuerpflicht und als Beginn der Anmeldepflicht (§ 37) gilt der Tag des Inkrafttretens dieses Gesetzes.

Ist auf Grund der im § 72 Abs. 2 mit Wirkung vom 1. Januar 1911 aufgehobenen Vorschriften eine Zuwachssteuer bereits entrichtet, so wird sie dem Steuerpflichtigen erstattet oder, soweit für denselben Rechtsvorgang Zuwachssteuer nach diesem Gesetz zu erheben ist, auf deren Betrag angerechnet.

Abs. 1 und 2.

1. Wenn das Gesetz auch mit dem 1. April 1911 in Kraft tritt (§ 72 Abs. 1) und mithin gemäß Abs. 2 mit diesem Tage sowohl die Steuerpflicht selbst wie die Anmeldepflicht (§ 37) eintritt, so unterliegen der ersteren doch auch Rechtsvorgänge, die in der Zeit vom 1. Januar bis 31. März 1911 stattfanden. Das Gesetz hat insoweit also rückwirkende Kraft. Der 1. Januar 1911 ist hauptsächlich deshalb gewählt, damit die Gemeinden, nachdem sie der Sachlage gemäß von diesem Tage an zunächst mit der Veranlagung und Erhebung ihrer Zuwachssteuer zurückgehalten haben, in der Lage sind, ihre Veranlagung fortan auf Grund des Reichsgesetzes zu machen.

2. Mit dem 1. Januar 1911 verlieren zugleich die bisherigen bundesstaatlichen Zuwachssteuergesetze und kom-

munalen Zuwachssteuerordnungen ihre Wirksamkeit (§ 72 Abs. 2). Soweit es sich also um Rechtsvorgänge handelt, die in der Zeit vom 1. Januar bis 31. März 1911 stattfanden, sind sie lediglich nach Maßgabe des Reichsgesetzes steuerpflichtig. Es findet also z. B. die Befreiungsvorschrift des § 1 auf sie Anwendung. Waren sie auf Grund der bisherigen staatlichen oder kommunalen Zuwachssteuervorschriften schon zum Gegenstande einer Veranlagung oder gar einer Steuererhebung gemacht, so muß eine neue Veranlagung nach dem Reichsgesetze stattfinden, sofern sie unter dieses fallen. Ist letzteres nicht der Fall, so muß die schon gezahlte Steuer zurückerstattet werden. Ergibt die neue Veranlagung, daß mehr oder daß weniger als der nach dem Reichsgesetze geschuldete Betrag gezahlt ward, so ist ersterenfalls der Überschuß gleichfalls zurückzuerstatten, letzterenfalls der fehlende Betrag nachzuzahlen. Rechtsvorgänge, die vor dem 1. Januar 1911 stattfanden, unterliegen dagegen durchweg der alten Besteuerung (siehe Anm. 2 zu § 72).

3. Betreffs Genehmigung der Erstattung vgl. Anm. 2 zu § 34. BundRAB. §§ 29—31.

§ 63.

Ausnahmefall.

Die Besteuerung unterbleibt, wenn die Urkunde über das Veräußerungsgeschäft, das zu dem Eigentumsübergange führte, vor dem 1. Januar 1911 in öffentlich beglaubigter Form errichtet oder bei einer Behörde eingereicht war.

Diese Ausnahme von der in § 62 allgemein vorgeschriebenen rückwirkenden Kraft des Gesetzes beruht darauf, daß es unbillig erschien, die Rückwirkung auf solche Fälle zu erstrecken, in denen die Auflassung und Eintragung zwar erst nach dem 1. Januar 1911 erfolgte, die zugrunde liegenden Verträge aber schon rechtswirksam abgeschlossen waren. Um jedoch zu verhüten, daß die Steuer durch nachträgliche Rückdatierungen privatschriftlicher Verträge auf die Zeit vor dem 1. Januar 1911 umgangen wird, ist die Ausschaltung der Rückwirkung davon abhängig gemacht, daß die Urkunde in öffentlich beglaubigter Form rechtswirksam errichtet oder bei einer Behörde, die nicht das Zuwachssteueramt noch überhaupt eine Steuerbehörde zu sein braucht, eingereicht wurde. Die öffentliche Beglaubigung genügt, so daß eine öffentliche Beurkundung nicht erforderlich ist. Die Einreichung von Anträgen, ohne sonstige vorherige Abmachung, erfolgt namentlich in Baden häufig bei den Grundbuchämtern, die oft nicht in der Lage sind, diese sofort zu erledigen. Daraus soll den Antragstellern natürlich in steuerlicher Hinsicht kein Schaden erwachsen.

BundRAB. §§ 12 und 14.

Steuerumgehungsgesellschaften.

§ 64.

Betrifft ein steuerpflichtiger Rechtsvorgang Grundstücke, die von Aktiengesellschaften, Kommanditgesellschaften auf Aktien oder Gesellschaften und Vereinigungen der im § 3 bezeichneten Art nach dem 31. März 1905 erworben sind, so tritt bei Erwerbsvorgängen, die vor dem 1. Januar 1911 erfolgt sind, an die Stelle des Erwerbspreises der Wert, sofern dieser um mehr als fünfundzwanzig vom Hundert hinter dem angegebenen Erwerbspreise zurückbleibt und sich nicht aus den Umständen ergibt, daß die höhere Bemessung des Erwerbspreises keine Steuerersparung bezweckt.

1. Durch diese Vorschrift sollen Steuerumgehungen vereitelt werden, die durch Annahme einer Gesellschaftsform angestrebt werden. Derartige „Schiebungen" sind seit der Verbreitung kommunaler Zuwachssteuern vielfach vorgekommen. Es hat sich sogar eine besondere Literatur gebildet, in der zur Umgehung der Zuwachssteuer systematische Anweisungen gegeben und Kunstgriffe gelehrt werden. Auch gibt es geschäfts- und rechtskundige Personen, die Rat und Hilfe zu gleichem Zwecke erteilen und es in ihrer ausgedehnten und sehr einträglichen Praxis zu einem bedeutenden geschäftlichen Rufe als Spezialisten auf diesem Gebiete gebracht haben.

Die Schutzvorschriften des § 3 reichen deshalb nicht aus, weil sie nur für künftige Steuerfälle Sorge treffen, dagegen die Gesellschaften im Besitze der Vorteile lassen, die sie sich, namentlich durch Erwerb und Austausch von Grundstücken zu überhohen Preisen, der Reichszuwachssteuer gegenüber bereits gesichert haben. Die rückwirkende Kraft des Gesetzes trifft sie nur, soweit die Veräußerungen in das erste Viertel des Jahres 1911 fallen. Es wird daher bis auf den 1. April 1905 zurückgegangen, weil die erste bedeutendere deutsche Zuwachssteuer am 1. April 1904 in Frankfurt a. M. eingeführt wurde (siehe Einleitung).

2. Durch die Anwendung der Gesellschaftsform wird nach Absicht der Steuerhinterziehenden zunächst der Rückgriff auf einen weiter zurückliegenden, also in der Regel niedrigeren Erwerbspreis verhindert. Außerdem aber wird durch Bemessung des Grundstücks über seinen Wert hinaus beim Erwerbe durch die Gesellschaft derjenige Teil der Wertsteigerung der späteren Besteuerung schon im voraus entzogen, der ihr bei richtiger Bemessung unterliegen würde. Übersteigt der angegebene Preis den Wert um mehr als 25 %, so ist die Vermutung der Steuerumgehungsabsicht begründet, die aber durch Entnahme des Gegenteils aus den Umständen des Falles widerlegbar ist.

3. Die Absicht, den steuerlichen Rückgriff auf den weiter zurückliegenden Erwerbspreis zu verhindern, kann auch ohne Vorliegen einer Überwertung dann angenommen werden, wenn die Grundstücke von den Gesellschaftern selbst eingebracht und seither in Gestalt der Geschäftsanteile in ihren Händen verblieben sind.

4. Die Umstände, aus denen sich das Fehlen der Hinterziehungsabsicht ergibt, sind von der Gesellschaft darzutun.

Steuerberechnung in den Fällen des § 7 Ziff. 3 und 4.

§ 65.

Hat vor dem 1. Januar 1911 eine Auseinandersetzung gemäß § 7 Ziffer 3 stattgefunden, so bleibt

die Steuerpflicht für die Zeit vor der Auseinandersetzung auf den Anteil des Erwerbers beschränkt. Diese Vorschrift findet entsprechende Anwendung, wenn die Zuweisung an einen Erben unter Anrechnung auf den Erbteil auf letztwilliger Verfügung von Todes wegen beruht und der Erbfall vor dem 1. Januar 1911 eingetreten ist.

Hat einer von mehreren Abkömmlingen gemäß § 7 Ziffer 4 von seinen Eltern, Großeltern oder Voreltern vor dem 1. Januar 1911 gegen Entgelt ein Grundstück erworben, so bleibt für die Zeit vor dem Erwerb die Steuerpflicht auf den Anteil beschränkt, der dem Erwerber als gesetzliches Erbteil ohnehin angefallen sein würde.

Ist von dem Anteil des Erwerbers für die Zeit vor dem 1. Januar 1911 eine Zuwachssteuer bereits entrichtet, so wird diese Steuer auf die nach diesem Gesetze zu entrichtende Abgabe angerechnet.

Abs. 1.

1. Hat eine Auseinandersetzung durch Vertrag oder freiwillige Versteigerung zwischen Miterben oder Teilnehmern an einer ehelichen oder fortgesetzten Gütergemeinschaft zum Zwecke der Teilung (§ 7 Ziff. 3) vor dem 1. Januar 1911 stattgefunden, also zu einer Zeit, wo die Art der Regelung derartiger Fälle durch die Reichszuwachssteuer noch nicht bekannt war und daher für Zurückhaltung des auf den Zuwachs bis zur Auseinandersetzung entfallenden Steuerbetrages keine Vorsorge getroffen werden konnte, so bleibt zur Vermeidung von Härten die Steuerpflicht für die Zeit vor der Auseinandersetzung auf den Anteil des Erwerbers beschränkt.

2. Beispiel (nach der Begründung der Vorlage): Der Erblasser erwarb das Grundstück für 60000 Mark und vererbte es auf A, B und C gemeinsam. C übernimmt es bei der Auseinandersetzung, nachdem sein Wert inzwischen

auf 90 000 Mark gestiegen ist. Er zahlt mithin an A und B je 30 000 Mark. Alsdann setzt sich bei Berechnung des Wertzuwachses der „Erwerbspreis" zusammen aus den an A und B gezahlten je 30 000 Mark und dem ursprünglichen Anteile des C an den vom Erblasser gezahlten 60 000 Mark, also aus 30 000 + 30 000 + 20 000 = 80 000 Mark. Da der Veräußerungspreis 120 000 Mark beträgt, so ist der Wertzuwachs 40 000 Mark oder 50 % des Erwerbspreises.

3. Das gleiche gilt, wenn ein Grundstück einem von mehreren Miterben testamentarisch auf sein Erbteil zugewiesen wurde und der Erbfall vor dem 1. Januar 1911 erfolgte.

Abs. 2.

4. In den Fällen einer vorweggenommenen Erbesauseinandersetzung im Sinne der Ziff. 4 des § 7 findet aus gleichen Billigkeitsrücksichten eine analoge Beschränkung der Steuerpflicht, und zwar hier auf den dem gesetzlichen Erbteile des Erwerbers entsprechenden Anteil statt, eventuell im Wege der Anrechnung einer bereits gezahlten Zuwachssteuer auf die Reichsabgabe.

Ausführungs- und Ergänzungsrecht des Bundesrats.

§ 66.

Der Bundesrat erläßt die zur Ausführung dieses Gesetzes erforderlichen Bestimmungen und ist berechtigt, die nach diesem Gesetze fällige Abgabe auch über den Anteil des Reichs hinaus aus Billigkeitsgründen zu erlassen.

Er ist auch ermächtigt:

1. Rechtsvorgänge für steuerpflichtig zu erklären, die es — ohne unter §§ 1, 5 zu fallen — einem anderen ermöglichen, über das Grundstück wie der Eigentümer zu verfügen;
2. für solche Fälle über die Berechnung des Wertzuwachses Bestimmungen zu treffen, die von den §§ 8 bis 27 abweichen.

Die vom Bundesrate gemäß Abs. 2 getroffenen Anordnungen sind dem Reichstag, wenn er versammelt ist, sofort, andernfalls bei seinem nächsten Zusammentreten vorzulegen. Sie sind mit Wirkung von ihrem Inkrafttreten ab außer Kraft zu setzen, soweit der Reichstag dies verlangt.

Abs. 1.

1. Das dem Bundesrate in Abs. 1 gegebene Steuererlassungsrecht entspricht einem bestehenden Gebrauche der Reichsgesetzgebung. Im übrigen siehe Anm. 2.

Abs. 2 und 3.

2. Die in Abs. 2 ausgesprochene generelle Ermächtigung des Bundesrates geht über die ihm in Art. 7 Ziff. 2 der Reichsverfassung verliehene und für das Zuwachssteuergesetz in Abs. 1 zum Ausdruck gebrachte Zuständigkeit zum Erlasse von Ausführungsvorschriften hinaus und bildet eine Art Notverordnungsrecht desselben. Er soll, angesichts der Wahrscheinlichkeit neuer Steuerumgehungspraktiken und der Notwendigkeit, ihnen sofort und wirksam entgegenzutreten, Anordnungen erlassen dürfen, die nicht nur für den Einzelfall, aus dessen Anlaß sie entstanden sind, sondern für alle künftigen Fälle gleicher Art verbindliche Kraft haben und somit der Sache nach einer Ergänzung des Gesetzes gleichstehen. Seine Begrenzung findet dieses Recht durch das in Abs. 3 vorgesehene Recht des Reichstags, die Außerkraftsetzung dieser Anordnungen, und zwar mit rückwirkender Kraft, zu erlangen.

3. Ziff. 1 und 2 verhalten sich so zu einander, daß, wenn der Bundesrat eine neue von Interessenten aufgebrachte und angewendete Steuerumgehungsmethode dadurch unschädlich gemacht hat, daß er kraft der Vorschrift in Ziff. 1 die unter diesen neuen Steuerumgehungstyp fallenden Rechtsvorgänge für steuerpflichtig erklärte, die Bestimmungen der §§ 8—27 auf diese in der Regel gar nicht mehr anwendbar sind. Denn es können bei ihnen z. B. ein Erwerbs- oder ein Veräußerungspreis oder anrechnungsfähige Aufwendungen im Sinne jener Paragraphen vielleicht gar nicht vorhanden sein. Für derartige Fälle greift die Vorschrift in Ziff. 2 ein, wonach der Bundesrat über die Berechnung des Wertzuwachses alsdann von den gesetzlichen abweichende Bestimmungen treffen kann.

Sie findet eine gewisse Stütze darin, daß in manchen Zoll- und Reichssteuergesetzen (Tabak-, Zucker-, Stempelsteuer-, Nahrungsmittelgesetz, Recht des Bundesrates zur Herauf- oder Herabsetzung von Zöllen) dem Bundesrate ein ähnlicher Einfluß auf die Veranlagung und Berechnung der Abgabe eingeräumt ist. Wesentlich mitbestimmmend war für sie aber sowohl die notorische große Beweglichkeit und Fähigkeit des Grundstücksmarktes, sich fortgesetzt durch immer neue Geschäftsformen gerade der Zuwachssteuer zu entziehen, als auch die von Interessenten abgegebene Erklärung, man werde sich der Reichszuwachssteuer, was sie auch immer gegen Steuerumgehungen vorschreibe, unter allen Umständen zu entziehen wissen.

4. Ein Recht der Einwirkung auf die Entscheidung einzelner vor den Gerichten schwebender Fälle wird dem Bundesrate durch diese Bestimmungen nicht gegeben.

BundRAB. §§ 29—31.

Abänderung des § 85 des Reichsstempelgesetzes.

§ 67.

Abs. 3 des § 85 des Reichsstempelgesetzes erhält folgende Fassung:

Die Entgegennahme der Auflassung oder, wenn diese nicht vor dem Grundbuchrichter erfolgt, die Eintragung des neuen Eigentümers im Grundbuch kann nach dem Ermessen des Gerichts von einer vorgängigen Sicherheitsleistung für den Abgabenbetrag abhängig gemacht werden. Über Erinnerungen gegen die Anordnung der Sicherheitsleistung wird im Aufsichtsweg entschieden.

1. Nach § 85 Abs. 3 des RStempelG. war bisher die Leistung einer Sicherheit für die Grundwechselabgabe obligatorische Voraussetzung für die Eintragung des neuen Eigentümers in das Grundbuch. Es durfte von ihr nur abgesehen werden, wenn nach dem Ermessen des Grundbuchamtes aus der Ablehnung der Eintragung ein schwer zu ersetzender Nachteil für einen Beteiligten zu besorgen war. Dies führte in der Praxis zu großen Schwierigkeiten und ging überdies über das Bedürfnis weit hinaus. Die hier getroffene Regelung schließt sich dem Verfahren für die Erhebung der staatlichen Umsatzsteuer in Preußen an.

2. Die Rechtsbeschwerde ist nach Erklärung der preußischen Regierung nur durch ein Versehen in das RStempelG. hineingekommen und hat sich überdies als ganz unzweckmäßig erwiesen. Daher wird sie durch die einfachere Aufsichtsbeschwerde ersetzt.

3. Die Bestimmung, daß eine Sicherheitsleistung verlangt werden kann, bezieht sich, wie im Einvernehmen mit der Reichsregierung ausdrücklich zu Protokoll der Reichstagskommission festgesetzt wurde, nur auf den Umsatzstempel. Für die Zuwachssteuer darf dagegen ein gleiches Verlangen nicht gestellt werden. Die Regierungsvorlage enthielt nämlich in ihrem § 21 eine Vorschrift, wonach die Auflassung vom Grundbuchamt erst dann sollte entgegengenommen werden dürfen, wenn eine Bescheinigung der Steuerbehörde vorgelegt wäre, daß die Steuer nicht geschuldet oder daß für sie Sicherheit geleistet sei. Nachdem die Kommission diese Bestimmung gestrichen hatte, wurde Wert darauf gelegt, authentisch festzustellen, daß für die Zuwachssteuer keine Sicherheitsleistung gefordert werden darf.

Abänderung des § 89 des RStempelG.

§ 68.

Der § 89 des Reichsstempelgesetzes vom 15. Juli 1909 (RGBl. S. 833) erhält mit Wirkung vom 1. Oktober 1909 ab folgende Fassung:

Von Grundstücken, die auf Grund von Vorschriften gebunden sind, die nach den Artikeln 57,

58, 59 des Einführungsgesetzes zum Bürgerlichen Gesetzbuch von den Vorschriften des Bürgerlichen Gesetzbuchs unberührt bleiben, ist an Stelle der Abgabe nach Tarifnummer 11 eine jährliche Abgabe von $^{1}/_{90}$ vom Hundert des Wertes zu entrichten.

Die Ermittelung des Wertes findet nach den Bestimmungen des § 16 des Erbschaftssteuergesetzes vom 3. Juni 1906 (RGBl. S. 620) in dreißigjährigen Zeitabschnitten statt.

Der erste dreißigjährige Abschnitt beginnt mit dem Zeitpunkt, in welchem das Grundstück der Bindung unterworfen wird, und sofern dieser vor dem Inkrafttreten dieses Gesetzes liegt, mit dem 1. Oktober 1909.

Für die Zeit vom 1. Oktober 1909 bis zum 30. Juni 1914 wird zu der im Abs. 1 vorgesehenen Abgabe ein Zuschlag von $^{1}/_{90}$ vom Hundert des ermittelten Wertes jährlich erhoben.

Die Abgabe ruht auf dem Grundstück und gilt als öffentliche Last im Sinne des § 10 Ziffer 3 des Gesetzes über die Zwangsversteigerung und Zwangsverwaltung.

Grundstücke, zu deren rechtsgültiger Veräußerung weder eine landesherrliche oder sonstige Genehmigung noch die Zustimmung von Familienmitgliedern oder Dritten erforderlich ist und deren Veräußerungserlös nach den gesetzlichen oder hausverfassungsmäßigen oder stiftungsmäßigen Bestimmungen der freien Verwendung des Veräußerers unterliegt, gelten nicht als gebunden im Sinne der Vorschriften dieses Paragraphen.

Von der Abgabe befreit sind der Landesfürst und die Landesfürstin.

Vgl. die Anmerkungen zu § 69.

Abänderung des § 90 des RStempelG.

§ 69.

An die Stelle des § 90 des Reichsstempelgesetzes treten folgende Vorschriften:

Bei Veräußerungen, die in die Zeit bis zum 30. Juni 1914 fallen, wird zu der in Tarifnummer 11 vorgesehenen Abgabe von 1/3 vom Hundert des Kaufpreises ein Zuschlag von einhundert vom Hundert erhoben.

Nach dem 30. Juni 1914 wird der Steuersatz in Tarifnummer 11 von drei zu drei Jahren durch den Bundesrat einer Nachprüfung unterzogen. Übersteigt innerhalb des dreijährigen Zeitraums der durchschnittliche Jahresanteil des Reichs am Ertrage der Zuwachssteuer den Betrag von fünfundzwanzig Millionen Mark, so ist der Steuersatz in Tarifnummer 11 mit Wirkung vom Beginne des der Feststellung folgenden Rechnungsjahrs für die folgenden drei Jahre nach näherer Bestimmung des Bundesrats entsprechend herabzusetzen.

Die Vorschriften des Abs. 2 finden auf die Abgabe nach § 89 Anwendung. Insoweit die Abgabe für eine Zeit bezahlt ist, für welche die Herabsetzung eintritt, ist vom Reiche entsprechender Rückersatz zu leisten.

Zu §§ 68 und 69.

1. Die §§ 68 und 69 enthalten wichtige Abänderungen des RStempelG. und hängen eng zusammen. Zu ihrem Verständnis muß Folgendes vorausgeschickt werden:

a) Durch das RStempelG. vom 15. Juli 1909 wurde als neue Reichssteuer vom 1. Oktober 1909 ab die Grundwechselabgabe in Höhe von $^1/_3$ % des Grundstückwertes für die Beurkundungen der Übertragung des Eigentums an inländischen Grundstücken und ihnen rechtlich gleichstehenden Berechtigungen nach den näheren Bestimmungen der §§ 78—90 und der zugehörigen Tarifnummmer 11 desselben Gesetzes eingeführt. Zu dieser Abgabe trat bisher nach § 90 Abs. 4 desselben Gesetzes für die Zeit bis zum Inkrafttreten des Reichszuwachssteuergesetzes ein Zuschlag von 100 %, also ein zweites Drittel Prozent des Wertes. Die Grundwechselabgabe selbst sollte nach diesem Zeitpunkte alle 6 Jahre vom Bundesrate einer Nachprüfung unterzogen werden. Soweit in diesem Zeitraum der durchschnittliche Jahresertrag der Zuwachssteuer 20 Mill. Mark übersteigen würde, sollte der Steuersatz der Grundwechselabgabe für die nächsten 6 Jahre entsprechend herabgesetzt werden.

2. Einen Ersatz für diese Grundwechselabgabe nebst Zuschlag führte der durch den obigen § 69 nunmehr abgeänderte § 89 des RStempelG. hinsichtlich eines bestimmten Teiles des sogenannten „gebundenen Besitzes" ein. Gebundener Besitz ist nach einer in den Reichstagskommissionsverhandlungen über das Zuwachssteuergesetz von einem dem preußischen Justizministerium angehörigen Kommissar des Bundesrats gegebenen Begriffsbestimmung „solcher, zu dessen Veräußerung eine einzelne physische Person nur mit Zustimmung anderer physischer Personen oder, wenn ohne solche Zustimmung, dann doch nicht in der Weise befugt ist, daß sie über die Verwendung des Erlöses nach ihrem Belieben verfügen kann". Es handelt sich dabei also nicht um unveräußerlichen, sondern nur um beschränkt veräußerlichen Grundbesitz. Jene Ersatzabgabe betraf aber nicht den gesamten gebundenen Besitz, sondern nur Grundstücke, die auf Grund der landesgesetzlichen Vorschriften über Familienfideikommisse, Lehn- und Stammgüter (Art. 59 EG. BGB.) gebunden sind. Sie erstreckte sich daher z. B. nicht

auf den Grundbesitz von Miteigentümer, Gesellschaftern, Miterben, Vorerben, Vereinen, Stiftungen usw. Der Grund für die Einführung der Grundwechselersatzabgabe war der, daß der von ihr betroffene Grundbesitz infolge seiner Bindung während deren Dauer nicht unter die Grundwechselabgabe fallen kann. Warum nur dieser und nicht auch der übrige Teil des gebundenen Grundbesitzes der Grundwechselersatzabgabe nebst Zuschlag unterstellt worden ist, ist eine auch bei den Verhandlungen über das Zuwachssteuergesetz offen gebliebene Frage. Es scheint, daß man sich beim Zustandekommen des RStempelG. über die ganze Sach- und Rechtslage nicht vollkommen klar gewesen ist. Nach der Darlegung jenes bundesrätlichen Kommissars trifft es jedenfalls nicht zu, daß der andere gebundene Besitz leichter oder öfter verkauft wird.

Diese Grundwechsel e r s a t z abgabe von Familienfideikommissen, Lehn- und Stammgütern betrug bisher in Zeitabschnitten von je 30 Jahren je ⅓ % des Wertes und war für einen jeden solchen Zeitabschnitt im voraus zu entrichten. Auf seinen Antrag konnte dem Besitzer gestattet werden, die Abgabe während des 30jährigen Zeitraums in gleich hohen Jahresraten zu entrichten, die so zu bemessen waren, daß die Steuerschuld bei einer Verzinsung von 4 % in 30 Jahren getilgt würde. Auch zu dieser Grundwechselersatzabgabe war nach Abs. 6 des § 89 bis zum Inkrafttreten des Reichszuwachssteuergesetzes ein hundertprozentiger Zuschlag, also ein zweites Drittel Prozent des Wertes, zu erheben. Die Grundwechselersatzabgabe sollte nach diesem Zeitpunkte alle 6 Jahre ebenso nachgeprüft und eventuell herabgesetzt werden wie die Grundwechselabgabe (§ 89 Abs. 6 und 7).

b) Nach der in den obigen §§ 68 und 69 getroffenen N e u r e g e l u n g wird, was zunächst die G r u n d w e c h s e l a b g a b e anlangt, im dringenden finanziellen Interesse des Reiches der Zuschlag zu ihr auch nach dem Inkrafttreten des Zuwachssteuergesetzes von allen in die Zeit bis zum 30. Juni 1914 fallenden Veräußerungen forterhoben (§ 69 Abs. 1). Ferner wird die Grundwechselabgabe selbst erst nach diesem Zeitpunkte der vorgesehenen Nachprüfung und eventuellen Ermäßigung durch den Bundesrat, und zwar alle 3 (statt alle 6) Jahre unterzogen. Wenn in diesem Zeitraume der durchschnittliche Jahresertrag der Zuwachssteuer 25 Mill. Mark (bisher 20 Mill. Mark) übersteigt, so wird der Steuersatz der Grundwechselabgabe vom Beginn des nächsten Rechnungsjahres an für die nächsten 3 (statt 6) Jahre nach näherer Bestimmung des Bundesrats entsprechend herabgesetzt (§ 69 Abs. 2).

Was die Grundwechsel**ersatz**abgabe anlangt (§ 68), so ist der Kreis der ihr unterliegenden Grundstücke erheblich erweitert worden. Es bleibt nämlich zwar ausdrücklich der gebundene Besitz des Landesfürsten und der Landesfürstin, wie bisher, davon befreit (Abs. 7). Dagegen fällt neben den Familienfideikommissen, Lehn- und Stammgütern fortan darunter der gebundene Besitz von anderen Mitgliedern landesherrlicher Familien sowie der Fürstlichen Familie Hohenzollern und der depossedierten und der mediatisierten Familien. Als gebundener Besitz gelten in diesem Sinne Grundstücke, die auf Grund von Vorschriften gebunden sind, welche nach den Art. 57, 58 und 59 des EG. BGB. von den Vorschriften des BGB. unberührt bleiben (Abs. 1). Die Grundwechselersatzabgabe ist fortan schlechthin, also nicht nur auf Antrag des Besitzers, eine jährliche, und zwar in Höhe von $^1/_{90}$ % des in 30jährigen Zeitabschnitten nach § 16 des Reichserbschaftssteuergesetzes zu ermittelnden Wertes, also des **Ertragswertes** (Abs. 1 und 2). Der erste dieser Abschnitte beginnt mit dem 1. Oktober 1909, falls aber die Bindung des Grundstücks nach dem Inkrafttreten des RStempelG. stattfindet, mit dem Zeitpunkte der Bindung (Abs. 3).

Der **Zuschlag** zur Grundwechsel**ersatz**abgabe, also das zweite Drittel Prozent, wird nicht, wie die Regierung wollte, dauernd, als Ersatz für die Zuwachssteuer in demselben Sinne, wie das erste Drittel Prozent Ersatz für die Grundwechselabgabe ist, sondern über den Zeitpunkt des Inkrafttretens der Reichszuwachssteuer hinaus nur ebensolange wie der Zuschlag zur Grundwechselabgabe, nämlich bis zum 30. Juni 1914 forterhoben, und zwar gleichfalls als Jahresabgabe von $^1/_{90}$ % des Wertes (Abs. 4). Bis zu diesem Zeitpunkt sind also jährlich insgesamt $^2/_{90}$ % zu zahlen. Die Nachprüfung und eventuelle Ermäßigung der Grundwechsel**ersatz**abgabe hat dieselben Änderungen erfahren wie die

Nachprüfung und eventuelle Ermäßigung der Grundwechselabgabe. War eine dieser beiden Abgaben für einen Zeitraum, für den diese Ermäßigung einzutreten hat, bereits bezahlt, so hat das Reich in entsprechender Höhe Rückersatz zu leisten.

Die Grundwechsel**ersatz**abgabe ist dinglich und hat den Charakter einer öffentlichen Last (Abs. 3). Als nicht gebunden im Sinne der neuen Vorschriften gilt der Besitz, der ohne landesherrliche oder sonstige Genehmigung und ohne Zustimmung von Familienmitgliedern oder Dritten rechtsgültig veräußert werden kann und dessen Erlös nach den gesetzlichen, hausverfassungs- oder stiftungsmäßigen Bedingungen der freien Verwendung des Veräußerers unterliegt (Abs. 6).

3. Zu diesen Änderungen sei bemerkt: bei Erlaß des RStempelG. ging man von der Annahme aus, daß die Besitzungen im Durchschnitt etwa alle 30 Jahre den Eigentümer wechseln. Sie ist freilich nicht unbestritten; von anderer Seite wurde die durchschnittliche Besitzzeit nur auf 10—15 Jahre berechnet. Durch die Änderung, wonach die Ersatzabgabe eine jährliche geworden ist, werden die Besitzer steuerlich besser gestellt als bisher, da bei dieser Jahresabgabe nicht mehr 4 % Zinsen für die Zwischenzeit angerechnet werden. Der dieser Ersatzabgabe unterstehende gebundene Besitz unterliegt im Falle seiner Veräußerung sowohl der Grundwechselabgabe selbst nebst ihrem Zuschlage als auch, falls steuerpflichtiger Wertzuwachs vorhanden ist, der Zuwachssteuer. Beides deshalb, weil er im Augenblicke der Veräußerung und durch diese aufhört, gebundener Besitz zu sein. Mit seinem Eintritt in den freien Verkehr verliert er seine steuerliche Sonderbehandlung. Im Gesetze ist dies nicht besonders ausgedrückt, doch war man im Plenum des Reichstags darüber einig. Soweit im Veräußerungsfalle die Jahresersatzabgabe nebst Zuschlag im voraus erhoben worden ist, muß sie zurückerstattet werden.

BundRAB. §§ 29—31.

Abänderung der Befreiungsvorschrift am Schlusse der Tarifnummer 11 des RStempelG.

§ 70.

Die Befreiungsvorschrift am Schlusse der Tarifnummer 11 des Reichsstempelgesetzes wird dahin abgeändert:

Befreit sind auf Antrag:

1. Grundstücksübertragungen der in a und d dieser Tarifnummer bezeichneten Art, wenn der stempelpflichtige Betrag bei bebauten Grundstücken 20000 Mark, bei unbebauten Grundstücken 5000 Mark nicht überschreitet. Erwirbt dieselbe Person von demselben Veräußerer durch verschiedene Rechtsvorgänge mehrere Grundstücke oder Grundstücksteile, so sind die Übertragungen steuerpflichtig, wenn der Wert zusammen die angegebenen Beträge übersteigt, und die Umstände ergeben, daß der Erwerb zum Zwecke der Ersparung der Steuer in mehrere Rechtsvorgänge zerlegt worden ist. Was im Sinne dieser Vorschrift als bebautes und unbebautes Grundstück anzusehen ist, bestimmt sich nach dem § 1 des Zuwachssteuergesetzes.

   Die Steuerfreiheit tritt nur ein, wenn weder der Erwerber und sein Ehegatte im letzten Jahre ein Einkommen von mehr als 2000 Mark gehabt haben, noch einer von ihnen den Grundstückshandel gewerbsmäßig betreibt. Wird festgestellt, daß der Erwerb für Rechnung eines Dritten erfolgt, so ist die Steuerfreiheit nur zu gewähren, wenn die Voraussetzungen für die Befreiung auch in der Person des Dritten vorliegen.

Beurkundungen von Übertragungen der Rechte eines befreiten Erwerbers werden in betreff der Stempelpflichtigkeit auch dann wie Beurkundungen von Veräußerungen behandelt (a Abs. 2 Satz 1 dieser Tarifnummer), wenn der erste Erwerber das Veräußerungsgeschäft erweislich auf Grund eines Vollmachtsauftrags oder einer Geschäftsführung ohne Auftrag für einen Dritten abgeschlossen hat und die Übertragung der Rechte dieses ersten Erwerbers an den Dritten erfolgt.

2. Eigentumsveränderungen, denen sich die Beteiligten aus Gründen des öffentlichen Wohles zu unterwerfen gesetzlich verpflichtet sind.

1. Die Befreiungsvorschrift für die Grundwechselabgabe am Schlusse der Tarifnummer 11 des RStempelG. wird durch die ihr hier gegebene neue Fassung in die notwendige Übereinstimmung mit der in § 1 des Zuwachssteuergesetzes enthaltenen Befreiungsvorschrift für die Zuwachssteuer gebracht.

2. Der Unterschied, daß die Voraussetzung betreffs der Höhe des Einkommens im RStempelG. für die Person des Erwerbers, im Zuwachssteuergesetz dagegen für die des Veräußerers vorgeschrieben ist, erklärt sich daraus, daß nach der überwiegenden Meinung die Grundwechselabgabe vom Erwerber zu tragen ist, weil nach § 449 BGB. dieser die Kosten des Veräußerungsgeschäfts zu tragen hat. Bei der Zuwachssteuer ist dagegen der Veräußerer steuerpflichtig, so daß die Befreiungsvorschriften auch nur auf ihn sich beziehen können.

3. Sowohl die Befreiungsvorschrift des § 1 als diejenige für die Grundwechselabgabe gelten nur für physische Personen.

Abänderung der Anmerkung zu Tarifnummer 11 des RStempelG.

§ 71.

Die Anmerkung zu Tarifnummer 11 des Reichsstempelgesetzes erhält in Abs. 1 folgende Fassung:

Stempelabgaben unter fünfzig Pfennig werden nicht erhoben. Höhere Beträge, welche nicht ohne Bruch durch zehn teilbar sind, werden auf den nächst höheren durch zehn teilbaren Betrag abgerundet; Stempelbeträge über fünf Mark, welche nicht ohne Bruch durch fünfzig teilbar sind, werden auf den nächst höheren durch fünfzig teilbaren Betrag abgerundet.

Diese Vorschrift ist dem in der Praxis bewährten § 11 des PrStempelG. nachgebildet.

Inkrafttreten des Gesetzes.

§ 72.

Dieses Gesetz tritt mit dem 1. April 1911 in Kraft.

Die Vorschriften der Landesgesetze und die Satzungen der Gemeinden und Gemeindeverbände, welche die Besteuerung des Zuwachses bei der Veräußerung von Grundstücken betreffen, treten mit Wirkung vom 1. Januar 1911 außer Kraft, soweit sie nicht gemäß § 60 aufrecht erhalten werden. Die vor dem 1. Januar 1911 eingetretenen Rechtsvorgänge und die im § 63 bezeichneten Fälle des Eigentumsüberganges unterliegen auch dann nach diesen Gesetzen und Satzungen der Zuwachssteuer, wenn das Verfahren zur Feststellung der Steuer erst nach dem Inkrafttreten dieses Gesetzes zum Abschluß kommt.

Abs. 1 und 2.

1. Vgl. § 62 Abs. 3 und Anm. 1 und 2 zu § 62 oben.

2. Vom Rechte der Zuschlagserhebung (§ 59) abgesehen dürfen Zuwachssteuergesetze oder -Ordnungen künftig weder von den Bundesstaaten noch von den Gemeinden erlassen werden. Dagegen regelt sich die Versteuerung der vor dem 1. Januar 1911 eingetretenen Rechtsvorgänge unter allen Umständen nach den alten Vorschriften, die daher insoweit nicht nur nach diesem Tage sondern auch noch nach dem 1. April, dem Tage des Inkrafttretens des Gesetzes, Anwendung finden können. Die Gleichstellung der in § 63 bezeichneten Fälle mit jenen Rechtsvorgängen bezweckt, Steuerumgehungen auszuschließen, wie sie namentlich in der Weise versucht worden sind, daß ein Spekulant in einer Gemeinde, die nicht das Veräußerungsgeschäft sondern nur die Auflassung der Steuer unterwarf, die Auflassung von im Jahre 1909 notariell verkauften Grundstücken beim Bekanntwerden des Reichsgesetzentwurfes hinausschob, um sie erst nach dem 1. April 1911 vorzunehmen. Ohne die Heranziehung der Fälle des § 63 an obiger Stelle würde er weder nach dem alten kommunalen noch nach dem neuen Reichsrecht zur Zuwachssteuer herangezogen werden können.

BundRAB. §§ 43 und 44.

D.
Anhang.

I. Die Zuwachssteuer-Ausführungsbestimmungen des Bundesrats

vom 27. März 1911
(Zentralblatt für das Deutsche Reich S. 79 ff.).[1]

Zuwachssteuerämter und Oberbehörden.

§ 1. [1] Die mit der Verwaltung des Zuwachssteuerwesens befaßten, in den nachstehenden Bestimmungen als Zuwachssteuerämter bezeichneten Stellen und die Oberbehörden, denen sie unterstehen, werden von der Landesregierung bestimmt und öffentlich bekannt gemacht. Ein Verzeichnis der Zuwachssteuerämter und Oberbehörden ist unter Angabe ihrer Geschäftsbezirke dem Reichskanzler zur Veröffentlichung im Zentralblatt für das Deutsche Reich mitzuteilen. Das gleiche hat mit etwaigen späteren Veränderungen zu geschehen. Die Veröffentlichung im Zentralblatt für das Deutsche Reich kann auf das Verzeichnis der Oberbehörden beschränkt werden.

[2] Die Erhebung der Zuwachssteuer kann anderen Stellen als den Zuwachssteuerämtern übertragen werden. Auch können zur Vorbereitung der Veranlagung andere Stellen als Hilfsstellen der Zuwachssteuerämter herangezogen werden. In diesem Falle sind die zur Regelung des Geschäftsverkehrs erforderlichen besonderen Bestimmungen zu treffen.

Zuständigkeit.

§ 2. [1] Zuständig ist das Zuwachssteueramt, in dessen Bezirke das veräußerte Grundstück liegt. Liegt das Grundstück in

[1]) Auch abgedruckt im BayGVBl. 1911 S. 190.

mehreren Bezirken, so ist das Zuwachssteueramt zuständig, in dessen Bezirke das zuständige Grundbuchamt seinen Sitz hat. Falls das Grundstück aus mehreren in verschiedenen Grundbuchbezirken gelegenen Teilstücken besteht, bestimmt unbeschadet anderweiter landesrechtlicher Bestimmungen die gemeinsame Oberbehörde, falls das Grundstück in den Bezirken verschiedener Oberbehörden gelegen ist, die Landeszentralbehörde und, falls das Grundstück im Bereiche verschiedener Bundesstaaten liegt, der Reichskanzler die Zuständigkeit.

2 Die Vorschriften des Abs. 1 finden auf Berechtigungen (§ 2 des Gesetzes) entsprechende Anwendung.

3 Im Falle der Steuerpflicht nach § 3 des Gesetzes ist, sofern der gesamte Grundbesitz einer Vereinigung im Bezirk eines Zuwachssteueramts liegt, dieses zuständig; andernfalls finden die Bestimmungen des Abs. 1 Satz 2, 3 entsprechende Anwendung.

4 Wird eine Anmeldung, eine Steuererklärung, ein Antrag oder eine sonstige Mitteilung bei einer unzuständigen Stelle eingereicht, so ist der Tag des Einganges auf dem Schriftstück zu vermerken und dieses an die zuständige Stelle abzugeben. Von der Abgabe ist dem Absender Mitteilung zu machen. Für die Wahrung einer Frist genügt der Eingang bei der unzuständigen Stelle.

Erster Abschnitt.

Anmeldungsverfahren.

Mitteilungs- und Anmeldungspflicht.

§ 3. Das Zuwachssteueramt erhält nach Maßgabe der Bestimmungen der §§ 4 bis 9 Kenntnis durch

A. die Mitteilungen der Grundbuchämter oder, soweit das Grundbuch noch nicht angelegt ist, der von der Landeszentralbehörde zu bestimmenden Behörden

von den Eintragungen in das Grundbuch, die eine Eigentumsänderung oder den Übergang einer Berechtigung (§ 2 des Gesetzes) betreffen, oder von der Umschreibung in öffentlichen Büchern;

B. die Mitteilungen der Registergerichte und -behörden von allen Eintragungen in das Handels- und Genossenschaftsregister und von Einreichungen zum Handelsregister, soweit sie in Verfolg eines steuerpflichtigen Rechtsvorganges vorgenommen werden;

C. die Mitteilungen der Behörden und Beamten des Reichs, Staates und der Gemeinde sowie der Notare

1. von allen Fällen der Erhebung der Abgabe auf Grund der Tarifnummer 11 des Reichsstempelgesetzes mit Ausnahme der Auflassungen,
2. von allen sonstigen von ihnen beurkundeten Rechtsvorgängen, die der Auflassung und Eintragung nicht bedürfende Fälle des Eigentumsüberganges an inländischen Grundstücken (§§ 1, 4 des Gesetzes), den Übergang einer Berechtigung (§ 2 des Gesetzes) zum Gegenstande haben oder zu den im § 5 des Gesetzes bezeichneten Rechtsgeschäften gehören,
3. von der Beurkundung der Übertragung eines Anteils einer Gesellschaft mit beschränkter Haftung;

D. Die Anmeldungen des Veräußerers und des Erwerbers oder ihres gesetzlichen Vertreters

1. wenn der Veräußerungspreis (einschließlich der Nebenleistungen, insbesondere der für Zwischenbeteiligte, Bevollmächtigte usw. vorgesehenen Gebühr, Gewinnbeteiligung usw.) oder der Wert höher ist als der Erwerbspreis, von dem Abschluß eines Rechtsgeschäfts im Sinne des § 5 des Gesetzes, soweit nicht die Beurkundung durch einen Mitteilungspflichtigen nach A bis C erfolgt ist,
2. von dem Übergange
   a) des Eigentums an inländischen Grundstücken,
   b) einer Berechtigung (§ 2 des Gesetzes),
   c) eines Rechts an dem Vermögen einer Vereinigung (§ 3 des Gesetzes),

   soweit nicht die Auflassung oder Eintragung in das Grundbuch erfolgt ist.

Mitteilungen der Grundbuchämter.

§ 4. [1] Die Mitteilungen der Grundbuchämter (§ 3 zu **A**) erfolgen durch Übereignungsanzeigen, die innerhalb einer Frist von 10 Tagen nach Eintragung der Rechtsänderung

— für jede Eintragung besonders — dem zuständigen Zuwachssteueramt einzusenden sind.

[2] Die Übereignungsanzeigen sind nach Anleitung des Musters 1 einzurichten.

[3] Soweit die Zuwachssteuerämter anderweit amtliche Mitteilungen erhalten, die sich auf die in der Übereignungsanzeige enthaltenen Angaben beziehen, kann im Einverständnisse mit dem Reichskanzler nach näherer Bestimmung der Landeszentralbehörde die Aufstellung besonderer Übereignungsanzeigen unterbleiben oder auf diejenigen Mitteilungen beschränkt werden, die den Zuwachssteuerämtern nicht schon ohnehin zugehen.

Mitteilungen der Registergerichte und -behörden.

§ 5. [1] Die Registergerichte und -behörden (§ 3 zu B) haben dem Zuwachssteueramte die zu ihrer Kenntnis gelangenden Fälle mitzuteilen, in denen die Anteile einer unter § 3 des Gesetzes fallenden Vereinigung in einer Hand sich vereinigen. Im übrigen beschränkt sich die Mitteilungspflicht der Registergerichte und -behörden, soweit nicht die Landeszentralbehörde abweichende Bestimmungen trifft, auf diejenigen einzelnen Rechtsvorgänge, hinsichtlich deren das Zuwachssteueramt um Mitteilungen ersucht.

[2] Zur Feststellung, ob die in das Register neu eingetragenen Vereinigungen unter § 3 des Gesetzes fallen, sind von einem Beamten des Zuwachssteueramts oder nach Bestimmung der Landeszentralbehörde von einem anderen Beamten die Register regelmäßig in Zeiträumen von etwa drei Monaten einzusehen; die zu den Akten gehörigen Vorgänge sind hierbei auf Wunsch zugänglich zu machen.

[3] Das Zuwachssteueramt, in dessen Bezirk ein Grundstückserwerb durch eine der im § 3 des Gesetzes bezeichneten Vereinigungen erfolgt, hat dies dem Zuwachssteueramte mitzuteilen, in dessen Bezirke die Vereinigung ihren Sitz hat.

Mitteilungen der beurkundenden Behörden, Beamten und Notare.

§ 6. [1] Die Mitteilungen der Behörden, Beamten und Notare (§ 3 zu C) sind innerhalb einer Frist von 10 Tagen nach der Beurkundung — für jeden Rechtsvorgang besonders —

dem für die steuerliche Behandlung zuständigen Zuwachssteueramt einzureichen (Veräußerungsanzeige).

²Die Veräußerungsanzeigen sind nach Anleitung des Musters 2 einzurichten. Soweit die darin enthaltenen Mitteilungen aus der Veräußerungsurkunde sich ergeben, genügt die Übersendung einer Abschrift der Urkunde.

³Die Bestimmung des § 4 Abs. 3 findet entsprechende Anwendung.

§ 7. ¹Die Mitteilungen der Behörden, Beamten und Notare über die Abtretung eines Geschäftsanteils sind auch bei den nicht unter § 3 des Gesetzes fallenden Gesellschaften mit beschränkter Haftung zu machen. Die Mitteilung kann unterbleiben, wenn bei den Behörden, Beamten oder Notaren Tatsachen offenkundig sind, aus denen sich ergibt, daß die Gesellschaft, deren Anteil übertragen wird, keinen Grundbesitz hat oder nicht unter § 3 des Gesetzes fällt.

²Das Zuwachssteueramt kann den Behörden, Beamten und Notaren seines Bezirkes diejenigen Gesellschaften namhaft machen, für die eine weitere Mitteilung der Übertragung von Geschäftsanteilen nicht für erforderlich erachtet wird.

³Die Landeszentralbehörde kann die Mitteilung auf die Übersendung von Monatslisten beschränken.

Anmeldungen der steuerpflichtigen Personen.

§ 8. ¹Die Anmeldung des Veräußerers und Erwerbers (§ 3 zu D) hat innerhalb eines Monats zu erfolgen, nachdem der Steuerpflichtige von dem anmeldungspflichtigen Rechtsvorgang Kenntnis erhalten hat.

²Die Anmeldungspflicht entfällt, soweit innerhalb der Anmeldungsfrist die Anmeldung seitens eines von mehreren Pflichtigen bewirkt ist.

§ 9. ¹Die Anmeldung ist an das für die steuerliche Behandlung des Rechtsvorganges zuständige Zuwachssteueramt zu richten.

²Die Anmeldung hat die in dem Muster 3 bezeichneten Angaben zu enthalten und kann zu Protokoll des Zuwachssteueramts erklärt werden. Vordrucke nach diesem Muster sind von den Zuwachssteuerämtern vorrätig zu halten und dem Anmeldungspflichtigen auf Wunsch kostenfrei zu verabfolgen.

³ Soweit den Zuwachssteuerämtern aus anderem Anlaß vom Veräußerer oder Erwerber über die vorbezeichneten Punkte Mitteilung zu machen ist, findet die Bestimmung des § 4 Abs. 3 entsprechende Anwendung.

Prüfung des Einganges der Mitteilungen und Anmeldungen.

§ 10. ¹ Der pünktliche Eingang der Mitteilungen und Anmeldungen ist durch die Zuwachssteuerämter zu überwachen. Bei unterlassener rechtzeitiger Mitteilung sind die etwa bekannten Mitteilungs- und Anmeldungspflichtigen mit kurzer Frist zu mahnen. Mit der Mahnung des Steuerpflichtigen ist der Hinweis auf die Folgen der Nichterfüllung der Anmeldungspflicht zu verbinden. Nach fruchtlosem Ablauf der Frist ist im Falle des § 3 zu A bis C Beschwerde bei der vorgesetzten Aufsichtsbehörde zu führen und im Falle des § 3 zu D erforderlichenfalls das Strafverfahren einzuleiten oder der zur Einleitung des Strafverfahrens zuständigen Behörde Anzeige zu erstatten.

² Zum Zwecke der Überwachung wird dem Zuwachssteueramt ein Verzeichnis der in seinem Bezirke befindlichen Grundbuchämter, Registergerichte und -behörden, der von der Landesregierung im Einverständnisse mit dem Reichskanzler bestimmten anderen Stellen, sowie der Notare und sonstigen Urkundsbeamten und -behörden durch Vermittelung der Oberbehörde mitgeteilt und von Veränderungen fortlaufend Kenntnis gegeben. In Übereinstimmung mit dem Reichskanzler kann nach Bestimmung der Landeszentralbehörde von diesen Mitteilungen abgesehen werden.

Weitere Behandlung der Mitteilungen und Anmeldungen.

§ 11. ¹ Für jedes Grundstück, für jede Berechtigung (§ 2 des Gesetzes) und für jede Vereinigung (§ 3 des Gesetzes) ist ein Kartenblatt (Grundstücksblatt) anzulegen, sobald sich eine Veranlassung hierzu ergibt. Im besonderen hat dies zu geschehen

1. nach Eingang einer Anzeige oder Anmeldung für jedes Grundstück, jede Berechtigung und jede Vereinigung, auf die sich ein in der Mitteilung oder Anmeldung enthaltener Rechtsvorgang bezieht;

2. wenn gelegentlich der Festsetzung der Steuer für den veräußerten Teil eines Gesamtbesitzes Berechnungsgrundlagen festgestellt oder gemäß § 23 Abs. 2 vereinbart werden, die auch im Falle einer späteren Übertragung des Restbesitzes für die Steuerberechnung von Bedeutung sein werden, für den Restbesitz;
3. wenn gemäß § 19 Abs. 2 des Gesetzes eine Feststellung der Werte der bei einer Flurbereinigung, Grenzregelung oder Umlegung empfangenen Grundstücke erfolgt, für die nichtübertragenen Grundstücke.

Das Grundstücksblatt ist nach Anleitung des Musters 4 einzurichten, das für Berechtigungen oder Vereinigungen entsprechend umzugestalten ist. Die Landeszentralbehörde kann anordnen, daß die Anlegung von Grundstücksblättern unterbleibt.

[3] Soweit sich die Veräußerungsanzeigen und Anmeldungen auf Veräußerungsgeschäfte im Sinne des § 5 des Gesetzes beziehen, sind sie zu sammeln und nach Eingang der Übereignungsanzeige mit dieser, andernfalls nach Ablauf eines Jahres, vom Tage des Abschlusses des ersten Veräußerungsgeschäfts an, in steuerliche Behandlung zu nehmen.

Zweiter Abschnitt.

Vorverfahren.

Eintragung in die Zuwachssteuerliste und Feststellung der Steuerfreiheit.

§ 12. [1] Die in den Mitteilungen und Anmeldungen enthaltenen Rechtsvorgänge eines Rechnungsjahrs werden, sobald sie zu einer steuerlichen Behandlung Anlaß geben — Veräußerungsgeschäfte lediglich in den Fällen der §§ 5 und 33 des Gesetzes —, unter fortlaufenden Nummern in die Zuwachssteuerliste übernommen. Die Nummer der Zuwachssteuerliste ist zu den Akten zu vermerken. Die Zuwachssteuerliste ist nach Anleitung des Musters 5 einzurichten.

[2] Das Vorverfahren hat sich auf die Ermittelung derjenigen Tatsachen zu richten, die für die Entscheidung der Frage von Bedeutung sind, ob der mitgeteilte Rechtsvorgang keine Veranlassung zur Veranlagung einer Steuer gibt, weil ein gesetzlicher Befreiungsgrund vorliegt oder ein Fall der

Freiveranlagung nach § 28 Abs. 3 des Gesetzes oder der Rückübertragung innerhalb zweier Jahre nach § 34 des Gesetzes gegeben ist.

[2] Zu diesem Zwecke unterwirft das Zuwachssteueramt die eingegangenen Mitteilungen und Anmeldungen einer Prüfung daraufhin,

1. ob über das dem Eigentumsübergang zu Grunde liegende Rechtsgeschäft eine Urkunde vor dem 1. Januar 1911 in öffentlich beglaubigter Form errichtet oder bei einer Behörde eingereicht war,
2. ob die Voraussetzungen der Befreiungsvorschrift des § 1 Abs. 2 des Gesetzes gegeben sind,
3. ob nach dem Inhalt des Vertrags die Voraussetzungen des § 7 des Gesetzes vorliegen,
4. ob der Veräußerer zu den im § 30 des Gesetzes bezeichneten Personen gehört,
5. ob der Unterschied des Erwerbspreises und des Veräußerungspreises unter Berücksichtigung der im § 16 des Gesetzes vorgeschriebenen Hinzurechnungen zum Erwerbspreis und der Steuerermäßigung nach § 28 Abs. 2 des Gesetzes so gering ist, daß der Steuerbetrag nach den Umständen voraussichtlich 20 Mk. nicht erreicht (§ 28 Abs. 3 des Gesetzes),
6. ob ein Fall der Rückübertragung nach § 34 des Gesetzes vorliegt.

§ 13. [1] Erscheint nach dem Inhalt der Mitteilungen und Anmeldungen dem Zuwachssteueramte die Annahme begründet, daß aus einem der im § 12 Abs. 3 Ziffer 1 bis 6 angeführten Gründe eine Zuwachssteuer nicht zur Hebung gelangen würde, ohne daß dies mit Sicherheit festzustellen ist, so ist, falls sich die Ergänzungen nicht amtlicherseits beschaffen lassen, durch Benehmen mit dem Steuerpflichtigen in mündlicher Verhandlung oder im Schriftweg zu ermitteln, ob jene Voraussetzungen gegeben sind.

[2] Sobald sich im Laufe des Vorverfahrens ergibt, daß die zu entrichtende Steuer nach den Umständen voraussichtlich den Betrag von 20 Mk. nicht erreicht oder daß auf Grund der Fälle des § 12 Abs. 3 Ziffer 1 bis 4, 6 eine Steuer nicht zu erheben ist, ist das Verfahren einzustellen. Von der

Einstellung ist dem Steuerpflichtigen Mitteilung zu machen, falls dieser den Steuerfall angemeldet hatte oder falls mit ihm aus Anlaß des Vorverfahrens in Verhandlung oder Schriftwechsel getreten ist.

[3] Ebenso ist zu verfahren, wenn sich bei der Gegenüberstellung von Erwerbs- und Veräußerungspreis gemäß § 12 Abs. 3 Ziffer 5 zwar ein Steuerbetrag von 20 Mk. oder mehr ergibt, aus den Umständen und nach eigenem Wissen des Zuwachssteueramts aber die Annahme begründet erscheint, daß bei Anrechnung der Aufwendungen der §§ 14, 15, 21 des Gesetzes der Betrag der Zuwachssteuer 20 Mk. nicht erreichen würde.

§ 14. Die Feststellung der Steuerfreiheit ist aktenkundig zu machen und auf dem Grundstücksblatt sowie in der Zuwachssteuerliste unter Angabe der gesetzlichen Vorschrift, auf der die Steuerfreiheit beruht, zu vermerken. Ist das Verfahren auf Grund des § 13 Abs. 3 eingestellt worden, so ist dies außerdem in der Bemerkungsspalte kenntlich zu machen.

Steuerfreiheit der Vereinigungen nach § 30 Ziffer 4 des Gesetzes.

§ 15. [1] Beansprucht eine Vereinigung, welche, ohne Erwerbszwecken zu dienen, satzungsgemäß sich mit innerer Kolonisation, Arbeiteransiedelung, Grundentschuldung oder Errichtung von Wohnungen für die minderbemittelten Klassen befaßt, für die von ihr vorzunehmenden Veräußerungen Steuerbefreiung, so hat sie einen hierauf gerichteten Antrag bei der Oberbehörde zu stellen, in deren Bezirke sie ihren Sitz hat, sowie den Nachweis zu erbringen, daß die Voraussetzungen des § 30 Ziff. 4 des Gesetzes gegeben sind.

[2] Die Oberbehörde läßt den Antrag mit ihrem Gutachten versehen durch Vermittelung der Landeszentralbehörde an den Bundesrat gelangen.

§ 16. [1] Auf die Mitteilungs- und Anmeldepflicht bleibt die Gewährung der Steuerfreiheit ohne Einfluß.

[2] Im Falle der Veräußerung hat das Zuwachssteueramt für das Grundstück oder die Berechtigung ein Grundstücksblatt, sofern ein solches noch nicht besteht, anzulegen und auf diesem den Grund der Steuerfreiheit einzutragen.

§ 17. Die Zuwachssteuerämter haben aus Anlaß von Übereignungsfällen zu überwachen, ob die befreiten Vereinigungen sich ihrem Satzungszweck entsprechend verhalten. Von Satzungsänderungen hat das Registergericht dem Zuwachssteueramte des Sitzes der Vereinigung Mitteilung zu machen.

Dritter Abschnitt.

Hauptverfahren.

Erster Teil.

Veranlagung der Steuer.

Zuwachssteuererklärung.

§ 18. [1] Hat das Vorverfahren nicht ergeben, daß die Voraussetzungen der Steuerbefreiung oder der Freiveranlagung vorliegen (§ 12, Abs. 2, 3), so fordert das Zuwachssteueramt den Steuerpflichtigen auf, innerhalb einer Frist von 2 Wochen eine Zuwachssteuererklärung einzureichen. Der Aufforderung, der geeignetenfalls aufklärende Vorverhandlungen vorausgehen können, ist ein Vordruck zur Zuwachssteuererklärung, ein Auszug aus den Bestimmungen des Gesetzes und eine Mustererklärung beizufügen. In der Steuererklärung können die Fragen, deren Beantwortung dem Amte bekannt ist, ausgefüllt und solche Fragen, die nach der Lage des Falles nicht in Betracht kommen, durchstrichen werden.

[2] Die Zuwachssteuererklärung ist nach Anleitung der Muster 6,[1]) 7 zu gestalten. Über den Inhalt des Gesetzesauszugs und der Mustererklärung trifft der Reichskanzler die näheren Bestimmungen.

[3] Die Zustellung der Aufforderung an den Veräußerer kann vor Ablauf der gesetzlichen Anmeldungsfrist erfolgen.

[4] Das Zuwachssteueramt ist befugt, für die Abgabe der Erklärung eine längere Frist als 2 Wochen zu bewilligen.

[5] Der Einreichung der Steuererklärung steht die Abgabe dieser Erklärung zu Protokoll des Zuwachssteueramts gleich.

---

[1]) Muster 6 ist wie alle Formulare, die nur den inneren Dienst der Zuwachssteuerämter selbst betreffen, hier nicht abgedruckt.

[2] Die Aufforderung zur Zuwachssteuererklärung kann unterbleiben, wenn es zur Festsetzung der Steuer nur einer Auskunft über bestimmte tatsächliche Verhältnisse bedarf.

§ 19. Sind bei einem Eigentumsübergange mehrere Veräußerer vorhanden, so unterliegt es dem Ermessen des Zuwachssteueramts, welchem von ihnen die Aufforderung übersandt wird. In der Regel wird es denjenigen wählen, von dem angenommen werden kann, daß er mit den in Betracht kommenden Verhältnissen am besten vertraut ist.

Sondererklärungen.

§ 20. [1] Ergibt sich aus den Mitteilungen und Anmeldungen oder im Laufe des Verfahrens, daß ein Fall der Veräußerung oder Übereignung vorliegt, für dessen steuerliche Behandlung das Gesetz besondere Vorschriften vorsieht (Zwangsversteigerung, Gemeinschaftsteilung usw.), so hat das Zuwachssteueramt den Steuerpflichtigen zu einer Sondererklärung über diese Punkte zu veranlassen.

[2] Für die Sondererklärungen können von der Landeszentralbehörde im Einverständnisse mit dem Reichskanzler Muster vorgeschrieben werden.

Prüfung der Zuwachssteuererklärung.

§ 21. [1] Nach Eingang der Zuwachssteuererklärung hat das Zuwachssteueramt die Angaben auf ihre Richtigkeit und Vollständigkeit zu prüfen.

[2] Sobald sich im Laufe der Ermittelungen herausstellt, daß die Zuwachssteuer voraussichtlich einen Betrag von 20 Mk. nicht erreichen würde, ist unter Einstellung der Ermittelungen nach § 13 zu verfahren.

Wertermittelung.

§ 22. [1] In Fällen, in denen die Ermittelung des Wertes eines steuerpflichtigen Gegenstandes in Frage kommt, ist der gemeine Wert zu Grunde zu legen. Unter dem gemeinen Werte ist der Verkaufs- oder Verkehrswert zu verstehen, der durch den Preis bestimmt wird, welcher im gewöhnlichen Geschäftsverkehre nach der Beschaffenheit des Gegenstandes ohne Rücksicht auf andere ungewöhnliche oder lediglich persönliche Verhältnisse zu erzielen ist.

² Der Reichskanzler ist ermächtigt, über die Ermittelung des Wertes und des Ertrags im Sinne der §§ 15, 22 Ziffer 2 des Gesetzes für einzelne Grundstücksarten Grundsätze aufzustellen.

³ Die Landeszentralbehörde kann im Einverständnisse mit dem Reichskanzler bestimmen, daß, soweit für den in Betracht kommenden Zeitpunkt nach landesrechtlichen Vorschriften der gemeine Wert des Grundstücks ermittelt ist, diese Wertermittelung der Steuerberechnung zu Grunde gelegt wird, sofern nicht der Steuerpflichtige nachweist, daß der Wert ein anderer war.

Vergleich.

§ 23. ¹ Erweisen sich einzelne der für die Steuerberechnung maßgebenden Unterlagen als nicht oder nicht ohne unverhältnismäßige Schwierigkeiten feststellbar, so ist das Zuwachssteueramt berechtigt, an ihrer Stelle eine im Vergleichsweg mit dem Steuerpflichtigen festzusetzende Summe der Berechnung zu Grunde zu legen. Der Vergleich ist von dem Steuerpflichtigen zu unterzeichnen und von dem Vorsteher des Zuwachssteueramts sowie, falls nicht die Landeszentrale ein anderes bestimmt, von zwei Mitgliedern dieses Amtes zu genehmigen. In dem Vergleich ist zu bemerken, daß die Steuerbehörde zurücktreten kann, wenn die Tatsachen, auf denen er beruht, von dem Steuerpflichtigen absichtlich oder fahrlässig zu seinen Gunsten unrichtig angegeben sind.

² Ist das veräußerte Grundstück Teil eines größeren Gesamtgrundstücks, welches demnächst ebenfalls in Teilstücken zur Veräußerung gelangen soll, so sind die Berechnungsgrundlagen durch Verhandlung mit dem Steuerpflichtigen nach Maßgabe des Abs. 1 tunlichst für alle Grundstücke festzulegen. Die Bestimmung des Abs. 1 Satz 3 findet entsprechende Anwendung.

³ Im Wege des Vergleichs getroffene Feststellungen sind in der Zuwachssteuerliste in die Bemerkungsspalte einzutragen; im Fall des Abs. 2 sind sie in das für den unveräußerten Besitz anzulegende Grundstücksblatt aufzunehmen.

Steuerberechnung.

§ 24. Nach Abschluß der Ermittelungen ist eine Berechnung der Steuer für die Akten zu fertigen. Die Berechnung ist nach Anleitung der Muster 8, 9[1]) einzurichten, die im Bedarfsfall entsprechend umzugestalten sind. Weichen die Ermittelungsergebnisse von den Angaben des Steuerpflichtigen so erheblich ab, daß die Voraussetzungen des § 40 Abs. 2 des Gesetzes gegeben erscheinen, so ist dem Steuerpflichtigen nach der Steuerberechnung Gelegenheit zu einer Äußerung über die Gründe zu geben, die ihn zu seinen Angaben veranlaßt haben.

Zuwachssteuerbescheid.

§ 25. [1]Nach Berechnung der Zuwachssteuer ist ein Zuwachssteuerbescheid nach den Mustern 10, 11 zu erteilen und dem Steuerpflichtigen zuzustellen. Die Zustellung hat nach den in dem betreffenden Bundesstaate für Zustellungen in Verwaltungssachen maßgebenden Vorschriften zu erfolgen. Sind mehrere Veräußerer beteiligt, so ist jedem von ihnen der Bescheid zuzustellen. Ist von Veräußerern ein Bevollmächtigter bestellt, so genügt die Zustellung an diesen.

[2]Im Zuwachssteuerbescheid ist die zur Empfangnahme der Zahlung zuständige Kassenstelle zu bezeichnen.

Zweiter Teil.

Erhebung der Steuer.

Buchführung.

§ 26. [1]Über die Erhebung der Zuwachssteuer werden zwei Bücher geführt, ein Zuwachssteuer-Sollbuch nebst einem Anhang über die erstatteten (zurückgezahlten) Zuwachssteuerbeträge, soweit nicht bereits das Sollbuch darüber Auskunft gibt, und ein Zuwachssteuer-Einnahmebuch. Beide Bücher umfassen den Zeitraum des Rechnungsjahrs.

[2]Das Sollbuch ist nach Anleitung des Musters 12[1]) zu führen. Durch das Sollbuch ist zugleich der rechtzeitige Eingang der Steuerbeträge zu überwachen.

[3]Das Sollbuch wird spätestens 6 Monate nach Ablauf des Rechnungsjahrs abgeschlossen. Von einem an der Kassenführung nicht beteiligten Beamten ist in dem Sollbuch zu bescheinigen, daß die in den Zuwachssteuerlisten eingetragenen

[1]) Siehe oben Fußnote zu § 18.

Steuerfälle und die in den Zuwachssteuerakten festgestellten, in Abgang gebrachten, erlassenen, niedergeschlagenen oder erstatteten Steuerbeträge in das Sollbuch oder dessen Anhang richtig und vollständig eingetragen, sowie daß die zur Zeit des Abschlusses rückständig gebliebenen Steuerbeträge in das Sollbuch für das folgende Rechnungsjahr übertragen worden sind.

[4] Das Einnahmebuch ist nach Anleitung des Musters 13 [1]) zu führen. Von der Führung des Einnahmebuchs kann nach Bestimmung der Oberbehörde abgesehen werden, wenn anderweit für eine kassenmäßige Behandlung der Einzahlungen gesorgt ist.

Stundung und Sicherstellung.

§ 27. [1] Stundung oder Teilzahlungen hat das Zuwachssteueramt auf Antrag zu bewilligen, wenn die sofortige Einziehung der Steuer mit erheblichen Härten verbunden sein würde, oder soweit im Falle der Anfechtung eines Steuerbescheids die von dem Anfechtenden vorgebrachten Tatsachen dem Zuwachssteueramt erheblich erscheinen und zu einer Herabsetzung des Steuerbetrags führen würden.

[2] Stundung und Bewilligung von Teilzahlungen ist in der Regel nur gegen Sicherheitsleistung zulässig. In welcher Art für gestundete Zuwachssteuer Sicherheit zu leisten ist, richtet sich nach den für die Steuerstelle geltenden landesrechtlichen Bestimmungen.

[3] Die Gewährung von Teilzahlungen ist an die Bedingung zu knüpfen, daß bei dem Ausbleiben auch nur einer Teilzahlung die sofortige Beitreibung der ganzen noch rückständigen Steuerschuld erfolgen würde. Die Beitreibung hat jedoch erst zu geschehen, wenn eine Mahnung zur Entrichtung der fälligen Teilzahlung erfolglos geblieben ist.

Niederschlagung.

§ 28. [1] Zur Niederschlagung der Zuwachssteuer wegen Uneinbringlichkeit sind die Zuwachssteuerämter befugt, soweit nicht die Landeszentralbehörde andere Bestimmungen trifft. Die Niederschlagung ist in der Zuwachssteuerliste zu vermerken.

[1]) Siehe oben Fußnote zu § 18.

[2] Für den einem Betrage von 2 vom Hundert des Veräußerungspreises gleichkommenden Teil der Zuwachssteuer ist die Niederschlagung nur zulässig, soweit die Steuer auch von dem Erwerber nicht beigetrieben werden kann.

Erlaß und Erstattung der Steuer.

§ 29. [1] Die Entscheidung über Anträge auf Erstattung zu Unrecht gezahlter Zuwachssteuer steht dem Zuwachssteueramte zu und bedarf der Zustimmung der Oberbehörde oder einer anderen von der Landeszentralbehörde im Einververständnisse mit dem Reichskanzler zu bestimmenden Stelle.

[2] Eine Erstattung der Zuwachssteuer kann auch von Amts wegen erfolgen, wenn sich bei Nachprüfung der Akten und Verhandlungen offenbare Unrichtigkeiten ergeben, diese auch nicht auf andere Weise, z. B. durch weitgehende Anrechnung von Aufwendungen, ausgeglichen erscheinen, und es sich bei der Überhebung um einen Betrag von mindestens 20 Mk. handelt.

§ 30. [1] Die Zuwachssteuer ist außer in den Fällen des § 29 auf Antrag zu erlassen oder zu erstatten,

a) Im Falle der Steuerpflicht nach § 5 des Gesetzes
   1. bei Nichtigkeit des Rechtsgeschäfts,
   2. bei Aufhebung des Rechtsgeschäfts durch Parteivereinbarung oder infolge Ausübung eines vorbehaltenen Rücktrittsrechts,
   3. bei Rückgängigmachung infolge Nichterfüllung der Vertragsbedingungen,
   4. bei Preisminderung nach §§ 459, 460 BGB., soweit sie eine Ermäßigung der Steuer zur Folge hat;

b) im Falle der Steuerpflicht nach §§ 1 bis 4 des Gesetzes
   1. bei Nichtigkeit der Auflassung oder des sonstigen den Eigentumsübergang bewirkenden Rechtsvorganges,
   2. bei Rückübertragung des Eigentums infolge Nichterfüllung der Vertragsbedingungen des Veräußerungsgeschäfts,
   3. bei Rückübertragung des Eigentums innerhalb zweier Jahre seit der Veräußerung.

[2] Außerdem kann die Abgabe bei einer Rückübertragung nach mehr als zwei Jahren seit der Veräußerung aus besonderen Billigkeitsgründen erlassen oder erstattet werden.

[3] Die Entscheidung über Anträge gemäß Abs. 1 steht dem Zuwachssteueramte zu und bedarf der Zustimmung der Oberbehörde oder einer anderen von der Landeszentralbehörde im Einverständnisse mit dem Reichskanzler zu bestimmenden Stelle; im Falle des Abs. 2 entscheidet der Bundesrat.

§ 31. [1] Dem Antrag auf Erlaß oder Erstattung der Steuer (§§ 29, 30) ist nur zu entsprechen, wenn er innerhalb eines Jahres vom Zeitpunkt der Zahlung oder Beitreibung der Abgabe ab gestellt worden ist. Wird der Antrag auf Tatsachen gestützt, die erst nach der Zahlung oder Beitreibung eingetreten sind, so beginnt die einjährige Frist mit dem Tage, an dem der Antragsteller von diesen Tatsachen Kenntnis erhalten hat.

[2] Der Erlaß oder die Erstattung ist in die Zuwachssteuerliste und in das Sollbuch oder dessen Anhang sowie in das Grundstücksblatt einzutragen. Der Rechtsvorgang, für den die erlassene oder erstattete Abgabe entrichtet war, kommt bei einem späteren Steuerfall als Erwerbsvorgang nicht in Betracht, wenn die Abgabe in vollem Betrag erlassen oder erstattet ist.

[3] Die näheren Bestimmungen über das Verfahren trifft die Landeszentralbehörde.

Dritter Teil.

Kosten.

§ 32. [1] Das Verfahren in Zuwachssteuerangelegenheiten ist, soweit nicht hinsichtlich der Kosten im § 40 Abs. 2 und § 47 Abs. 2 des Gesetzes ein anderes bestimmt ist, kosten-, gebühren- und stempelfrei. Die Freiheit erstreckt sich auf das gesamte Ermittelungsverfahren einschließlich des Verfahrens wegen Erstattung der Zuwachssteuer.

[2] Zu den Kosten des Verfahrens ist auch die Postgebühr zu rechnen, welcher die Sendungen der Steuerbehörden an die Steuerpflichtigen unterliegen; sie fällt daher den letzteren

nicht zur Last. Dagegen haben die Steuerpflichtigen die Postgebühr für die von ihnen an die Steuerbehörde zu richtenden Sendungen zu tragen.

Vierter Abschnitt.

Feststellungsbescheid.

§ 33. [1] Der Grundstückseigentümer, der gemäß § 47 des Gesetzes von der Steuerbehörde einen Bescheid über die bis dahin feststellbaren Berechnungsgrundlagen zu erhalten wünscht, hat mit dem Antrag eine Feststellungserklärung nach dem Muster 14 zu verbinden. Der Eingang des Antrags ist in eine besondere Liste nach dem Muster 15 [1]) unter fortlaufender Nummer einzutragen.

[2] Bevor das Zuwachssteueramt in eine Prüfung der Angaben des Antragstellers eintritt, ist von diesem ein Kostenvorschuß von 1/2 vom Tausend des vorläufig geschätzten Erwerbspreises, mindestens aber von 20 Mk. zu erheben.

[3] Alsdann sind die Ermittelungen über die Berechnungsgrundlagen in gleicher Weise vorzunehmen wie für die Festsetzung der Steuer selbst. Die Berechnungsweise entspricht dem Muster 10. Nach Abschluß der Ermittelung ist dem Antragsteller ein Feststellungsbescheid zuzustellen, für den das Muster 16 dient. Die Gebühr (§ 47 Abs. 2 des Gesetzes) bildet eine eigene Einnahme der Verwaltungsbehörde.

[4] Das Ergebnis der Ermittelungen ist in der besonderen Liste und in der Bemerkungsspalte des Grundstücksblatts zu vermerken.

[5] Die Bestimmungen des § 25 Abs. 1 Satz 2 bis 4 finden entsprechende Anwendung.

Fünfter Abschnitt.

Beschwerdeverfahren.

§ 34. Über die Beschwerde entscheidet die Oberbehörde, über die weitere Beschwerde die Landeszentralbehörde.

§ 35. [1] Die Beschwerde wird bei dem Zuwachssteueramte, die weitere Beschwerde bei der Oberbehörde eingelegt.

[1]) Nicht abgedruckt. Siehe oben Fußnote zu § 18.

[3] Die Einlegung der Beschwerde hat binnen Monatsfrist seit Zustellung des Zuwachssteuer- oder Feststellungsbescheids, der weiteren Beschwerde binnen Monatsfrist seit der Zustellung des Beschwerdebescheids zu erfolgen; sie kann zu Protokoll erklärt werden.

[4] Ob die Beschwerde oder weitere Beschwerde rechtzeitig eingelegt ist und ob eine verspätete Einlegung gemäß § 45 Abs. 2 des Gesetzes zuzulassen ist, entscheidet die nach §§ 34, 36 in der Sache selbst zuständige Behörde.

§ 36. Erachtet die Stelle, deren Bescheid angefochten wird, die Beschwerde oder weitere Beschwerde für begründet, so kann sie ihr abhelfen; andernfalls ist innerhalb eines Monats die Beschwerde der Oberbehörde, die weitere Beschwerde der Landeszentralbehörde vorzulegen.

§ 37. Die Kosten des Beschwerdeverfahrens fallen dem Beschwerdeführer zur Last, wenn die Beschwerde als unbegründet zurückgewiesen wird. Hat die Beschwerde teilweise Erfolg, so kann dem Beschwerdeführer ein angemessener Teil der Kosten des Beschwerdeverfahrens auferlegt werden. Die Kosten des Beschwerdeverfahrens treffen den Beschwerdeführer auch dann, wenn es zu einer ihm günstigeren Steuerfestsetzung auf Grund von Umständen führt, die der Beschwerdeführer vor Erlaß des Steuerbescheids geltend machen konnte. Zu den Kosten des Beschwerdeverfahrens gehören auch die landesrechtlichen Gebühren.

Sechster Abschnitt.

Aufsichts- und Prüfungsverfahren.

§ 38. [1] Die Prüfung der Oberbehörden hat sich auf alle Fälle des § 13 Abs. 3 und auf die Fälle des § 23 Abs. 1 sowie auf Stichproben aller übrigen Veranlagungen zu erstrecken. Außerdem sind die Buchungen im Zuwachssteuer-Sollbuch nebst Anhang und im Zuwachssteuer-Einnahmebuch nachzuprüfen. Zu diesem Zwecke sind die auf Grund des § 13 Abs. 3 und des § 23 Abs. 1 entstandenen Verhandlungen alsbald nach Abschluß der Veranlagung, die Zuwachssteuerliste, das Zuwachssteuer-Sollbuch nebst Anhang und das Zuwachssteuer-Einnahmebuch im Laufe des dritten

Kalendervierteljahrs nach Ablauf des Rechnungsjahrs den Oberbehörden zu übersenden. Diese prüfen die Geschäftserledigung an der Hand der Zuwachssteuerliste nach und bezeichnen bei der Rücksendung die Fälle, deren Akten sie einzusehen wünschen. Die Oberbehörde gibt Verhandlungen, die wegen ihrer grundsätzlichen Bedeutung oder aus anderen Umständen, insbesondere weil sie Besonderheiten des Geschäftsverfahrens beim einzelnen Zuwachssteueramt erkennen lassen, zur Nachprüfung durch die Landeszentralbehörde geeignet erscheinen, an diese ab.

[3] Abweichungen von den vorstehenden Bestimmungen können von der Landeszentralbehörde angeordnet werden.

Siebenter Abschnitt.

Schlußbestimmungen.

Behandlung der Zuschläge.

§ 39. Die im vorstehenden vorgeschriebene Veranlagung, Erhebung und Buchführung ist auf die nach dem Zuwachssteuergesetze zu erhebende Abgabe unter Ausschluß etwaiger Zuschläge (§ 59 des Gesetzes) zu beschränken.

Aufbewahrungsfristen.

§ 40. Die Kassenbücher sind 10 Jahre, die Zuwachssteuerlisten und die Listen über Feststellungsbescheide 41 Jahre, die Zuwachssteuerakten bis zur völligen Erledigung des nächstfolgenden steuerpflichtigen Rechtsvorganges, der das veräußerte Grundstück betrifft, längstens aber 41 Jahre, die Grundstücksblätter dauernd aufzubewahren.

Verteilung des Ertrags auf mehrere Gemeinden (Gemeindeverbände) und Bundesstaaten.

§ 41. Befindet sich der Gegenstand des steuerpflichtigen Rechtsvorganges im Bezirke mehrerer Gemeinden (Gemeindeverbände), so bestimmt die für sie gemeinsam zuständige Oberbehörde und falls für sie mehrere Oberbehörden zuständig sind, die Landeszentralbehörde die Verteilung des auf die Gemeinden (Gemeindeverbände) entfallenden Betrags. Befindet sich der Gegenstand des steuerpflichtigen Rechtsvorganges in mehreren Bundesstaaten, so steht die Verteilung dem Bundesrate zu.

Ermächtigung des Reichskanzlers.

§ 42. Der Reichskanzler wird ermächtigt, nach Maßgabe der hervortretenden Bedürfnisse die in vorstehenden Bestimmungen vorgesehenen Muster und Anleitungen abzuändern oder zu ergänzen.

Sonderanordnung für die Übergangszeit.

§ 43. Der Landeszentralbehörde bleibt überlassen für die Mitteilung und Anmeldung der in der Zeit vor dem Inkrafttreten des Gesetzes eingetretenen Rechtsvorgänge im Einverständnisse mit dem Reichskanzler besondere Anordnungen zu treffen.

Fortdauer bisheriger Gesetze und Satzungen.

§ 44. Die vorstehenden Bestimmungen finden keine Anwendung, soweit gemäß § 60 Abs. 2, § 61 Abs. 2 des Gesetzes die bisherigen Gesetze oder Satzungen aufrecht erhalten bleiben.

Abrechnung über die Zuwachssteuer und Aufstellung der Einnahmeübersichten.

§ 45. [1] Über den Ertrag der Zuwachssteuer ist von den durch die Landesregierungen bestimmten Kassen mit der Reichshauptkasse monatlich nach Maßgabe der „Bestimmungen zur Regelung der Abrechnungen zwischen der Reichshauptkasse und den Landeskassen vom 23. Juni 1910" [1]) abzurechnen. Entsprechend den Vorschriften in § 4 dieser Abrechnungsbestimmungen sind ferner besondere monatliche und vierteljährliche Übersichten der Einnahme an Zuwachssteuer aufzustellen, aus denen sich das Gesamtaufkommen (die eingezahlten Beträge) an Zuwachssteuer einschließlich der Nacherhebungen und abzüglich der Erstattungen (Zurückzahlungen), die Anteile der Gemeinden (Gemeindeverbände) an dem Ertrage der Zuwachssteuer, der Anteil des Bundesstaats und

[1]) Zentralblatt für das Deutsche Reich 1910 S. 852.

der an die Reichskasse abzuführende Betrag ergeben; die Übersichten sind den in den Abrechnungsbestimmungen bezeichneten Behörden oder Dienststellen innerhalb der ebendaselbst angegebenen Fristen einzureichen. Statt dessen können die Angaben in die allgemeinen „Übersichten der Einnahmen an Zöllen und Reichssteuern" aufgenommen werden. Die Oberbehörden für die Zuwachssteuer (§ 1) gelten im Sinne der Abrechnungsbestimmungen als Direktivbehörden.

[3] Soweit die Landesregierung nicht ein anderes vorschreibt, können die mit der Erhebung der Steuer befaßten Gemeinden ihren Anteil am Ertrage bei der Ablieferung zurübehalten.

[3] Für die nach § 60 Abs. 1, § 61 des Gesetzes entschädigungsberechtigten Gemeinden (Gemeindeverbände) und Bundesstaaten ist bei den Abrechnungen und in den Einnahmeübersichten statt des Anteils von 40 v. H. der eingezahlten Steuer (§ 58 des Gesetzes) der dem Abrechnungszeitraum entsprechende Teil des vom Bundesrate festgesetzten bisherigen Durchschnittsertrags (§ 60 Abs. 3 des Gesetzes) in Anrechnung zu bringen. Der Einzelangabe und Zerlegung der als Anteil der Gemeinden (Gemeindeverbände) und Bundesstaaten und Zuschuß zu diesem Anteil in Aufrechnung gebrachten Beträge bedarf es in den Abrechnungen und den Einnahmeübersichten nicht. Bis zur Bestimmung des Durchschnittsbetrags durch den Bundesrat sind 60 v. H. des Ertrags nachzuweisen.

[4] Die Gemeinden (Gemeindeverbände) und Bundesstaaten, denen auf Grund des § 60 Abs. 2, § 61 Abs. 2 des Gesetzes an Stelle der Vorschriften dieses Gesetzes die bisherige Satzung oder das bisherige Landesgesetz belassen ist, haben die Abrechnung mit der Reichshauptkasse und die Aufstellung von Einnahmeübersichten nur am Schlusse des Rechnungsjahrs vorzunehmen. Die Landeszentralbehörde bestimmt, an welche mit der Reichshauptkasse im Abrechnungsverkehre stehende Landeskasse solche Gemeinden (Gemeindeverbände) am Jahresschlusse den Überschuß an Zuwachssteuer über den vom Bundesrate festgesetzten bisherigen Durchschnittsertrag abzuführen und welcher Oberbehörde sie die aufzustellenden Einnahmeübersichten einzureichen haben.

⁵ Den Einnahmeübersichten für das 1. bis 4. Viertel jedes Rechnungsjahrs sowie den schließlichen Einnahmeübersichten sind nach einem vom Reichskanzler vorzuschreibenden Muster besondere Übersichten über die Zuwachssteuer für die in den §§ 60, 61 des Gesetzes bezeichneten Gemeinden (Gemeindeverbände) und Bundesstaaten beizufügen.

Mitwirkung des Reichskanzlers.

§ 46. Von allen Fällen, in denen eine Steuerpflicht nach § 6 des Gesetzes angenommen wird, von höchstinstanzlichen Entscheidungen der Gerichte, Verwaltungsgerichte und Verwaltungsbehörden, von anderen Entscheidungen grundsätzlicher Art, sowie von sonstigen besonders bedeutsamen Vorgängen auf dem Gebiete des Zuwachssteuerwesens, insbesondere der Einleitung des Hauptverfahrens in den Fällen der Übertragung ausgedehnter Besitzungen und großer Vermögensgesamtheiten (Bergwerke, gewerbliche und industrielle nnd andere Unternehmungen) haben die Zuwachssteuerämter und die sonstigen beteiligten Behörden der Landeszentralbehörde Kenntnis zu geben; diese teilen dem Reichskanzler (Reichsschatzamt) die Berichte mit. Ihm sind die entstandenen Verhandlungen auf Erfordern zugänglich zu machen.

— —

Muster 1.
(Ausführungsbestimmungen
§ 4 Abs. 2.)

Übereignungsanzeige

des

Grundbuchamts

[Seite 2]

a) Des Veräußerers b) Des Erwerbers			Des Grundstücks								
			Grundbuchbezeichnung				Bezeichnung				Angabe, ob bebaut oder unbebaut
Name, Vorname	Stand	Wohnort, Straße, Hausnummer	Stammgrundstück		Neues Grundstück		nach der Flurkarte		Lage	Größe in qm	
			Bd.	Blatt	Bd.	Blatt	Ktbl. (Flur)	Parz. (Nr.)			
1			2		3		4		5	6	7

[Seite 3]

Tag der Eintragung des Eigentumsüberganges in das Grundbuch	Bezeichnung des der Eigentumsübertragung zugrunde liegenden Rechtsvorganges nach Tag und Rechtsgeschäft	Bei dem letzten vorangegangenen Eigentumsübergange betrug der Preis oder Wert *)					Der jetzige Veräußerungspreis oder Wert beträgt				Bemerkungen
		im Jahre	der Liegenschaften und Gebäude		anderer mitverkaufter Gegenstände		für Liegenschaften und Gebäude		für andere mitverkaufte Gegenstände		
			M	Pf	M	Pf	M	Pf	M	Pf	
8	9	10	11		12		18		14		15

Datum, Bezeichnung des Grundbuchamts.

Unterschrift.

*) Die Spalten 10, 11, 12, sind nicht auszufüllen, wenn der Erwerbsvorgang vor dem 1. Januar 1885 liegt.

Muster 2.
(Ausführungsbestimmungen § 6 Abs. 2.)

Veräußerungsanzeige

für

Behörden, Beamte und Notare.

[Seite 2]

Aktenzeichen — Nummer des Notariatsregisters	Tag der Beurkundung des Rechtsgeschäfts	a) Des Veräußerers b) Des Erwerbers		
		Name, Vorname	Stand	Wohnort, Straße, Hausnummer
1	2	3		

[Seite 3]

Des Grundstücks Grundbuchbezeichnung		Angabe ob bebaut oder unbebaut	Art und Tag des zugrundeliegenden Rechtsgeschäfts	Der Verkaufspreis oder Wert beträgt				Bemerkungen
				für Liegenschaften und Gebäude		für andere mitverkaufte Gegenstände		
Band (Flur)	Blatt (Nummer)			M	Pf	M	Pf	
4		5	6	7		8		9

Datum, Bezeichnung der Behörde usw.

Unterschrift.

Muster 3.

(Ausführungsbestimmmungen § 9 Abs. 2.)

Zuwachssteueranmeldung

des

....

betreffend die Übereignung de Grundstück

....

Veräußerung de ..... Berechtigung

....

Übertragung eines Anteils der ....

mit dem Sitze in

[Seite 2]

Name, Stand und Wohnort a) des Veräußerers b) des Erwerbers	Bezeichnung des Grundstücks, der grundstücksgleichen Berechtigung od. e. Anteilsrechts (Lage und Größe des Grundstücks oder der Berechtigung — Bezeichnung der Gesellschaft und des Umfanges des Gesellschaftsanteils)	Bezeichnung d. Rechtsvorganges, auf d. der Erwerb d. Veräußerers beruht a) Art, b) Zeitpunkt d. Vornahme, c) Rechtsgrund	Bezeichnung d. Rechtsvorganges, auf d. die jetzige Veräußerung beruht a) Art, b) Zeitpunkt d. Vornahme, c) Rechtsgrund	Preis oder Wert a) zur Zeit des Erwerbes durch den jetzigen Veräußerer, b) zur Zeit der jetzigen Veräußerung M	Pf	Angabe, ob Steuerfreiheit in Anspruch genommen wird, und weshalb?
1	2	3	4	5		6

Die Richtigkeit und Vollständigkeit dieser Anmeldung versichere ich.

, den

....

(Unterschrift)

Muster 4.
(Ausführungsbestimmungen § 11 Abs. 1.)

Grundstücksblatt.

Lfde. Nr.	Bezeichnung des Grundstücks				Lage des Grundstücks		Größe in qm	Angabe ob bebaut oder unbebaut
	nach dem Grundbuch		nach der Flurkarte*)					
	Band	Blatt	Kartenblatt (Flur)	Parzelle (Nr.)	Gemeinde, Straße	Nr.		
1	2		3		4		5	6

*) Die Bezeichnung nach der Flurkarte ist nur erforderlich bei Teilveräußerungen.

Des ersten Veräußerers und der folgenden Erwerber			Anteil an dem Grundstück	Veräußerungspreis oder Wert		Der Eigentumsübergang oder das Rechtsgeschäft ist				Von der veranlagten Steuer sind erlassen, niedergeschlagen oder erstattet (zurückgezahlt)		Der Zuwachssteuerliste oder der Akten		Bemerkungen, insbes. Tag des Einganges der Anzeige, der Feststellungen nach § 23 Abs. 2, § 33 Abs. 4 d. Ausf.-Best.
Name und Vorname	Stand	Wohnort, Straße, Hausnummer		M	Pf	steuerfrei auf Grund des §	frei veranlagt	steuerpflichtig in Höhe von M	Pf	M	Pf	Jhrgang	Nr	
7			8	9		10				11		12		13

Muster 5.

Zuwachssteueramt

(Ausführungsbestimmungen § 12 Abs. 1.)

Zuwachssteuerliste

für das

Rechnungsjahr 19

[Seite 2]

Laufende Nummer	Des Veräußerers	Des Erwerbers	Bezeichnung des veräußerten Grundstücks nach						Tag des Eintritts der Steuerpflicht	Des steuerpflichtigen Rechtsvorganges a) Bezeichnung b) Zeitpunkt	Im Vorverfahren		Tag	
	Name (auch Vorname) Stand, Wohnort (auch Straße und Hausnummer)		der Grundbuchbezeichnung Band Blatt	dem Kartenblatt (Flur)	der Parzelle (Nr.)	der Lage	der Größe qm	ob bebaut oder unbebaut			steuerfrei erklärt auf Grund des § .. des Gesetzes	frei veranlagt	der Aufforderung zur Abgabe der Zuwachssteuererklärung	des Einganges der Zuwachssteuererklärung
1	2	3	4	5	6	7	8	9	10	11	12	13	14	15

[Seite 3]

Das Veranlagungsverfahren ist eingestellt am	Der Steuerbescheid			Die Zuwachssteuer					Von der gezahlten Zuwachssteuer (Spalte 24) sind erstattet	Die Erstattung ist nachgewiesen in dem Anhang zum Sollbuch		Bemerkungen
	ist zugestellt am	ist angefochten am	ist rechtskräftig geworden am	ist festgesetzt auf M | Pf	ist in das Zuwachssteuer-Sollbuch übertragen unter Nr.	ist anderweit festgesetzt auf M | Pf	ist erlassen oder niedergeschlagen mit M | Pf	ist gezahlt mit M | Pf	M | Pf	für das Jahr	unter Nr.	
16	17	18	19	20	21	22	23	24	25	26		27

Muster 7.
(Ausführungsbestimmungen
§ 18 Abs. 2.)

Zuwachssteuererklärung,

betreffend

den Übergang von Rechten an dem Vermögen

de mit dem Sitze in

1. Name, Stand und Wohnort
   a) des Veräußerers:
   b) des Erwerbers:
2. Gegenstand des Überganges:
3. Zeitpunkt des Erwerbes des Gesellschaftsanteils, des Eintritts in die Gesellschaft usw.:
4. Kursstand oder Wert des Gesellschaftsanteils bei seinem Erwerbe, beim Eintritt in die Gesellschaft usw.:
5. Wert des Gesamtvermögens und der Grundstücke, welche die Vereinigung zur Zeit des Erwerbes des Gesellschaftsanteils, des Eintritts in die Gesellschaft usw. besaß:
6. Tag der Veräußerung des Gesellschaftsanteils, des Austritts aus der Gesellschaft usw.:
7. Kursstand oder Wert des Gesellschaftsanteils am Tage der Veräußerung des Gesellschaftsanteils, des Austritts aus der Gesellschaft usw.:

8. Wert des Gesamtvermögens und der Grundstücke, welche die Vereinigung zur Zeit der Veräußerung des Geschäftsanteils oder des Austritts aus der Gesellschaft usw. besaß:
9. Hat der Veräußerer die Erwerbs- oder Veräußerungskosten getragen und welche?
10. Hat zwischen dem Tage des Erwerbes des Gesellschaftsanteils oder des Eintritts in die Gesellschaft und dem Tage der Veräußerung des Gesellschaftsanteils oder des Austritts aus der Gesellschaft eine Verringerung oder Erhöhung des Nennbetrags des Gesellschaftsanteils stattgefunden und bejahendenfalls in welchem Betrage?

Ich versichere hiermit, die vorstehenden Angaben nach bestem Wissen und Gewissen gemacht zu haben.

Ort:

Datum:

Name:

Nach § 50 des Gesetzes werden die Nichteinreichung der Zuwachssteuererklärung oder wissentlich unrichtige Angaben, welche geeignet sind, zu einer Verkürzung der Steuer zu führen, mit einer Geldstrafe bis zum vierfachen Betrage der Zuwachssteuer bestraft.

Muster 10.

(Ausführungsbestimmungen
§ 25 Abs. 1.)

Zuwachssteuerbescheid.

(Sollbuch Nr.).

Für den Übergang des Eigentums d Grundstück
Gemeinde Gemarkung
Flur / Kartenblatt Nr. wird die Zuwachssteuer
auf den innen berechneten Betrag von M Pf
hiermit festgesetzt.

Der Betrag ist binnen Wochen nach Zustellung
dieses Bescheids an zu zahlen.

Gegen diesen Bescheid ist
binnen , beginnend mit dem Tage
der zulässig. D
ist anzubringen.

Durch die Einlegung de
wird die Zahlung der Steuer nicht aufgehalten.

, den ten 19

Zuwachssteueramt.

Berechnung der Zuwachssteuer.

1. Erwerbspreis (oder Meistgebot usw.) am M Pf
2. Wert des Grundstücks am . . . „ „
3. Davon geht ab Preis — Wert — der nicht steuerpflichtigen Gegenstände u. Lasten gemäß §§ 10, 13 „ „

bleibt Erwerbspreis . . . M Pf

4. Hinzuzurechnen sind
   a) Erwerbskosten § 14 Ziff. 1 . . M Pf
   b) ausgefallene Hypotheken § 14 Ziff. 2 „ „
   c) Aufwendungen für Bauten u. Verbesserungen § 14 Ziff. 3 abgesehen von denen zu e) . . . . . . „ „

      Dabei abgezogen für Wertminderung . M Pf
      Hinzugerechnet
      15 % von „ „
      5 % von „ „
   d) Aufwendungen für Straßenbauten usw. einschl. Zinsen nach § 14 Ziff. 4 — § 16 — . . . . . „ „
   e) Verbesserungen von Moor und Ödland, § 15 . . . . „ „
   f) Zurechnungen gemäß § 16
      2 1/2 % von M Pf für Jahre „ „
      2 % von M Pf (unbebaute Grundstücke) für Jahre — ermäßigt auf die Hälfte — . . . „ „
      1 1/2 % von M Pf (bebaute Grundstücke) für Jahre . . „ „ „ „

5. . . . Summe des Erwerbspreises . . . . M Pf
6. Veräußerungspreis . . . . . M Pf
7. Davon gehen ab
   a) Preis der steuerpflichtigen Gegenstände und Lasten (§§ 10, 13) . . M Pf
   b) nachgewiesene Veräußerungskosten, § 22 Ziff. 1 „ „

c) Minderung nach § 22 Ziff. 2 und zwar 3 % von M Pf für Jahre, abzüglich der nachgewiesenen Einnahmen von M Pf

8. .... Bleibt Veräußerungspreis . . M Pf
9. Hinzuzurechnen sind
   a) Entschädigungen gem. § 23 . . " "
   b) die von dem Erwerber übernommene Zuwachssteuer gemäß untenstehender Berechnung *) § 24 . " "
10. ... Summe des Veräußerungspreises . . . M Pf
11. Hiernach beträgt die Wertsteigerung . " " oder % des Erwerbspreises, wie er sich unter Berücksichtigung der Zu- und Abrechnungen berechnet.
12. Die Steuer beträgt daher nach § 28 Abs. 1 % der Wertsteigerung (Ziff. 11) oder . . . . M Pf
13. Sie ermäßigt sich nach § 28 Abs. 2 für Jahre um 1 % = . M Pf für Jahre um weitere ½ % = ... " " " "
14. Die Steuer beträgt hiernach . . . M Pf

Die dem Steuerbescheide zugrunde liegende Berechnung weicht von den Angaben der Zuwachssteuererklärung in folgenden Punkten ab:

---

*) **Berechnung.**

1. Veräußerungspreis (Ziff. 8 · 9a) . . . . M Pf
2. Erwerbspreis (Ziff. 6) . . . . " "

Wertsteigerung . . . M Pf

oder % des Erwerbspreises.

Die Steuer beträgt nach § 28 Abs. 1 % oder . . . " "

Sie ermäßigt sich nach § 28 Abs. 2
für volle Jahre um 1% . . . . . . M Pf
für volle Jahre um weitere ½% = ... " " " "

Steuerbetrag gemäß § 24 des Gesetzes . . . M P

Muster 11.
(Ausführungsbestimmungen
§ 25 Abs. 1)

Zuwachssteuerbescheid.

(Sollbuch Nr. .)

Für die Übertragung von Rechten am Vermögen der

mit dem Sitze in seitens des
an den am
wird die Zuwachssteuer auf den innen berechneten Betrag von M Pf hiermit festgesetzt.

Der Betrag ist binnen Wochen nach Zustellung dieses Bescheids an
zu zahlen.

Gegen diesen Bescheid ist binnen
beginnend mit dem Tage der
zulässig. D ist
anzubringen.

Durch die Einlegung de
wird die Zahlung der Steuer nicht aufgehalten.

, den ten 19

Zuwachssteueramt.

Berechnung der Zuwachssteuer.

A. Berechnung des Erwerbspreises:

1. Kursstand oder Wert des Gesellschaftsanteils bei seinem Erwerbe durch den jetzigen Veräußerer . . . . M Pf
2. Erwerbskosten . . . . „ „
3. . . . . Zusammen . . M Pf
4. Zur Zeit des Erwerbes durch den jetzigen Veräußerer betrug
   a) der Wert des Gesamtvermögens der Gesellschaft . . . . M Pf
   b) der Wert der Grundstücke und grundstücksgleichen Berechtigungen . . . . . „ „

Danach ergibt sich für den auf Grundstücke und grundstücksgleiche Berechtigungen entfallenden Teil des Gesellschaftsanteils (x) folgende Verhältnisrechnung:

$$\frac{\text{Wert d. Gesamtvermögens}}{\text{Wert der Grundstücke}} = \frac{\text{Erwerbspreis (Ziff. 3)}}{x} =$$ M Pf

B. Berechnung des Veräußerungspreises:

1. Kursstand oder Wert des Gesellschaftsanteils zur Zeit der jetzigen Veräußerung . . . . M Pf
2. Veräußerungskosten . . . . „ „
3. . . . . Bleibt . . M Pf
4. Zur Zeit der Veräußerung betrug
   a) der Wert des Gesamtvermögens der Gesellschaft . . . . M Pf
   b) der Wert der Grundstücke und grundstücksgleichen Berechtigungen . . . . . „ „

Danach ergibt sich für den auf Grundstücke entfallenden Teil des Gesellschaftsanteils (y) folgende Verhältnisrechnung:

$$\frac{\text{Wert d. Gesamtvermögens}}{\text{Wert der Grundstücke}} = \frac{\text{Veräußerungspr. (Z. 3)}}{y} =$$ M Pf

C. Zwischen dem Tage des Erwerbes und der Veräußerung liegt $\frac{\text{keine}}{\text{eine}}$ $\frac{\text{Änderung}}{\text{Erhöhung}}$ / Ermäßigung des Nennwerts des Geschäftsanteils um vom Hundert, so daß für die Gegenüberstellung von Erwerbs- und Veräußerungspreis der Veräußerungspreis um .....M Pf $\frac{\text{zu erhöhen}}{\text{zu ermäßigen}}$ ist.

D. Hiernach beträgt die Wertsteigerung M Pf
oder % des Erwerbspreises.
Die Steuer beträgt daher nach § 28 Abs. 1
% der Wertsteigerung oder . . . . M Pf
Sie ermäßigt sich nach § 28 Abs. 2
für Jahre um 1 % = . . . M Pf
für Jahre um weitere 1/2 % „ „ „ „
Die Steuer beträgt hiernach M Pf

Die dem Steuerbescheide zugrunde liegende Berechnung weicht von den Angaben der Zuwachssteuererklärung in folgenden Punkten ab:

Muster 14.
(Ausführungsbestimmungen
§ 33 Abs. 1.)

Erklärung

zum

Zweck eines Feststellungsbescheids nach § 47 des Zuwachssteuergesetzes.

Bezeichnung des Grundstücks.

Gemeinde	Grundbuch von ..... Band Blatt	Kartenblatt (Flur)	Parzelle (Nr.)	Größe			Lage und Beschaffenheit (Straße, Gebäudeart, Kulturart)
				ha	a	qm	

Eigentümer: ....

(Name, Stand und Wohnort.)

A. Erwerbspreis.[1])

1. Wann haben Sie oder Ihre Eltern (Voreltern, Erblasser) das Grundstück erworben?

2. [2]) Welcher Preis wurde hierbei vereinbart?
   Die diesen Preis nachweisenden Urkunden sind tunlichst beizufügen. Etwa in dem Preise enthaltene oder außerdem verabredete Nebenleistungen sind nach Art und Wert anzugeben.

3. Umfaßt der zu 2 angegebene Erwerbspreis Erzeugnisse des Grundstücks, Maschinen (§ 10), Mobiliar, Inventar usw. (§ 13) und wieviel wurde auf jede Art dieser Gegenstände gerechnet?

4. a) Haben Sie oder Ihre Eltern (Voreltern, Erblasser) die Erwerbskosten ganz oder teilweise getragen?
   b) Wie hoch waren diese einschließlich der ortsüblichen Vermittelungsgebühr?
   Die Frage zu b ist nur zu beantworten — unter Vorlage der Belege —, wenn die Erwerbskosten mehr als 4 % des zu 2 angegebenen Preises unter Abzug des Betrags zu 3 betragen haben.

5. Wie hoch war der gemeine Wert des Grundstücks
   a) zur Zeit des Erwerbes, falls hierbei ein Preis nicht vereinbart oder nicht mehr zu ermitteln ist,

---

[1]) Wird der Zwischenbescheid für ein Teilgrundstück beantragt, so sind die Fragen zu 2 und 4 für das Gesamtgrundstück zu beantworten unter Angabe der Größe dieses Grundstücks. Gleichzeitig ist, wenn Frage 5 nicht beantwortet wird, hierneben anzugeben, wie hoch Sie den Erwerbswert des jetzt veräußerten Grundstücks im Verhältnis zum Erwerbspreise des Gesamtgrundstücks schätzen.

[2]) Die Frage ist nicht zu beantworten, wenn Sie oder Ihre Eltern (Voreltern, Erblasser) das Grundstück vor dem 1. Januar 1885 erworben hatten, sofern Sie nicht die Zinsvergünstigung unter B Anmerkung a in Anspruch nehmen.

b) am 1. Januar 1885, falls der Erwerbsvorgang vor diesem Zeitpunkt liegt?

Die Grundlagen der Wertangabe (Kaufpreise anderer Grundstücke, die sich zur Vergleichung eignen, Ertragswerte, amtliche Wertermittelungen) sind möglichst beizufügen.

B. Bisher gemachte Aufwendungen.[1])

1.[2]) Befinden sich auf dem Grundstück Bauten, Neubauten oder sonstige dauernde besondere Verbesserungen, die der Eigentümer oder dessen Eltern (Voreltern, Erblasser) während ihrer Besitzzeit vorgenommen haben (§ 14 Ziffer 3)?

2. Welche Aufwendungen haben der Eigentümer oder dessen Eltern (Voreltern, Erblasser) für diese Bauten und Verbesserungen gemacht?

Für jeden Bau und jede sonstige Verbesserung ist der Betrag der Aufwendung und der Zeitpunkt, in welchem sie gemacht ist, anzugeben (bei Bauten und Umbauten der Zeitpunkt der behördlichen Gebrauchsabnahme und, soweit eine solche nicht besteht, der Zeitpunkt der gebrauchsfertigen Herstellung). Die Belege sind tunlichst beizufügen.

Hierunter sind nicht anzuführen

a) zur Wiederherstellung von Baulichkeiten verwandte Beträge aus Versicherungen, falls die wiederhergestellten Baulich-

[1]) Aufwendungen, die vor dem 1. Januar 1885 liegen, sind auch dann nicht anzugeben, wenn der Erwerb vor dem 1. Januar 1885 stattgefunden hat.

[2]) Bei Bergwerkseigentum sind hier insbesondere die bergmännischen Versuchs- und Ausrichtungsarbeiten aufzuführen.

keiten bereits bei dem Erwerbe seitens des Eigentümers oder seiner Eltern (Voreltern, Erblasser) bestanden,

b) Aufwendungen, die der laufenden Unterhaltung von Baulichkeiten oder der laufenden Bewirtschaftung von Grundstücken dienen,

c) Aufwendungen, die auf Erzeugnisse des Grundstücks, Maschinen, Mobiliar, Inventar und dergleichen gemacht sind.

3.[1]) Hat sich der Wert der Bauten, Umbauten und sonstigen Verbesserungen (§ 14 Ziffer 3) während der Besitzzeit bis zur Abgabe dieser Erklärung gemindert und um welchen Betrag?

4. Welche Aufwendungen, Leistungen und Beiträge haben der bisherige Eigentümer oder seine Eltern (Voreltern, Erblasser) während ihrer Besitzzeit für Straßenbauten, andere Verkehrsanlagen einschließlich der Kanalisierung, sowie ohne entsprechende Gegenleistung und Verzinsung für sonstige öffentliche Einrichtungen gemacht (§ 14 Ziffer 4)?

Für jede Aufwendung ist ihr Betrag und der Zeitpunkt, in dem sie gemacht ist, tunlichst durch Belege nachzuweisen.

Anmerkung.

a) Soweit der aus dem Grundstück erzielte Jahresertrag hinter 3% des Erwerbspreises zuzüglich der nach § 14 Ziffer 1 bis 3 zulässigen Anrechnungen zurückbleibt, ist der Eigentümer berechtigt, die Feststellung eines Fehlbetrags für längstens 15 zusammenhängende, nach dem

---

[1]) Diese Frage ist für bergmännische Versuchs- und Ausrichtungsarbeiten nicht zu beantworten.

1. Januar 1885 liegende Jahre hierneben zu beantragen. Die Höhe des Fehlbetrags ist für jedes einzelne Jahr durch Belege nachzuweisen (§ 22 Ziffer 2).

b) Soweit es sich um die Verbesserung von Flächen handelt, die aus Moorland, Sumpfland, Öd- oder Heideland bestehen, kann der Steuerpflichtige an Stelle der im § 14 Ziffer 3 bezeichneten Aufwendungen die Feststellung der Erhöhung des Ertragswerts hierneben beantragen (§ 15).

Ich versichere hiermit, die vorstehenden Angaben nach bestem Wissen und Gewissen gemacht zu haben.

Ort: ....

Datum:

Name:

Nach § 50 des Gesetzes werden die Nichteinreichung der Zuwachssteuererklärung oder wissentlich unrichtige Angaben, welche geeignet sind, zu einer Verkürzung der Steuer zu führen, mit einer Geldstrafe bis zum vierfachen Betrage der Zuwachssteuer bestraft.

Muster 16.

Nr. ....
der Liste über Feststellungsbescheide.

(Ausführungsbestimmungen § 33 Abs. 3.)

Feststellungsbescheid

über die Berechnungsgrundlagen der Zuwachssteuer

für d Grundstück (Gemeinde)

(Gemarkung) .... ($\frac{\text{Kartenblatt}}{\text{Flur}}$)

Nr. verzeichnet im Grundbuch von

Band Blatt .

Auf Antrag des Eigentümers des vorbezeichneten Grundstücks von ha a qm Fläche wird

am *)

auf den nachstehend berechneten Betrag

von M Pf

festgesetzt.

Diese Festsetzung ist für die spätere Veranlagung zur Zuwachssteuer maßgebend.

Gegen diesen Bescheid ist binnen

beginnend mit dem Tage der

zulässig. D ist

anzubringen. Die Kosten dieses Rechtsmittelverfahrens fallen dem Antragsteller auch dann zur Last, wenn er eine Abänderung des Bescheids erreicht.

Für diesen Bescheid ist nach § 47 Abs. 2 des Zuwachssteuergesetzes eine Gebühr (1/2 vom Tausend des Erwerbspreises, mindestens 20 M) von M Pf zu entrichten. — Nach Abzug des gezahlten Kostenvorschusses von M sind M Pf binnen 14 Tagen nach Zustellung dieses Bescheids an ..... zu zahlen. — Den diese Gebühr übersteigenden Betrag des Kostenvorschusses von ..... M mit M Pf wollen Sie binnen 14 Tagen unter Vorlegung dieses Bescheids bei ..... abheben.

Durch die Einlegung eines Rechtsmittels wird die Zahlung der Gebühr nicht aufgehalten.

, den ten 19.......

Zuwachssteueramt.

*) Tag des Einganges der Erklärung.

[Seite 2]

Berechnung der festgestellten Summe:

Die Berechnung weicht von den Angaben der Erklärung in folgenden Punkten ab:

Mustererklärungen A und B,

nach Muster 6 (Zuwachssteuererklärung), die gemäß § 18 Abs. 1 der Zuwachssteuer-Ausführungsbestimmungen des Bundesrats der Aufforderung zur Einreichung der Zuwachssteuererklärung beizufügen sind, bekannt gegeben durch Bekanntmachung des Reichskanzlers vom 12. Mai 1911 (Zentralblatt für das Deutsche Reich 1911 S. 199).

Muster A zu einer Zuwachssteuererklärung

(für Grundstücke, die am 1. Januar 1885 oder später erworben sind).

Bezeichnung des Grundstücks.

Gemeinde	Grundbuch Bd. Blatt	Kartenblatt (Flur)	Parzelle (Nr.)	Größe ha a qm	Lage und Beschaffenheit (Straße, Gebäudeart, Kulturart)
Schönau	*Schönau Bd. 20 Blatt 50*	*4*	*450/60 1070*	*25 10 40*	*Gut Oberhof 20 a ein zweistökkiges Wohnhaus, ein Wirtschaftsgebäude, Hofraum und Hausgarten, 3 ha 50 a Wald, 10 ha Ackerland, 8 ha Wiesen, 2 ha Weiden, 75 a Baumgarten, 65 a 40 qm Feldwege, Weiher, u. Bach.*

Bisheriger Eigentümer (Veräußerer) *Albrecht Otto*
(Name, Stand und Wohnort) *Landwirt in Oberhof, Gemeinde Schönau.*

Neuer Eigentümer (Erwerber) *Hermann Schulze*
(Name, Stand und Wohnort) *Landwirt in Burgsdorf.*

Art und Tag des Eigentumsüberganges (Auflassung, Zwangsversteigerung, Enteignung usw.)

Auflassung am 15. April 1911.

Art und Tag des dem Eigentumsübergange zugrunde liegenden Rechtsgeschäfts (Kauf, Tausch usw.) einschließlich etwaiger Zwischenverträge

Notarieller Kaufvertrag vom 3. April 1911.
Zwischenverträge sind nicht geschlossen worden.

Vorstehende Angaben sind nach den dem Zuwachssteueramte vorliegenden Mitteilungen eingetragen. Der bisherige Eigentümer hat jedoch die Angaben zu prüfen und zu ergänzen.

A. Erwerbspreis.*)

1. Wann haben Sie oder Ihre Eltern (Voreltern, Erblasser) das Grundstück erworben?	*1. Am 1. Oktober 1890 von mir erworben.*

*) Bei der Veräußerung eines Teilgrundstücks sind die Fragen zu 2 und 4 für das Gesamtgrundstück zu beantworten unter Angabe der Größe dieses Grundstücks. Gleichzeitig ist, wenn Frage 5 nicht beantwortet wird, hierneben anzugeben, wie hoch Sie den Erwerbswert des jetzt veräußerten Grundstücks im Verhältnis zum Erwerbspreis des Gesamtgrundstücks schätzen.

2.*) **Welcher Preis wurde hierbei vereinbart?**

Die diesen Preis nachweisenden Urkunden sind tunlichst beizufügen. Etwa in dem Preise enthaltene oder außerdem verabredete Nebenleistungen sind nach Art und Wert anzugeben.

2. *75000 M; der Veräusserer hatte sich ausserdem ein Wohnungsrecht im Jahreswerte von 200 M auf 5 Jahre ausbedungen. Beglaubigte Abschrift des Kaufvertrags liegt bei. Von der ursprünglichen Grundfläche sind im Januar 1911 im Wege der Zwangsenteignung 56 a 10 qm abgetreten worden. Der auf die enteignete Fläche entfallende Teil des Kaufpreises beträgt (entsprechend dem Verhältnis ihres Wertes zu dem des Gesamtgrundstücks zur Zeit des Erwerbs) 1683 M.*

3. **Umfaßt der zu 2 angegebene Erwerbspreis Erzeugnisse des Grundstücks, Maschinen (§ 10), Mobiliar, Inventar usw. (§ 13) und wieviel wurde auf jede Art dieser Gegenstände gerechnet?**

3. *Ja. Ein besonderer Preis ist nicht vereinbart worden. Ich schätze den damaligen Wert dieser Gegenstände auf 10000 M, und zwar den Wert des übernommenen Viehbestandes auf 2500 M, der landwirtschaftlichen Geräte einschliesslich einer Häckselschneidemaschine auf 1500 M, der Vorräte auf 1000 „, des Holzbestandes des Waldes (unter Zugrundelegung der Holzpreise des Jahres 1890) auf 4000 M, der sonstigen Erzeugnisse (Obstbäume) auf 1000 M.*

---

*) Die Frage ist nicht zu beantworten, wenn Sie oder Ihre Eltern (Voreltern, Erblasser) das Grundstück vor dem 1. Januar 1885 erworben hatten, sofern Sie nicht die Zinsvergünstigung unter C Anmerkung a in Anspruch nehmen.

4. a) Haben Sie oder Ihre Eltern (Voreltern, Erblasser) die Erwerbskosten ganz oder teilweise getragen?

4. a) *Ja.*

b) Wie hoch waren diese einschließlich der ortsüblichen Vermittelungsgebühr?

Die Frage zu b ist nur zu beantworten — unter Vorlage der Belege —, wenn die Erwerbskosten mehr als 4 Prozent des zu 2 angegebenen Preises unter Abzug des Betrags zu 3 betragen haben.

b) Ich hatte laut beiliegenden Quittungen zu zahlen
1. an Kosten des Kaufvertrags, Schreib- und Gerichtsgebühren 1000 M,
2. an Staats- und Gemeinde-Umsatzsteuer und Stempel 2000 M,
3. an den Agenten Braun in Schönau eine Vermittelungsgebühr von 1 v. H. des Kaufpreises = 750 M; die ortsübliche Vermittelungsgebühr beträgt ½ v. H. des Kaufpreises; anzurechnen sind daher 375 M.

5. Wie hoch war der gemeine Wert des Grundstücks

a) zur Zeit des Erwerbes, falls hierfür ein Preis nicht vereinbart oder nicht mehr zu ermitteln ist,

b) am 1. Januar 1885, falls der Erwerbsvorgang vor diesem Zeitpunkt liegt?

Die Grundlagen der Wertangabe (Kaufpreise anderer Grundstücke, die sich zur Vergleichung eignen, Ertragswerte, amtliche Wertermittelungen) sind möglichst beizufügen.

5. a) b) *Kommt nicht in Frage, da der Erwerb nicht vor dem 1. Januar 1885 gelegen und ein Erwerbspreis vereinbart und nachweisbar ist.*

B. Veräußerungspreis.

1. Wie hoch ist der gegenwärtige Veräußerungspreis? Etwa in dem Preise enthaltene oder außerdem verabredete Nebenleistungen sind nach Art und Wert anzugeben.	*1. 150000 M (75000 M bar, 75000 M Hypothekenübernahme).*
2. Umfaßt der zu 1 angegebene Veräußerungspreis auch Erzeugnisse, Maschinen (§ 10), Mobiliar, Inventar usw. (§ 13) und wieviel ist auf jede Art dieser Gegenstände gerechnet?	*2. Ja, zusammen 18000 M, und zwar: für den Viehbestand (2 Pferde, 15 Kühe, 2 Rinder, 5 Schweine) 7500 M, für landwirtschaftliche Geräte einschliesslich einer Häckselschneidemaschine 2000 M, für Futter- und andere Vorräte 1000 M, für den Waldbestand 5000 M, für andere Erzeugnisse (Obstbäume) 2500 M.*
3. Haben Sie die Kosten der Veräußerung und Uebertragung übernommen und bezahlt (§ 22 Ziffer 1) und in welchem Betrage? Die Höhe der einzelnen Posten ist tunlichst durch Belege nachzuweisen.	*3. Ich habe dem Agenten Nord in Ostheim eine Vermittlungsgebühr von ½ vom Hundert des Veräusserungspreises zugesagt und laut beiliegender Quittung auch gezahlt (750 M); diese Gebühr ist ortsüblich. Die sonstigen Kosten hatte der Käufer zu tragen.*
4. Haben Sie oder Ihre Eltern (Voreltern, Erblasser) für eine (nach dem 1. Januar 1911 entstandene) Wertminderung Ihres	*4. Im Januar 1911 musste ich im Zwangsenteignungsverfahren zum Bau der Kreisstrasse von Schönau nach Postdorf 56 a 10 qm*

Grundstücks eine Entschädigung erhalten (§ 23)? Welcher Betrag dieser Entschädigung ist nicht zur Beseitigung des Schadens verwendet worden?

Ackerland an den Kreis abtreten. Ich erhielt eine Entschädigung v. 5000 M, und zwar 3000 M für die enteignete Fläche, 2000 M als Ersatz für die Wertminderung des zurückgebliebenen Teiles, insbesondere für die durch den Strassenbau nötig gewordene Verlegung eines Feldwegs. Die Verlegung des Feldwegs ist inzwischen mit einem Kostenaufwand von 500 M ausgeführt worden. Nicht zur Beseitigung des Schadens verwendet sind also 1 500 M.

5. Wer hat die Zahlung der Wertzuwachssteuer übernommen?

5. Ich.

C. Aufwendungen des bisherigen Eigentümers.*)

1.**) Befinden sich auf dem Grundstück zur Zeit der Veräußerung Bauten, Neubauten oder sonstige

1. a) Im Jahre 1893 habe ich das Wirtschaftsgebäude durch Anbau eines Stalles vergrössert

b) Im Jahre 1900 habe ich für rund 4 ha Wiesen eine Bewässerungsanlage ausgeführt

c) Im Jahre 1902 ist eine 2 Morgen grosse Fläche ertraglosen Oedlandes in Ackerboden umgewandelt worden.

d) Im Jahre 1909 ist das von mir miterworbene Wohnhaus durch Brand

*) Aufwendungen, die vor dem 1. Januar 1885 liegen, sind auch dann nicht anzugeben, wenn der Erwerb vor dem 1. Januar 1885 stattgefunden hat.

Bei der Veräußerung eines Teilgrundstücks sind nur die Aufwendungen anzugeben, welche auf das Teilgrundstück entfallen.

**) Beim Uebergange des Bergwerkseigentums sind hier insbesondere die bergmännischen Versuchs- und Ausrichtungsarbeiten aufzuführen.

dauernde besondere Verbesserungen, die der bisherige Eigentümer oder dessen Eltern (Voreltern, Erblasser) während ihrer Besitzzeit vorgenommen haben (§ 14 Ziffer 3)?

2. Welche Aufwendungen haben der bisherige Eigentümer oder dessen Eltern (Voreltern, Erblasser) für diese Bauten und Verbesserungen gemacht?

Für jeden Bau und jede sonstige Verbesserung ist der Betrag der Aufwendung und der Zeitpunkt, in welchem sie gemacht ist, anzugeben (bei Bauten und Umbauten der Zeitpunkt der behördlichen Gebrauchsabnahme und, soweit eine solche nicht besteht, der Zeitpunkt der gebrauchsfertigen Herstellung). Die Belege sind tunlichst beizufügen.

Hierunter sind nicht anzuführen:

a) zur Wiederherstellung von Baulichkeiten verwandte Beträge aus Versicherungen, falls die wiederhergestellten Baulichkeiten bereits bei dem Erwerbe seitens des bisherigen Eigentümers oder seiner Eltern (Voreltern, Erblasser) bestanden,

b) Aufwendungen, die der

teilweise zerstört und im gleichen Jahre wiederhergestellt worden.

2. *a) Die Aufwendungen für den Anbau des Stalles im Jahre 1893 beliefen sich nach Abzug der Auslagen für Zubehör von 100 M auf 4200 M.*

b) Die Bewässerungsanlage kostete 1500 M.

c) Die Kosten der Verbesserung des früheren Oedlandes betrugen 850 M.

d) Die Kosten für die Wiederherstellung des im Jahre 1909 durch Brand beschädigten Gebäudes betrugen nach Abzug der erhaltenen Brandentschädigung von 4000 M noch 1250 M.

Die Abrechnung mit den Bauunternehmern sowie die Quittungen über die weiteren Zahlungen sind beigefügt.

Der Wert des aus meinem Walde zum Anbau des Stalles entnommenen Holzes beträgt 500 M.

laufenden Unterhaltung von Baulichkeiten oder der laufenden Bewirtschaftung von Grundstücken dienen,

c) Aufwendungen, die auf Erzeugnisse des Grundstücks, Maschinen, Mobiliar, Inventar u. dgl. gemacht sind.

3.*) Hat sich der Wert der Bauten, Umbauten und sonstigen Verbesserungen (§ 14 Ziffer 3) innerhalb der Besitzzeit im Werte gemindert, bejahendenfalls um wieviel?

3. *Der Anbau des Stalles vom Jahre 1893 dürfte jetzt etwa 500 M. weniger wert sein. Von den Kosten der Bewässerungsanlage werden wegen eingetretener Wertminderung 300 M abzuziehen sein.*

4. Welche Aufwendungen, Leistungen und Beiträge haben der bisherige Eigentümer oder seine Eltern (Voreltern, Erblasser) während ihrer Besitzzeit für Straßenbauten, andere Verkehrsanlagen einschließlich der Kanalisierung, sowie ohne entsprechende Gegenleistung und Verzinsung für sonstige öffentliche Einrichtungen gemacht (§ 14 Ziffer 4)?

Für jede Aufwendung ist ihr Betrag und der Zeitpunkt, in dem sie gemacht ist, tunlichst durch Belege nachzuweisen.

4. *Beim Bau einer Eisenbahn im Jahre 1907 habe ich zu einer Haltestelle in der Nähe meines Gutes einen Beitrag von 2000 M. bezahlt.*

*) Diese Frage ist für bergmännische Versuchs- und Ausrichtungsarbeiten nicht zu beantworten.

Anmerkung.

a) Soweit der aus dem Grundstück erzielte Jahresertrag hinter 3 vom Hundert des Erwerbspreises zuzüglich der nach § 14 Ziffer 1 bis 3 zulässigen Anrechnungen zurückbleibt, ist der Veräußerer berechtigt, den Abzug des Fehlbetrags für längstens 15 zusammenhängende, nach dem 1. Januar 1885 liegende Jahre hierneben zu beantragen. Die Höhe des Fehlbetrags ist für jedes einzelne Jahr tunlichst durch Belege nachzuweisen (§ 22 Ziffer 2).

a) Der Ertrag meines Grundstücks (Rohertrag nach Abzug der Werbungskosten) unter Einrechnung des Mietwerts der eigenen Wohnung betrug im Jahre 1895 infolge Hagelschlags nur 1000 M, im Jahre 1896 infolge Missernte nur 1200 M. Die Ertragsausfälle sind durch Versicherungen nicht gedeckt. Ich beantrage Abzug des Fehlbetrags für diese 2 Jahre. Zum Belege für meine Angaben lege ich die Wirtschaftsbücher vor.

b) Der Steuerpflichtige ist berechtigt, an Stelle der 4prozentigen Verzinsung der unter C 4 angegebenen Aufwendungen für 15 Jahre die Hinzurechnungen des § 16 des Gesetzes für die gesamte Zeit seit dem Erwerbe, längstens seit dem 1. Januar 1885 auch für die unter C 4 angegebenen Aufwendungen hierneben zu beantragen (§ 14 Ziffer 4 Satz 3).

b) —

c) Soweit es sich um die Verbesserung von Flächen handelt, die aus Moorland, Sumpfland, Oed- oder Heideland bestehen, kann der Steuerpflichtige

c) Für die Verbesserung des Oedlandes beantrage ich die Hinzurechnung der Erhöhung des Ertragswerts anstatt des Betrags der Aufwendungen. Die

an Stelle der im § 14 Ziffer 3 bezeichneten Aufwendungen die Hinzurechnung der Erhöhung des Ertragswerts hierneben beantragen (§ 15).

2 Morgen haben früher keinen Ertrag geliefert, jetzt liefern sie einen durchschnittlichen Jahresertrag von 100 M.

Ich versichere hiermit, die vorstehenden Angaben nach bestem Wissen und Gewissen gemacht zu haben.

Ort: *Oberhof, Gemeinde Schönau.*

Datum: *den 5. Mai 1911.*

Name: *Albrecht Otto.*

Nach § 50 des Gesetzes werden die Nichteinreichung der Zuwachssteuererklärung oder wissentlich unrichtige Angaben, welche geeignet sind, zu einer Verkürzung der Steuer zu führen, mit einer Geldstrafe bis zum vierfachen Betrage der Zuwachssteuer bestraft.

Muster B zu einer Zuwachssteuererklärung

(für Grundstücke, die vor dem 1. Januar 1885 erworben sind).

Bezeichnung des Grundstücks.

Gemeinde	Grundbuch von Bd.—Blatt.	Kartenblatt (Flur)	Parzelle (Nr.)	Größe ha; a qm	Lage und Beschaffenheit (Straße, Gebäudeart, Kulturart)
Buchholz	*Buchholz Bd. 12 Blatt 2140*	*5*	*356/2*	*— 12 50*	*Salomonstrasse 1, 4stöckiges Wohnhaus, Schlächterei im Erdgeschoss. Hofraum.*

Bisheriger Eigentümer (Veräußerer) *Eduard Müller*
(Name, Stand und Wohnort) *Schlächtermeister in Buchholz.*

Neuer Eigentümer (Erwerber) *Alfred Meyer*
(Name, Stand und Wohnort) *Schlächtermeister in Eichendorf.*

Art und Tag des Eigentumsüberganges (Auflassung, Zwangsversteigerung, Enteignung usw.)

Auflassung am 10. April 1911.

Art und Tag des dem Eigentumsübergange zugrunde liegenden Rechtsgeschäfts (Kauf, Tausch usw.) einschließlich etwaiger Zwischenverträge

Notarieller Kaufvertrag vom 6. April 1911.
Zwischenverträge sind nicht geschlossen worden.

Vorstehende Angaben sind nach den dem Zuwachssteueramte vorliegenden Mitteilungen eingetragen. Der bisherige Eigentümer hat jedoch die Angaben zu prüfen und zu ergänzen.

A. Erwerbspreis.*)

1. Wann haben Sie oder Ihre Eltern (Voreltern, Erblasser) das Grundstück erworben?

1. Mein Vater hat das Grundstück am 1. Mai 1874 unbebaut erworben.

2.**) Welcher Preis wurde hierbei vereinbart?
Die diesen Preis nachweisenden Urkunden sind tunlichst beizufügen. Etwa in dem Preise enthaltene oder außerdem verabredete Nebenleistungen sind nach Art und Wert anzugeben.

2. Kommt nicht in Frage, da der Erwerbspreis nicht höher war als der Wert des Grundstücks am 1. Januar 1885 und da die Zinsvergünstigung unter C Anmerkung A nicht beansprucht wird.

3. Umfaßt der zu 2 angegebene Erwerbspreis Erzeugnisse des Grundstücks, Maschinen (§ 10), Mobiliar, Inventar usw. (§ 13) und wieviel wurde auf jede Art dieser Gegenstände gerechnet?

3. —

*) Bei der Veräußerung eines Teilgrundstücks sind die Fragen zu 2 und 4 für das Gesamtgrundstück zu beantworten unter Angabe der Größe dieses Grundstücks. Gleichzeitig ist, wenn Frage 5 nicht beantwortet wird, hierneben anzugeben, wie hoch Sie den Erwerbswert des jetzt veräußerten Grundstücks im Verhältnis zum Erwerbspreis des Gesamtgrundstücks schätzen.

**) Die Frage ist nicht zu beantworten, wenn Sie oder Ihre Eltern (Voreltern, Erblasser) das Grundstück vor dem 1. Januar 1885 erworben haben, sofern Sie nicht die Zinsvergünstigung unter C Anmerkung a in Anspruch nehmen.

4. a) Haben Sie oder Ihre Eltern (Voreltern, Erblasser) die Erwerbskosten ganz oder teilweise getragen?
b) Wie hoch waren diese einschließlich der ortsüblichen Vermittelungsgebühr?
Die Frage zu b ist nur zu beantworten — unter Vorlage der Belege —, wenn die Erwerbskosten mehr als 4 Prozent des zu 2 angegebenen Preises unter Abzug des Betrags zu 3 betragen haben.

4. Kommt nicht in Frage, da als Erwerbspreis der Wert am 1. Januar 1885 gilt.

5. Wie hoch war der gemeine Wert des Grundstücks
a) zur Zeit des Erwerbes, falls hierfür ein Preis nicht vereinbart oder nicht mehr zu ermitteln ist,
b) am 1. Januar 1885, falls der Erwerbsvorgang vor diesem Zeitpunkt liegt?
Die Grundlagen der Wertangabe (Kaufpreise anderer Grundstücke, die sich zur Vergleichung eignen, Ertragswerte, amtliche Wertermittelungen) sind möglichst beizufügen.

5.

a) —

b) Nach der beiliegenden Zusammenstellung sind für Grundstücke in der gleichen Gegend um den 1. Januar 1885 herum durchschnittlich 1 M für das qm gezahlt worden. Der gemeine Wert meines Grundstücks am 1. Januar 1885 wird auf 1 M für das qm zu schätzen sein.

B. Veräußerungspreis.

Wie hoch ist der gegenwärtige Veräußerungspreis? Etwa in dem Preise enthaltene oder außerdem verabredete Nebenleistungen sind nach Art und Wert anzugeben.	1. *220000 M.*
Umfaßt der zu 1 angegebene Veräußerungspreis auch Erzeugnisse, Maschinen (§ 10), Mobiliar, Inventar usw. (§ 13) und wieviel ist auf jede Art dieser Gegenstände gerechnet?	2. *Ja. Schlächterei mit elektrischem Betriebe. Für die maschinelle Einrichtung und das zur Schlächterei gehörige Inventar wurde ein Preis von 10000 M vereinbart, der dem Werte dieser Gegenstände entspricht. Für die Ueberlassung der Kundschaft sind 5000 M gerechnet, die in dem Gesamtpreis mitenthalten sind. Ich musste mich dafür bei einer Vertragsstrafe von 5000 M verpflichten, in Buchholz keine Schlächterei wieder zu eröffnen.*
Haben Sie die Kosten der Veräußerung und Uebertragung übernommen und bezahlt (§ 22 Ziffer 1) und in welchem Betrage? Die Höhe der einzelnen Posten ist tunlichst durch Belege nachzuweisen.	3. *Ich habe an den Grundstücksmakler Hoch in Berlin die Vermittelungsgebühr von 1 v. H. des Verkaufspreises gezahlt. Alle anderen Kosten hat der Käufer übernommen. Quittung über meine Zahlung an Hoch liegt bei. Die Gebühr ist ortsüblich.*

4. Haben Sie oder Ihre Eltern (Voreltern, Erblasser) für eine (nach dem 1. Januar 1911 entstandene) Wertminderung Ihres Grundstücks eine Entschädigung erhalten (§ 23)? Welcher Betrag dieser Entschädigung ist nicht zur Beseitigung des Schadens verwendet worden?

4. Ja. Im Februar 1911 ist infolge Höherlegung der Strasse eine Wertminderung eingetreten, für die ich 5000 M Entschädigung erhalten habe. 2000 M habe ich zur Beseitigung des Schadens aufgewendet; nicht verwendet sind daher 3000 M.

5. Wer hat die Zahlung der Wertzuwachssteuer übernommen?

5. Der Käufer Meyer.

C. Aufwendungen des bisherigen Eigentümers.*)

1.**) Befinden sich auf dem Grundstück zur Zeit der Veräußerung Bauten, Neubauten oder sonstige dauernde besondere Verbesserungen, die der bisherige Eigentümer oder dessen Eltern (Voreltern, Erblasser) während ihrer Besitzzeit vorgenommen haben (§ 14 Ziff. 3)?

1. a) Im Jahre 1900 hat mein Vater auf dem bisher unbebauten Grundstück ein vierstöckiges Wohnhaus gebaut.
b) Im Jahre 1905 habe ich einen Anbau zum Betrieb einer Schlächterei errichtet.

*) Aufwendungen, die vor dem 1. Januar 1885 liegen, sind auch dann nicht anzugeben, wenn der Erwerb vor dem 1. Januar 1885 stattgefunden hat.

Bei der Veräußerung eines Teilgrundstücks sind nur die Aufwendungen anzugeben, welche auf das Teilgrundstück entfallen.

**) Beim Uebergange des Bergwerkseigentums sind hier insbesondere die bergmännischen Versuchs- und Ausrichtungsarbeiten aufzuführen.

Welche Aufwendungen haben der bisherige Eigentümer oder dessen Eltern (Voreltern, Erblasser) für diese Bauten und Verbesserungen gemacht?

Für jeden Bau und jede sonstige Verbesserung ist der Betrag der Aufwendung und der Zeitpunkt, in welchem sie gemacht ist, anzugeben (bei Bauten und Umbauten der Zeitpunkt der behördlichen Gebrauchsabnahme und, soweit eine solche nicht besteht, der Zeitpunkt der gebrauchsfertigen Herstellung). Die Belege sind tunlichst beizufügen.

Hierunter sind nicht anzuführen

a) zur Wiederherstellung von Baulichkeiten verwandte Beträge aus Versicherungen, falls die wiederhergestellten Baulichkeiten bereits bei dem Erwerbe seitens des bisherigen Eigentümers oder seiner Eltern (Voreltern, Erblasser) bestanden,

b) Aufwendungen, die der laufenden Unterhaltung von Baulichkeiten oder der laufenden Bewirtschaftung von Grundstücken dienen,

c) Aufwendungen, die auf Erzeugnisse des Grund-

2. a) Das Wohnhaus kostete im Jahre 1900 schlüsselfertig 160000 M.

b) Die Kosten des Anbaues im Jahre 1905 betrugen 12000 M.

Die Schlussabrechnungen mit dem Architekten Zimmer in Karlsdorf und dem Baumeister Winter in Buchholz füge ich zur Einsichtnahme bei.

stücks, Maschinen, Mobiliar, Inventar u. dgl. gemacht sind.

3.*) Hat sich der Wert der Bauten, Umbauten und sonstigen Verbesserungen (§ 14 Ziffer 3) innerhalb der Besitzzeit im Werte gemindert, bejahendenfalls um wieviel?

3 Der jetzige Wert des Anbaues beträgt 11000 M. Der gegenwärtige Wert des Wohnhauses im übrigen (nach Abzug des Wertes der 1905 ungebauten Teile) beläuft sich auf 150000 M. (Der Wert des gesamten Gebäudes wurde im vorigen Jahre anlässlich der Hypothekenbeleihung auf 161000 M geschätzt).

4. Welche Aufwendungen, Leistungen und Beiträge haben der bisherige Eigentümer oder seine Eltern (Voreltern, Erblasser) während ihrer Besitzzeit für Straßenbauten, andere Verkehrsanlagen einschließlich der Kanalisierung, sowie ohne entsprechende Gegenleistung und Verzinsung für sonstige öffentliche Einrichtungen gemacht (§ 14 Ziffer 4)?

Für jede Aufwendung ist ihr Betrag und der Zeitpunkt, in dem sie gemacht ist, tunlichst durch Belege nachzuweisen.

4. Am 20. Juni 1900 an die Gemeinde Buchholz 5200 M Anliegerbeiträge gezahlt, desgleichen 4500 M am 7 November 1907.

---

*) Diese Frage ist für bergmännische Versuchs- und Ausrichtungsarbeiten nicht zu beantworten.

Anmerkung.

a) Soweit der aus dem Grundstück erzielte Jahresertrag hinter 3 vom Hundert des Erwerbspreises zuzüglich der nach § 14 Ziffer 1 bis 3 zulässigen Anrechnungen zurückbleibt, ist der Veräußerer berechtigt, den Abzug des Fehlbetrags für längstens 15 zusammenhängende, nach dem 1. Januar 1885 liegende Jahre hierneben zu beantragen. Die Höhe des Fehlbetrages ist für jedes einzelne Jahr tunlichst durch Belege nachzuweisen (§ 22 Ziffer 2).	*a)* —
b) Der Steuerpflichtige ist berechtigt, an Stelle der 4prozentigen Verzinsung der unter C 4 angegebenen Aufwendungen für 15 Jahre die Hinzurechnungen des § 16 des Gesetzes für die gesamte Zeit seit dem Erwerbe, längstens seit dem 1. Januar 1885 auch für die unter C 4 angegebenen Aufwendungen hierneben zu beantragen (§ 14 Ziffer 4 Satz 3).	*b)*
c) Soweit es sich um die Verbesserung von Flächen handelt, die aus Moorland, Sumpfland, Oed-	*c)* —

oder Heideland bestehen, kann der Steuerpflichtige an Stelle der im § 14 Ziffer 3 bezeichneten Aufwendungen die Hinzurechnung der Erhöhung des Ertragswerts hierneben beantragen (§ 15).

Ich versichere hiermit, die vorstehenden Angaben nach bestem Wissen und Gewissen gemacht zu haben.

Ort: *Buchholz,*
Datum: *den 10. Mai 1911.*
Name: *Eduard Müller.*

Nach § 50 des Gesetzes werden die Nichteinreichung der Zuwachssteuererklärung oder wissentlich unrichtige Angaben, welche geeignet sind, zu einer Verkürzung der Steuer zu führen, mit einer Geldstrafe bis zum vierfachen Betrage der Zuwachssteuer bestraft.

II. Die Preussischen Vollzugsvorschriften.

1. Das Preußische Ausführungsgesetz vom 14. Juli 1911 zum Reichszuwachssteuergesetz.

(GS. S. 95.)

Wir Wilhelm, von Gottes Gnaden König von Preußen usw., verordnen, mit Zustimmung der beiden Häuser des Landtags der Monarchie, was folgt:

§ 1. Die Zuwachssteuer wird

1. in den Stadtgemeinden durch den Gemeindevorstand,
2. in den Landgemeinden und in den Gutsbezirken durch den Kreisausschuß

veranlagt.

Für Stadtgemeinden mit weniger als 2000 Einwohnern hat die Veranlagung auf ihren Antrag durch den Kreisausschuß zu erfolgen.

Auf Antrag von Landgemeinden mit mehr als 5000 Einwohnern oder von solchen Landgemeinden, in denen eine Wertzuwachssteuer schon vor dem 1. Januar 1911 in Kraft war, ist die Veranlagung durch den Kreisausschuß dem Gemeindevorstand zu überweisen.

§ 2. Auf die Rechtsmittel gegen die Veranlagung zur Zuwachssteuer und den Zuschlägen dazu finden in den Fällen, in denen die Steuer durch den Gemeindevorstand veranlagt worden ist, die Vorschriften der §§ 69, 70, 75 des Kommunalabgabengesetzes vom 14. Juli 1893 (Gesetzsamml. S. 152), in den Fällen, in denen die Steuer durch den Kreisausschuß veranlagt worden ist, die Vorschriften der §§ 14 Abs. 2, 11 Abs. 4 und 5 des Kreis- und Provinzialabgabengesetzes vom 23. April 1906 (Gesetzessamml. S. 159) mit der Maßgabe Anwendung, daß in erster Instanz stets der Bezirksausschuß zuständig ist.

§ 3. Die Zuwachssteuer ist, falls sie von dem Kreisausschuß veranlagt ist, an die Kreiskommunalkasse, in allen anderen

Fällen an die Gemeindekasse zu zahlen. Die Kassen haben den nach den Vorschriften des Reichsgesetzes (§ 58) dem Reiche zustehenden Steueranteil nach den Bestimmungen des Bundesrats abzuführen.

Von dem nach § 58 des Reichsgesetzes dem Staate zustehenden Anteil von 10 v. H. des Ertrages der Zuwachssteuer erhält für die Verwaltung und Erhebung der Steuer, falls der Kreisausschuß diese veranlagt, der Kreis, in allen anderen Fällen die Gemeinde die Hälfte. Der dem Staat verbleibende Betrag ist nach Bestimmung des Finanzministers abzuführen.

§ 4. Von dem Anteil an der Zuwachssteuer, der nach den Vorschriften des Reichsgesetzes (§ 58) den Gemeinden und Gemeindeverbänden verbleibt, erhält die kreisangehörige Gemeinde, in der sich der Steuerfall ereignet hat, sofern sie nicht mehr als 15 000 Einwohner hat, zwei Drittel, sofern sie mehr als 15 000 Einwohner hat, drei Viertel. Den Rest des Anteils erhält der Kreis.

Aus den Gutsbezirken erhält der Kreis den vollen Steueranteil.

Die Kreise haben den auf sie entfallenden Steueranteil für ihre eigenen Aufgaben und zum Teil, jedoch höchstens bis zur Hälfte auch für diejenigen einzelner Gemeinden und Gutsbezirke zu verwenden.

Ist die Zuwachssteuer vom Kreisausschuß veranlagt, so hat die Kreiskommunalkasse den nach Abs. 1 sich ergebenden Betrag an die Gemeindekasse abzuführen. Ist sie vom Gemeindevorstand veranlagt, so hat die Gemeindekasse den auf den Kreis entfallenden Anteil an die Kreiskommunalkasse abzuführen.

§ 5. Für die Zeit bis zum 1. April 1915 unterliegt die Anwendung der §§ 1 bis 4 dieses Gesetzes gemäß § 60 des Reichsgesetzes folgenden Maßgaben:

1. Wenn in der Gemeinde, in der sich der Steuerfall ereignet, aber nicht in dem Kreise, zu dem sie gehört, eine Zuwachssteuer vor dem 1. April 1909 beschlossen und vor dem 1. Januar 1911 in Kraft getreten war, so wird die Zuwachssteuer in allen Fällen des § 1 durch den Gemeindevorstand veranlagt und an die Ge-

meindekasse gezahlt, die ihrerseits die dem Reiche und dem Staate gebührenden Anteile gemäß § 3 dieses Gesetzes abführt. Ergibt sich nach Ablauf des Rechnungsjahres, daß der auf die Gemeinde entfallene Anteil an Zuwachssteuer den auf Grund der maßgebenden Steuerordnung erzielten jährlichen Durchschnittsertrag übersteigt, so hat die Gemeinde, sofern sie nicht mehr als 15000 Einwohner hat, ein Drittel, sofern sie mehr als 15000 Einwohner hat, ein Viertel des Überschusses an den Kreis abzuführen.

2. Wenn in dem Kreise, aber nicht in der kreisgehörigen Gemeinde, in der sich der Steuerfall ereignet, eine Zuwachssteuer vor dem 1. April 1909 beschlossen und vor dem 1. Januar 1911 in Kraft getreten war, so wird die Zuwachssteuer in allen Fällen des § 1 durch den Kreisausschuß veranlagt und an die Kreiskommunalkasse gezahlt, die ihrerseits die dem Reiche und dem Staate gebührenden Anteile gemäß § 3 dieses Gesetzes abführt. Ergibt sich nach Ablauf des Rechnungsjahres, daß der dem Kreise verbliebene Anteil an Zuwachssteuer den auf Grund der maßgebenden Steuerordnung erzielten jährlichen Durchschnittsertrag übersteigt, so hat der Kreis, wenn die beteiligte Gemeinde nicht mehr als 15000 Einwohner hat, zwei Drittel, sofern sie mehr als 15000 Einwohner hat, drei Viertel des Überschusses an die Gemeinde — bei mehreren Gemeinden dieser Art nach dem Verhältnis ihres Steueraufkommens — zu überweisen. Ist in dem Rechnungsjahre jedoch Zuwachssteuer auch aus Gutsbezirken oder aus unter Ziffer 3 fallenden Gemeinden aufgekommen, so ermäßigt sich die obige Überweisungssumme derartig, daß sie zu zwei Dritteln (drei Vierteln) des gesamten Überschusses in gleichem Verhältnis steht, wie das Steueraufkommen der für die Verteilung in Betracht kommenden Gemeinden zu dem aus allen Gutsbezirken und Gemeinden im Kreise stammenden Gesamtsteueraufkommen.

3. Wenn in der Gemeinde, in der sich der Steuerfall ereignet, und auch in dem Kreise, zu dem sie gehört, eine Zuwachssteuer vor dem 1. April 1909 beschlossen und vor dem 1. Januar 1911 in Kraft getreten war,

so bestimmt sich die Veranlagungsbehörde nach § 1, die Steuerempfangsstelle nach § 3 dieses Gesetzes. Ist jedoch die Veranlagung auf Grund der maßgebenden Steuerordnungen von der Gemeinde oder von dem Kreise einheitlich für beide vorgenommen worden, so wird die Zuwachssteuer von der bisher zuständigen Behörde veranlagt und an deren Kasse gezahlt. Der Anteil an dem Ertrage des einzelnen Steuerfalls, der nach Abführung der dem Reiche und dem Staate gebührenden Anteile verbleibt, ist zwischen Gemeinde und Kreis nach dem Verhältnis ihrer bisherigen Beteiligung an dem Ertrage der Zuwachssteuer oder, wenn ein bestimmtes Beteiligungsverhältnis nicht festgesetzt war, nach dem Verhältnis der auf Grund der maßgebenden Steuerordnungen erzielten jährlichen Durchschnittserträge zu verteilen.

4. Wenn einer Gemeinde oder einem Kreise gemäß § 60 Abs. 2 des Reichsgesetzes die bisherige Steuerordnung mit der a. a. O. bezeichneten Maßgabe belassen wird, so findet eine Verteilung des Steuerertrages zwischen Gemeinde und Kreis nur insoweit statt, als sie in der Steuerordnung etwa vorgesehen ist.

§ 6. In den Hohenzollernschen Landen tritt an die Stelle des Kreises der Amtsverband, an die Stelle des Kreisausschusses der Amtsausschuß.

§ 7. Für die Bevölkerungszahl im Sinne dieses Gesetzes ist maßgebend das Ergebnis der jeweilig letzten Volkszählung.

§ 8. Dieses Gesetz tritt mit dem Tage seiner Verkündung in Kraft.

Anmerkung: Durch das Inkrafttreten des Preußischen Ausführungsgesetzes hat sich der Erlaß des Ministers des Innern und des Finanzministers vom 28. März 1911 erledigt. Nach ihm sollten bis zum Erlasse des Ausführungsgesetzes für die Veranlagungs- und Erhebungszuständigkeit die §§ 1, 3 und 5 der Regierungsvorlage maßgebend sein, wogegen von einer vorläufigen Regelung des Anteilsverhältnisses zwischen Gemeinde und Kreis gemäß § 58 (Schlußsatz) des Zuwachssteuergesetzes abgesehen wurde. Bis zum

Inkrafttreten des Ausführungsgesetzes hatten hiernach die Geschäfte der Zuwachssteuerämter zu versehen:
a) in den Stadtgemeinden und in den Landgemeinden mit mehr als 3000 Einwohnern der Gemeindevorstand;
b) in den Landgemeinden mit nicht mehr als 3000 Einwohnern und in den Gutsbezirken der Kreisausschuß;
c) in den Landgemeinden der Rheinprovinz und Westfalens der Landbürgermeister bzw. der Amtmann.

---

2. Preußische Ausführungsanweisung zum Reichszuwachssteuergesetz vom 14. Februar 1911.

Im folgenden ist zu verstehen:
1. unter Reichsgesetz: das Zuwachssteuergesetz vom 14. Februar 1911 — Reichsgesetzblatt S. 33. —
2. unter Ausführungsgesetz: das preußische Ausführungsgesetz zum Reichszuwachssteuergesetz,
3. unter Ausführungsbestimmungen: die Zuwachssteuer-Ausführungsbestimmungen des Bundesrats vom 27. März 1911 - Zentralblatt für das Deutsche Reich S. 79 ff.

A. Behörden für Veranlagung und Erhebung, Abrechnung und Ablieferung der Steuer.

1. Oberbehörden im Sinne des § 36 des Reichsgesetzes und der Ausführungsbestimmungen sind die geordneten Kommunalaufsichtsbehörden, also

für die Kreis-(Amts-)zuwachssteuerämter und für die städtischen Zuwachssteuerämter in erster Instanz die Regierungspräsidenten, in zweiter Instanz die Oberpräsidenten — in den Hohenzollernschen Landen der Minister des Innern —, für die Stadt Berlin der Oberpräsident zu Potsdam bzw. der Minister des Innern, für die Zuwachssteuerämter in den zur selbständigen Veranlagung befugten Landgemeinden, sowie für die Ämter in Westfalen und für die Landbürgermeistereien in der Rheinprovinz die Landräte (Oberamtmänner) als Vorsitzende der Kreis-(Amts-)ausschüsse, in höherer Instanz die Regierungspräsidenten.

Landeszentralbehörde im Sinne der Ausführungsbestimmungen sind der Minister des Innern und der Finanzminister.

Der Umfang und die Art der Tätigkeit des Reichsbevollmächtigten gegenüber diesen Behörden und den ihnen unterstehenden Zuwachssteuerämtern wird vom Reichskanzler im Einvernehmen mit der Landesregierung geregelt (§ 36 Abs. 2 des Reichsgesetzes). S. auch unter Ziffer 20.

2. An die Stelle der Hauptzollämter im Sinne der für das Verwaltungsstrafverfahren, die Strafmilderung und den Erlaß der Strafe im Gnadenwege, sowie hinsichtlich der Strafvollstreckung und der Verjährung der Strafverfolgung geltenden Zoll-Strafvorschriften (§ 54 Abs. 1 des Reichsgesetzes, Verwaltungs-Strafgesetz vom 26. Juli 1897, Gesetzsammlung S. 237) treten für den Umfang der Stadtkreise die Regierungspräsidenten, für den Umfang der Landkreise (Ämter) die Landräte (Oberamtmänner). An Stelle der Zolldirektivbehörden treten im ersten Fall die Oberpräsidenten, im zweiten Fall die Regierungspräsidenten; für die Stadt Berlin tritt an Stelle der Hauptzollämter und an Stelle der Zolldirektivbehörde, soweit diese in erster Instanz zuständig sind, der Oberpräsident von Brandenburg; in zweiter Instanz entscheidet der Minister des Innern.

3. Die Steuerveranlagung erfolgt durch die Zuwachssteuerämter (§ 1 des Ausführungsgesetzes) nach Maßgabe der Bestimmungen des Kreis- und des Kommunalabgabengesetzes.

Die Steuererhebung erfolgt nach Maßgabe des § 3 des Ausführungsgesetzes durch die dort bezeichneten Kassen.

4. Über den Ertrag der Zuwachssteuer ist von den in Nr. 3 bestimmten Kassen monatlich mit der Regierungshauptkasse und durch diese mit der Reichshauptkasse (§ 45 der Ausführungsbestimmungen) abzurechnen. Dabei können die mit der Erhebung befaßten Gemeinde-, Kreis-(Amts-)Kassen ihren Anteil am Ertrage bei der Ablieferung zurückbehalten. Für Berlin kommt als Regierungshauptkasse diejenige in Potsdam in Betracht.

Wegen des bei der Verrechnung zu beobachtenden Verfahrens ergeht besondere Bestimmung.

B. Anmeldungsvorschriften.

5. Die Worte „bebaut oder unbebaut" im Sinne der Spalte 7 des Musters 1 der Ausführungsbestimmungen sind bei der Anmeldung nach Maßgabe der im Katasterwesen üblichen Bezeichnungsweise, nicht im Sinne der Vorschriften des § 1 des Reichsgesetzes auszufüllen.

6. Die Mitteilungen der Behörden, Beamten und Notare über die Abtretung eines Geschäftsanteils einer Gesellschaft mit beschränkter Haftung im Sinne des § 7 der Ausführungsbestimmungen erfolgen durch Übersendung von Monatslisten an die Zuwachssteuerämter.

Die den Notaren gemäß § 3 C 1 der Ausführungsbestimmungen obliegende Mitteilungspflicht fällt weg, wenn die von dem Notar aufgenommene Veräußerungsurkunde binnen 10 Tagen nach der Beurkundung dem Grundbuchamte zum Zweck der Eintragung des neuen Eigentümers eingereicht wird und die Eintragung daraufhin stattfindet.

7. Die Grundstücksblätter sind nach Maßgabe des § 11 der Ausführungsbestimmungen von den Zuwachssteuerämtern, sobald sich eine Veranlassung dazu ergibt, zunächst überall anzulegen.

Sofern in Gegenden mit stark zersplittertem Grundbesitz oder aus anderen Gründen die Anlegung von Grundstücksblättern Unzuträglichkeiten zur Folge haben sollte, bleibt der Oberbehörde überlassen, Anträge auf Abstandnahme von der Führung solcher Blätter bei der Landeszentralbehörde zu stellen.

C. Vorverfahren.

8. Die Zuwachssteuerämter haben dem zuständigen Registergerichte mitzuteilen, welche Vereinigungen von der Zuwachssteuer nach § 30 Ziffer 4 des Reichsgesetzes befreit sind. (Siehe dazu § 17 der Ausführungsbestimmungen.)

D. Hauptverfahren.

9. Die Vordrucke für die Zuwachssteuererklärung (Muster 6 der Ausführungsbestimmungen) können nach Maßgabe des örtlichen Bedürfnisses durch Fragen — namentlich nach

dem Vorliegen von Zwischengeschäften (§§ 27, 32 des Reichsgesetzes), von Vermittelungen (§§ 11 Abs. 2, 32 Abs. 2 daselbst), von Fällen des § 7 Ziffer 7, § 19 daselbst — ergänzt werden. Auch kann in die Vordrucke für die Zuwachssteuererklärung der Hinweis aufgenommen werden, daß die Belege in Heftform, nach den Ziffern der Zuwachssteuererklärung geordnet, einzureichen sind.

Soweit Zwangsversteigerungen, Gemeinheitsteilungen, sowie Teilungen eines gemeinschaftlichen Grundstücks in Frage kommen, ist bis auf weiteres das für Zuwachssteuererklärungen vorgeschriebene Muster Nr. 6 der Ausführungsbestimmungen durch entsprechende Sonderfragen unter Berücksichtigung der Vorschriften in § 5 Abs. 3 Ziffer 4, § 14 Ziffer 2 und § 25 des Reichsgesetzes zu ergänzen.

Der Erlaß besonderer Muster zu Sondererklärungen im Sinne des § 20 der Ausführungsbestimmungen bleibt vorbehalten.

10. Wo das Zuwachssteueramt nur aus einer Person besteht, sind bei Vergleichen im Sinne des § 23 der Ausführungsbestimmungen zwei Mitglieder der Vertretung des kommunalen Verbandes, welchem jener Beamte angehört, zur Genehmigung heranzuziehen.

Sofern bei einem Vergleiche der Unterschied zwischen Erwerbs- und Veräußerungspreis ohne Berücksichtigung der anzurechnenden Aufwendungen einen Steuerertrag von mehr als 20000 Mark erwarten läßt, ist der Vergleich nur vorbehaltlich der Zustimmung des Reichsbevollmächtigten abzuschließen. Diese ist unter Vorlegung der Vergleichsverhandlungen unverzüglich einzuholen. Erhebt der Reichsbevollmächtigte gegen den Vergleich Bedenken und schließt sich das Zuwachssteueramt diesen Bedenken nicht an, so hat es die Vergleichsverhandlungen durch Vermittelung der Oberbehörde unter Darstellung des Sachverhalts der Landeszentralbehörde vorzulegen, welche das Weitere veranlassen und gegebenenfalls die Entscheidung des Bundesrats herbeiführen wird.

11. Die im § 12 Abs. 2 des Reichsgesetzes in Bezug genommenen Vorschriften des Reichserbschaftssteuergesetzes lauten wie folgt:

§ 17.

Bei Nutzungen oder Leistungen, die entweder ausdrücklich oder durch anderweitige, die Dauer begrenzende Umstände auf bestimmte Zeit beschränkt sind, ist der Gesamtwert unter Abrechnung der Zwischenzinsen durch Zusammenzählung der einzelnen Jahreswerte zu berechnen. Der Gesamtwert darf den zum gesetzlichen Zinssatze kapitalisierten Jahreswert nicht übersteigen. Bei immerwährenden Nutzungen wird das Fünfundzwanzigfache des einjährigen Betrages, bei Nutzungen von unbestimmter Dauer, sofern nicht die Vorschriften der §§ 18, 19 Anwendung finden, das Zwölfundeinhalbfache des einjährigen Betrages als Wert angenommen.

§ 18.

Der Wert von Leibrenten oder anderen auf die Lebenszeit einer Person beschränkten Nutzungen, einschließlich des im § 3 Nr. 1 bezeichneten Erwerbes, wird nach dem Lebensalter der Person, mit deren Tode das Bezugsrecht erlischt, berechnet, und zwar wird als Wert bei einem Alter

1.	bis zu 25 Jahren	das 20 fache,
2.	von mehr als 25 bis zu 35 Jahren	das 18 fache,
3.	von mehr als 35 bis zu 45 Jahren	das 16 fache,
4.	von mehr als 45 bis zu 55 Jahren	das 14 fache,
5.	von mehr als 55 bis zu 65 Jahren	das 12 fache,
6.	von mehr als 65 bis zu 70 Jahren	das 10 fache,
7.	von mehr als 70 bis zu 75 Jahren	das 8 fache,
8.	von mehr als 75 bis zu 80 Jahren	das 6 fache,
9.	von mehr als 80 Jahren	das 4 fache

des Wertes der einjährigen Nutzung angenommen.

Ist jedoch die Nutzung oder Leistung

im Falle des Abs. 1 Nr. 1 schon innerhalb eines Zeitraumes von 10 Jahren,

im Falle des Abs. 1 Nr. 2 schon innerhalb eines Zeitraumes von 9 Jahren,

im Falle des Abs. 1 Nr. 3 schon innerhalb eines Zeitraumes von 8 Jahren,

im Falle des Abs. 1 Nr. 4 schon innerhalb eines Zeitraumes von 7 Jahren,

im Falle des Abs. 1 Nr. 5 schon innerhalb eines Zeitraumes von 6 Jahren,
im Falle des Abs. 1 Nr. 6 schon innerhalb eines Zeitraumes von 5 Jahren,
in den Fällen des Abs. 1 Nr. 7 bis 9 schon innerhalb eines Zeitraumes von 4 Jahren

nach dem Anfall erloschen, so wird der Wert nach Maßgabe der wirklichen Dauer bestimmt und die gezahlte Steuer bis auf den diesem Werte entsprechenden Betrag erstattet. In gleicher Weise wird, wenn die steuerpflichtige Masse um den nach Abs. 1 berechneten Wert einer Nutzung oder Leistung geringer veranlagt war, im Falle des früheren Erlöschens der Nutzung oder Leistung ein entsprechender Steuerbetrag nacherhoben.

§ 19.

Hängt die Dauer der Nutzungen von der Lebenszeit mehrerer Personen ab, so ist, wenn das Bezugsrecht mit dem Tode der zuerst versterbenden Person erlischt, das Lebensalter der ältesten Person, wenn das Bezugsrecht mit dem Tode der letztversterbenden Person erlischt, das Lebensalter der jüngsten Person maßgebend.

§ 20.

Der einjährige Betrag der Nutzung eines Geldbetrages ist, wenn er nicht anderweit feststeht, zu vier vom Hundert anzunehmen.

12. Als Sicherheiten für gestundete Zuwachssteuer kommen in Betracht (§ 27 Abs. 2 der Ausführungsbestimmungen)

a) die Verpfändung von Schuldverschreibungen des Reiches und des preußischen Staates,
b) Die Verpfändung von Forderungen, die in das Reichsschuldbuch oder in das Staatsschuldbuch des Königreichs Preußen eingetragen sind,
c) die Verpfändung von anderen, bei der Reichsbank beleihbaren (lombardfähigen) Wertpapieren.
d) die pfandweise Hinterlegung der über Wertpapiere der vorgenannten Art erteilten Hinterlegungsbescheinigungen (Depotscheine) der Reichsbank, der Seehand-

lung (Pr. Staatsbank) und anderer von der Zentralbehörde hierfür zugelassenen Bankanstalten und Kassen,

e) schriftliche Erklärungen der Reichsbank, für gestundete Steuer Zahlung zu leisten,

f) Wechsel,

g) andere Sicherheiten, z. B. Hypotheken an inländischen Grundstücken, mündelsichere Forderungen, für die eine Hypothek an einem inländischen Grundstück besteht, Bürgschaften, falls die Oberbehörde die Genehmigung hierzu erteilt.

Bei einer etwa erforderlich werdenden Verwertung des bestellten Pfandes zur Deckung der Steuerforderung sind die Vorschriften in den §§ 1147, 1204—1258, 1280—1290 BGB. zu beachten.

13. Die Niederschlagung der Steuer (§ 28 der Ausführungsbestimmungen) bedarf der Genehmigung der Oberbehörde, sofern ein Betrag von mehr als 300 Mark Gesamtsteuer in Frage kommt, bei Gemeinden von mehr als 10000 Einwohnern jedoch nur dann, wenn der Betrag 1000 Mark überschreitet.

14. Die dem Zuwachssteueramte zustehende Entscheidung über Anträge auf Erlaß oder Erstattung zu Unrecht gezahlter Steuer (§§ 29 und 30 Abs. 1 der Ausführungsbestimmungen) bedarf der Zustimmung der Oberbehörde und im Falle des § 30 Abs. 2 daselbst des Bundesrats, dessen Zustimmung durch Vermittelung der Landeszentralbehörde nachzusuchen ist.

15. Bei Erstattung der Zuwachssteuer (§§ 29 und 30 der Ausführungsbestimmungen) ist auch der Betrag für Kreis, Staat und Reich vorläufig von der Gemeindekasse auszulegen und bei der demnächstigen Monatsabrechnung (s. oben Ziffer 4) gegenüber diesen Körperschaften zu verrechnen.

Auf Kommunalkassen ist diese Bestimmung sinngemäß anzuwenden.

16. Zufolge § 38 Abs. 2 der Ausführungsbestimmungen wird bestimmt:

Die Zuwachssteuerämter haben vierteljährlich die von ihnen abgeschlossenen Vergleiche (§ 23 Ziffer 1 der Ausführungsbestimmungen) in einer Liste, aus der sich Gegenstand und Höhe des Vergleichs ergeben, zusammenzustellen und diese der Oberbehörde zur Prüfung einzureichen. Die Oberbehörde kann auf Grund dieser Zusammenstellungen die Vorlegung einzelner Fälle und Akten anordnen und dieselben nachprüfen.

Die Einstellung des Verfahrens gemäß § 13 Abs. 3 der Ausführungsbestimmungen ist in der Spalte „Bemerkungen" der Zuwachssteuerliste einzutragen.

17. Die Mitteilungen über Eigentumsänderungen, die in der Zeit vom 1. Januar bis zum 1. April 1911 stattgefunden haben, sind, soweit sie die Katasterbehörden von den Grundbuchämtern erhalten haben, von den ersteren bis zum 1. Juli 1911 an die Zuwachssteuerämter in Abschrift weiterzusenden.

Die Notare und sonstigen Beamten und Behörden, die in der Zeit vom 1. Januar 1911 bis zu dem Inkrafttreten dieser Ausführungsanweisung ein unter Tarifnummer 11 des Reichsstempelgesetzes vom 15. Juli 1909 (RGBl. S. 833 ff.) oder unter § 5 Abs. 3 Ziffer 5 des Reichsgesetzes fallendes Veräußerungsgeschäft beurkundet haben, müssen, sofern es noch nicht geschehen ist, dem Zuwachssteueramte hiervon bis zum 1. Juli 1911 Mitteilung machen. Dieser Mitteilung bedarf es nicht, wenn die Veräußerungsurkunde zum Zwecke der Eintragung des neuen Eigentümers inzwischen dem Grundbuchamt eingereicht worden ist oder bis zum 1. Juli 1911 eingereicht wird und die Eintragung daraufhin stattgefunden hat oder stattfindet.

Die Notare können in diesen Fällen der Anmeldepflicht bezüglich der unter Tarifnummer 11 des Reichsstempelgesetzes fallenden Geschäfte genügen durch nachträgliche Übersendung von Abschriften der den Zollämtern gemachten Mitteilungen. Weitergehende Mitteilungen werden für die oben angegebene Übergangszeit nicht gemacht.

Wer in der Zeit vom 1. Januar bis zum Inkrafttreten dieser Ausführungsanweisung als Veräußerer oder Erwerber oder als gesetzlicher Vertreter eines von Beiden an einem Veräußerungsgeschäft oder an einer Eigentumsübertragung oder am Übergange einer Berechtigung (§ 2 des Reichsgesetzes) oder eines Anteilsrechtes (§ 3 a. a. O.) beteiligt gewesen ist, hat ebenfalls, soweit dies bisher nicht geschehen ist, bis zum 1. Juli 1911 den Zuwachssteuerämtern davon Mitteilung zu machen und zwar

1. von dem Veräußerungsgeschäft, soweit der Veräußerungspreis (einschließlich der Nebenleistungen, insbesondere der für Zwischenbeteiligte, Bevollmächtigte usw. vorgesehenen Gebühr, Gewinnbeteiligung usw.) oder der Wert höher ist als der Erwerbspreis, und soweit nicht eine öffentliche Beurkundung des Geschäfts erfolgt ist (§ 63 Reichsgesetzes),
2. von dem Übergange des Eigentums einer Berechtigung oder eines Anteilsrechts,

soweit nicht die Auflassung oder Eintragung in das Grundbuch erfolgt ist.

18. Die Gemeinden (Gemeindeverbände), denen auf Grund der §§ 60 Abs. 2, 61 Abs. 2 des Reichsgesetzes an Stelle der Vorschriften dieses Gesetzes die bisherige Satzung belassen ist, haben (gemäß § 45 Abs. 4 der Ausführungsbestimmungen) den Überschuß an Zuwachssteuer über den vom Bundesrat festgesetzten bisherigen Durchschnittsertrag an die Regierungshauptkasse — Berlin an die Regierungshauptkasse zu Potsdam — abzuführen und den Regierungspräsidenten die aufzustellenden Einnahmeübersichten einzureichen.

19. Die Mitteilungen gemäß § 46 der Ausführungsbestimmungen sind, soweit Entscheidungen des Oberverwaltungsgerichts ergangen sind, unmittelbar, im übrigen durch Vermittelung der Oberbehörden der Landeszentralbehörde zu erstatten.

Bei Revisionseinlegungen, die Fragen von grundsätzlicher Bedeutung betreffen oder wegen der Höhe des Streitgegenstandes von besonderer Bedeutung sind, wird das Oberverwaltungsgericht der Landeszentralbehörde Mitteilung machen.

20. Die Landeszentralbehörde wird den Beamten des Reichsschatzamts Gelegenheit geben, Einsicht in den Geschäftsgang der Zuwachssteuerämter und Oberbehörden zu nehmen, soweit Zuwachssteuerangelegenheiten in Frage kommen.

Die Oberbehörden und Zuwachssteuerämter werden daher allgemein angewiesen, den vorgedachten Reichsbeamten auf Wunsch diese Einsicht in ihren Geschäftsgang zu gestatten.

21. Für die Mitteilungen der Gerichte und Ortsgerichte bewendet es bei den von dem Herrn Justizminister getroffenen Bestimmungen.

Als Anlage sind beigefügt:

Anhang I. Allgemeine Verfügung des Herrn Justizministers vom 19. Mai 1911 über Mitteilungen an die Zuwachssteuerämter.

Anhang II. Zusammenstellung der den Reichsbevollmächtigten in bezug auf die Zuwachssteuer zugeteilten Bezirke, soweit Preußen in Betracht kommt.

Berlin, den 19. Mai 1911.

Der Minister des Innern. Der Finanzminister.

Allgemeine Verfügung vom 19. Mai 1911 über Mitteilungen an die Zuwachssteuerämter.

Im Einverständnisse mit dem Herrn Reichskanzler, dem Herrn Minister des Innern und dem Herrn Finanzminister ordne ich an, daß die Mitteilungen, die nach dem Zuwachssteuergesetz und den dazu ergangenen Ausführungsbestimmungen des Bundesrats von den Amtsgerichten und den Ortsgerichten den Zuwachssteuerämtern zu machen sind, ausschließlich in folgender Weise zu bewirken sind:

I.

1. Von jeder Eintragung eines Eigentümers im Grundbuche gemäß § 31 Abs. 1 der Allgemeinen Verfügung zur Ausführung der Grundbuchordnung vom 20. November 1899 (JMBl. S. 349) erhält das Zuwachssteueramt Nachricht durch Übersendung einer Abschrift der dem Katasteramte zu übermittelnden Eigentumsveränderungsliste.

In Spalte 18 der Abschrift ist der der Stempelberechnung zugrunde gelegte Wert und, wenn der in einer bestimmten Summe bezifferte Kauf- oder Erwerbspreis von dem Werte abweicht, auch der Kauf- oder Erwerbspreis anzugeben; hat eine Stempelberechnung nicht stattgefunden, so ist der Kauf- oder Erwerbspreis anzugeben. Darunter ist das Jahr zu vermerken, in dem der zuletzt vorangegangene

Eigentumsübergang stattfand, sowie der damalige Wert (Preis). Liegt dieser Eigentumsübergang vor dem 1. Januar 1885, so ist nur das Jahr des Überganges zu vermerken. Wert oder Preis brauchen nur dann angegeben zu werden, wenn sie aus den Grundakten ersichtlich sind, der frühere Wert oder Preis auch nur dann, wenn er für den jetzt betroffenen Grundbesitz gesondert festgestellt war.

Im Falle von Rückübereignungen bei der Einrichtung von Rentengütern ist die Tatsache der Rückübereignung zur Rentenguteinrichtung in Spalte 19 ersichtlich zu machen.

Bis zu der alsbald von den Oberlandesgerichtspräsidenten zu veranlassenden Herstellung eigener Formulare für die Abschriften sind die vom Katasteramte gelieferten Formulare zu benutzen. In den Formularen für die Abschriften fällt der Vordruck auf der ersten und vierten Seite weg. Auf der dritten Seite werden die ersten Worte in der Überschrift der Spalte 18 geändert in: „Wert (Kauf- oder Erwerbspreis)". Die Spalten 18a, 20 bis 22 scheiden aus; der gewonnene Raum dient zur Verbreiterung der Spalte 19. Unten am Schlusse wird vorgedruckt: „. . . . . den . . . . Gerichtsschreiber des Königlichen Amtsgerichts."

Die erste Seite kann nach Anordnung des Oberlandesgerichtspräsidenten zum Vordrucke der Adresse benutzt werden. Aus der Abschrift soll hervorgehen, daß sie eine Mitteilung für die Zuwachssteuer enthält.

2. In entsprechender Weise und unter Beachtung der hierüber von dem Oberlandesgerichtspräsidenten erlassenen näheren Anweisung sind die Nachrichten durch Übersendung von Eigentumsveränderungslisten, soweit deren Ausfüllung jeweilig möglich ist, zu erteilen:

a) von der Übereignung von Berechtigungen (§ 2 des Gesetzes), für die ein Grundbuchblatt angelegt ist;

b) von der Übereignung von Grundstücken und Berechtigungen, die sich, weil das Grundbuch nicht als angelegt gilt, nach früherem Rechte vollzieht.

3. Durch Übersendung einer Liste nach dem beigefügten Muster erhält das Zuwachssteueramt Nachricht:

a) von allen Fällen, in denen beim Amtsgericht eine Abgabe nach Tarifnummer 11 des Reichsstempelgesetzes zur Erhebung gelangt, mit Ausnahme der Auflassungen;

b) von allen sonst vom Amtsgerichte beurkundeten Rechtsgeschäften, die zu den in § 5 des Gesetzes bezeichneten gehören;

c) von allen sonstigen vom Amtsgerichte beurkundeten Rechtsvorgängen, die nach dem Inhalte der Urkunde der Auflassung nicht bedürfende Fälle des Eigentumsüberganges an Grundstücken (§§ 1, 4 des Gesetzes) oder den Übergang einer Berechtigung (§ 2 des Gesetzes), zum Gegenstande haben;

d) von allen vom Amtsgerichte beurkundeten Übertragungen eines Geschäftsanteils einer Gesellschaft mit beschränkter Haftung.

Der Eintragung in die Liste bedarf es nicht:

zu a, b, wenn die Veräußerung durch Übereignung bereits ausgeführt ist oder bis zur Absendung der Liste ausgeführt wird und die Tatsache der Übereignung in einer der Listen zu Nr. 1 oder 2 zu vermerken ist;

zu c, wenn die Tatsache des Überganges in einer der Listen zu Nr. 1 oder 2 zu vermerken ist;

zu d, wenn sich aus den dem Amtsgericht offenkundigen Tatsachen ergibt, daß die Gesellschaft, deren Anteil übertragen wird, keinen Grundbesitz hat oder nicht unter § 3 des Gesetzes fällt.

Im übrigen ist es auf die Notwendigkeit der Eintragung ohne Einfluß, ob eine Zuwachssteuer zu erheben ist oder nicht.

Die einzelnen Spalten sind nur soweit auszufüllen, als sich die Tatsachen ohne weiteres aus den Urkunden ergeben. Für die Ausfüllung der Spalte 5 ist die Katasterbezeichnung maßgebend.

Jede Liste umfaßt einen Kalendermonat und ist spätestens bis zum 10. Tage des folgenden Monats abzusenden.

4. Von jedem Falle, in welchem dem Amtsgericht als Registergericht zur Kenntnis gebracht wird, daß sich die

Anteile einer unter § 3 des Gesetzes fallenden Vereinigung in einer Hand vereinigen, ist das Zuwachssteueramt alsbald gesondert zu benachrichtigen.

5. Den Amtsgerichten werden von den Zuwachssteuerämtern diejenigen in den Registern des Gerichts eingetragenen Vereinigungen bezeichnet werden, welche nach § 30 Ziffer 4 des Gesetzes von der Steuerpflicht befreit sind. Von jeder Satzungsänderung, durch welche der Satzungszweck einer solchen Vereinigung geändert wird und die dem Amtsgericht als Registergericht zur Kenntnis gebracht wird, ist das Zuwachssteueramt in gleicher Weise alsbald zu benachrichtigen.

6. Die Benachrichtigungen liegen dem Gerichtsschreiber ob.

II.

Soweit Ortsgerichte zuständig sind, Rechtsgeschäfte zu beurkunden, die zu den in § 5 des Gesetzes bezeichneten gehören, haben sie über diese Rechtsgeschäfte die unter Nr. I 3 angeordnete Liste nach Maßgabe der dort getroffenen Bestimmungen zu führen. Der Oberlandesgerichtspräsident erläßt die erforderlichen näheren Anweisungen.

III.

Verzeichnisse der Grundbuchämter, Registergerichte usw. sowie der Notare oder sonstigen Urkundsbeamten (§ 10 Abs. 2 der Ausführungsbestimmungen) sind bis auf weiteres nicht mitzuteilen.

IV.

Die Bestimmungen dieser Verfügung gelten auch für die Amtsgerichte der Fürstentümer Waldeck und Pyrmont.

V.

Diese Verfügung tritt am 1. Juni 1911 in Kraft.

Berlin, den 19. Mai 1911.

Der Justizminister.

4. Zusammenstellung

der den Reichsbevollmächtigten in bezug auf die Zuwachssteuer zugeteilten Bezirke.

Die Aufsicht über die Ausführung des Zuwachssteuergesetzes wird ausgeübt in dem Bezirke	durch den Reichsbevollmächtigten
Preußen	
Provinz	
Ostpreußen Westpreußen	für Zölle und Steuern in Königsberg i. Pr.
Brandenburg	für die Erbschaftssteuer in Berlin
Pommern Posen	für Zölle und Steuern in Stettin
Schlesien	für die Erbschaftssteuer in Berlin
Sachsen	für Zölle und Steuern in Magdeburg
Schleswig-Holstein	für Zölle und Steuern in Altona
Hannover	für Zölle und Steuern in Hannover
Westfalen	für Zölle und Steuern in Münster
Hessen-Nassau	für Zölle und Steuern in Darmstadt
Rheinprovinz	für Zölle und Steuern in Cöln a. Rh.
Hohenzollernsche Lande	für Zölle und Steuern in Darmstadt

III. Die bayerischen Vollzugsvorschriften.[1]

Bekanntmachung, den Vollzug des Zuwachssteuergesetzes vom 14. Februar 1911 betreffend.

(Gesetz- und Verordnungsblatt für das Königreich Bayern, Nr. 45 vom 30. Juni 1911).

K. Staatsministerien der Justiz, des Innern und der Finanzen.

Zum Vollzuge des Zuwachssteuergesetzes vom 14. Februar 1911 (RGBl. S. 33) werden mit Bezug auf die zu diesem Gesetz erlassenen Ausführungsbestimmungen des Bundesrats (GVBl. 1911 S. 189) sowie auf Grund des § 5 der Verordnung vom 1. April 1911 (GVBl. S. 185) die nachstehenden Vorschriften erlassen.

Zuwachssteuerämter und Oberbehörden.

§ 1. Die Verwaltung und Erhebung der Zuwachssteuer obliegt den Rentämtern unter der Leitung der Regierungsfinanzkammern und unter der Oberaufsicht des Staatsministeriums der Finanzen.

In München ist das Stadtrentamt München I, in Nürnberg das Rentamt Nürnberg I zuständig.

Anmeldungsverfahren.

§ 2. Die Rentämter erhalten von den während eines Monats im Grundbuche zur Eintragung gelangten Rechtsänderungen (§ 3 A der Ausführungsbestimmungen des Bundesrats) durch die ihnen von den Grundbuchämtern bis spätestens zum 3. des folgenden Monats zu übersendenden Umschreibverzeichnisse (§ 18 der MinBek. vom 23. Februar 1905 — JMBl. S. 593, FMBl. S. 39) Kenntnis.

---

[1] Zu beachten sind ferner:
1. K. Verordnung vom 1. April 1911 (GVBl. S. 185) [Zuständigkeitsvorschriften],
2. Bek. des Finanzministeriums vom 21. Mai 1911 (GVBl. S. 791) [Wiedergabe der Muster nach § 18 Abs. 2 u. 1 der Bundesratsausführungsvorschriften, erlassen durch Bek. des Reichskanzlers vom 12. Mai 1911, s. oben S. 174],
3. Bek. des Justizministeriums vom 27. Juni 1911 (JMBl. S. 263) über die Mitwirkung der Justizbehörden beim Vollzug des Zuwachssteuergesetzes.

Ferner sind die bei den Notaren vorkommenden Fälle der Erhebung der Abgabe auf Grund der Tarifnummer 11 des Reichsstempelgesetzes (§ 3 C Ziff. 1 der Ausführungsbestimmungen des Bundesrats), die von den Notaren beurkundeten Rechtsvorgänge, die der Auflassung und Eintragung ins Grundbuch nicht bedürfende Fälle des Eigentumsüberganges an Grundstücken oder den Übergang einer Berechtigung zum Gegenstande haben oder zu den im § 5 des Gesetzes bezeichneten Rechtsgeschäften gehören (§ 3 C Ziff. 2 der Ausführungsbestimmungen des Bundesrats), sowie die notariell beurkundeten Abtretungen von Anteilen einer Gesellschaft mit beschränkter Haftung (§ 3 C Ziffer 3 der Ausführungsbestimmungen des Bundesrats) aus den notariellen Gebührenregistern ersichtlich.

Auf Grund des § 4 Abs. 3, § 6 Abs. 3 der Ausführungsbestimmungen des Bundesrats wird daher verfügt, daß die Mitteilung von Übereignungsanzeigen durch die Grundbuchämter (§ 3 A, § 4 Abs. 1, 2 der Ausführungsbestimmungen des Bundesrats) nur im Falle der Übertragung des Bergwerkseigentums erfolgt, sowie daß Veräußerungsanzeigen durch den Notar (§ 3 C 1 bis 3, § 6 Abs. 1, 2 der Ausführungsbestimmungen des Bundesrats) nur einem Rentamte erstattet werden, mit dem der Notar nicht über die Gebühren abrechnet, und das sich auch nicht am gleichen Sitze, wie der Notar, befindet. Die Grundbuchämter und die Notare haben jedoch die Vorträge in den Umschreibverzeichnissen und in den Gebührenregistern, welche sich auf Rechtsvorgänge oder Beurkundungen beziehen, hinsichtlich deren die Anzeigepflicht besteht, durch Voransetzung des Buchstaben „Z" am Rande vor der Spalte 1 kenntlich zu machen. Außerdem sind im notariellen Gebührenregister in der Spalte 4 der Name, Stand und Wohnort sowohl des Erwerbers als des Veräußerers anzugeben sowie in der Spalte 5 die Gemeindebezirke zu bezeichnen, in denen die übereigneten Grundstücke oder Berechtigungen liegen. Bei Rechtsvorgängen, bei denen es zum Übergange des Eigentums der Eintragung in das Grundbuch nicht bedarf, ist ferner in der Spalte 5 des notariellen Gebührenregisters der § 4 Abs. 1 Halbsatz 2, bei Übertragungen von Geschäftsanteilen an Gesellschaften mit beschränkter Haftung der § 3 des Gesetzes anzuführen.

Für andere Behörden oder Beamte als die Notare, insbesondere für die Prozeßgerichte im Falle des Abschlusses von Prozeßvergleichen, für die Distriktsverwaltungsbehörden im Falle einer gütlichen Einigung nach Artikel 26 des Gesetzes zur Ausführung der Reichszivilprozeßordnung und Konkursordnung in der Fassung vom 26. Juni 1899 findet eine Ausnahme von den Vorschriften des § 6 Abs. 1, 2 der Ausführungsbestimmungen des Bundesrats nicht statt.

§ 3. Hinsichtlich der Mitteilungspflicht der Registergerichte hat es bei der Vorschrift im § 5 Abs. 1 der Ausführungsbestimmungen des Bundesrats zu bewenden.

Die im § 5 Abs. 2 der Ausführungsbestimmungen des Bundesrats vorgeschriebene Feststellung, ob die in das Register neu eingetragenen Vereinigungen unter den § 3 des Gesetzes fallen, erfolgt durch Beamte des am Sitze des Registergerichts befindlichen Rentamts. Letzteres verständigt das Rentamt, in dessen Bezirk die Vereinigung ihren Sitz hat.

§ 4. Verzeichnisse der im Steuerbezirke befindlichen Grundbuchämter, Registergerichte und Notare (§ 10 Abs. 2 der Ausführungsbestimmungen des Bundesrats) werden den Rentämtern nicht mitgeteilt.

Vorverfahren.

§ 5. Die Steuerpflicht entsteht nach § 4 Abs. 1 des Gesetzes mit der Eintragung der Rechtsänderung in das Grundbuch oder, wenn es einer solchen zum Übergange des Eigentums nicht bedarf, z. B. beim Eigentumserwerb im Wege der Zwangsversteigerung (§ 90 des Gesetzes über die Zwangsversteigerung und die Zwangsverwaltung), mit dem Vorgange, der die Rechtsänderung bewirkt. Die Steuerpflicht entsteht ferner nach § 3 des Gesetzes mit dem Übergange von Rechten an dem Vermögen der dort bezeichneten Vereinigungen, endlich nach § 5 des Gesetzes aus den dort bezeichneten Rechtsgeschäften, wenn seit dem Geschäftsabschluß ein Jahr verflossen ist, ohne daß der Übergang des Eigentums erfolgt ist.

§ 6. Nach § 12 der Ausführungsbestimmungen des Bundesrats sind die in den Mitteilungen und Anmeldungen enthaltenen Rechtsvorgänge, sobald sie zu einer steuerlichen Behandlung Anlaß geben, sobald also die Steuerpflicht entstanden ist, in die Zuwachssteuerliste zu übernehmen. Die Rentämter haben daher sofort in die Zuwachssteuerliste zu übertragen:

1. aus den monatlichen Umschreibverzeichnissen der Grundbuchämter alle Fälle der Umschreibung von Eigentumsübergängen an Grundstücken oder von Übergängen an grundstücksgleichen Rechten. Die treffenden Vorträge sind vom Grundbuchamt am Rande des Umschreibverzeichnisses vor der Spalte 1 durch Beisetzung des Buchstaben „Z" gekennzeichnet. Nach der erfolgten Übertragung in die Zuwachssteuerliste wird im Umschreibverzeichnis unter dem Buchstaben „Z" die Nummer der Zuwachssteuerliste vermerkt;
2. aus den monatlichen Gebührenregistern der Notare alle Fälle, bei denen es sich um die Abtretung von Geschäftsanteilen einer Gesellschaft mit beschränkter Haftung oder um Eigentums- oder Rechtsübergänge handelt, die der Eintragung im Grundbuche nicht bedürfen. Diese Fälle sind im notariellen Gebührenregister durch Voransetzung des Buchstaben „Z" vor der Spalte 1 gekennzeichnet; außerdem ist in der Spalte 5 bei ersteren Fällen der § 3, bei letzteren Fällen der § 4 Abs. 1 Halbsatz 2 angeführt. Nach der Übertragung wird im Gebührenregister unter dem Buchstaben „Z" die Nummer der Zuwachssteuerliste vermerkt;
3. aus den von Notaren oder von anderen Behörden oder Beamten, insbesondere von Gerichten, Distriktsverwaltungsbehörden erstatteten Veräußerungsanzeigen (§ 6 Abs. 1, 2, § 7 Abs. 1 der Ausführungsbestimmungen des Bundesrats) die darin mitgeteilten Fälle der in der Ziff. 2 bezeichneten Art. Nach erfolgter Übertragung des Falles in die Zuwachssteuerliste wird die Nummer der Zuwachssteuerliste in der Veräußerungsanzeige vermerkt und letztere zu den Spezialakten genommen.

§ 7. Veräußerungsgeschäfte, bei denen es zum Übergange des Eigentums der Eintragung im Grundbuche bedarf, sowie sonstige Rechtsgeschäfte der im § 5 des Gesetzes bezeichneten Art sind in die Znwachssteuerliste erst dann zu übertragen, wenn seit dem Geschäftsabschluß ein Jahr verflossen ist, ohne daß der Übergang des Eigentums erfolgt ist. Zu diesem Zwecke haben die Rentämter allmonatlich die Gebührenregister der Notare an der Hand der grundbuchamtlichen Umschreibverzeichnisse einer Durchsicht zu unterstellen und bei allen Fällen, bezüglich deren die erfolgte Umschreibung im Grundbuch aus den Umschreibverzeichnissen ersichtlich ist, die Nummer der Zuwachssteuerliste unter dem Buchstaben „Z" am Rande vor der Spalte 1 zu vermerken. Jene Fälle, die nach Umfluß eines Jahres seit der Beurkundung nicht auf diese Weise ihre Erledigung gefunden haben, sind in die Zuwachssteuerliste unter Vermerkung der Nummer der letzteren im Gebührenregister zu übertragen. In gleicher Weise sind auch die bei den Rentämtern eingelaufenen besonderen Veräußerungsanzeigen über Rechtsgeschäfte der vorerwähnten Art zu behandeln. Auch diese sind allmonatlich mit den grundbuchamtlichen Umschreibverzeichnissen zu vergleichen. Ergibt sich, daß die Umschreibung im Grundbuche stattgefunden hat, so ist die Anzeige zu den Spezialakten zu nehmen. Geschäfte, die innerhalb eines Jahres seit der Beurkundung nicht auf diese Weise ihre Erledigung gefunden haben, sind in die Zuwachssteuerliste zu übertragen; die Anzeigen hierüber sind zu den Spezialakten zu nehmen.

§ 8. Ersieht das Rentamt, daß sich ein Gebührenregistervertrag oder eine Veräußerungsanzeige auf Grundstücke oder Berechtigungen bezieht, die teils im eigenen Amtsbezirke, teils im Bezirk eines anderen Rentamts oder eines außerbayerischen Zuwachssteueramts liegen, so ist mit dem mitbeteiligten Rentamt oder außerbayerischen Zuwachssteueramt ins Benehmen zu treten und nach näherer Feststellung des Sachverhalts behufs Bestimmung der für die Zuwachssteuerveranlagung zuständigen Behörde (§ 2 der Ausführungsbestimmungen des Bundesrats) an die vorgesetzte Regierungsfinanzkammer zu berichten. Ist die Entscheidung über die Zuständigkeit vom Staatsministerium der Finanzen oder vom Reichskanzler zu treffen, so berichten die Regierungsfinanzkammern an das Staatsministerium der Finanzen.

§ 9. Die Anmeldepflicht des Veräußerers und des Erwerbers besteht nach § 37 des Gesetzes und § 3 D der Ausführungsbestimmungen des Bundesrats für die steuerpflichtigen Rechtsvorgänge sowie für Rechtsgeschäfte der im § 5 des Gesetzes bezeichneten Art, bei denen eine Preis- oder Werterhöhung eintritt. Die Anmeldepflicht entfällt jedoch, wenn innerhalb der Anmeldefrist die Auflassung oder die Eintragung im Grundbuch erfolgt ist, ferner bei Rechtsgeschäften der im § 5 des Gesetzes bezeichneten Art, wenn die Beurkundung durch einen Mitteilungspflichtigen nach § 3 A bis C der Ausführungsbestimmungen des Bundesrats vorgenommen ist. Hiernach sind von besonderer Bedeutung die Anmeldungen der Veräußerer und der Erwerber über nicht notariell beurkundete (z. B. lediglich beglaubigte) Rechtsgeschäfte der im § 5 des Gesetzes bezeichneten Art, sowie über nicht notariell beurkundete Übergänge von Rechten an dem Vermögen (Anteilen) von offenen Handelsgesellschaften, Kommanditgesellschaften, Gewerkschaften, eingetragenen Genossenschaften oder eingetragenen Vereinen der im § 3 des Gesetzes bezeichneten Art.

§ 10. Die Anmeldungen, die sich auf dem Rentamte bereits durch die grundbuchamtlichen Umschreibverzeichnisse, durch die Gebührenregister der Notare oder durch besondere Veräußerungsanzeigen mitgeteilte Rechtsvorgänge beziehen, sind mit diesen in Behandlung zu nehmen. Anmeldungen, durch die das Rentamt von einem ihm noch nicht mitgeteilten steuerpflichtigen Eigentums- oder Rechtsübergang oder Rechtsgeschäfte der im § 5 des Gesetzes bezeichneten Art Kenntnis erlangt, sind wie Veräußerungsanzeigen gleichen Inhalts zu behandeln.

§ 11. Nachdem die in die Zuwachssteuerliste aufzunehmenden Fälle in diese übertragen sind, erfolgt im Vorverfahren die Ausscheidung der Fälle, die zu einer Steuerveranlagung keinen Anlaß bieten, weil ein gesetzlicher Befreiungsgrund nach § 1 Abs. 2, § 7, § 30, § 63 des Gesetzes vorliegt, weil die zu erwartende Steuer unter 20 Mk. bleibt oder weil es sich lediglich um eine Rückübertragung nach § 34 des Gesetzes handelt (§ 12 Abs. 3 der Ausführungsbestimmungen des Bundesrats). Ferner sind von den in die Zuwachssteuerliste übernommenen Übertragungen von Rechten an dem Vermögen (Anteilen) von Gesellschaften oder Vereinigungen jene auszuscheiden, die sich auf Gesellschaften oder Vereinigungen beziehen, bei denen die Voraussetzungen für die Steuerpflicht nach § 3 des Gesetzes nicht gegeben sind.

Die Ausscheidung (Abs. 1) soll möglichst auf Grund der vorliegenden amtlichen Behelfe (Umschreibverzeichnisse, notarielle Gebührenregister, Veräußerungsanzeigen, Grundsteuerkataster, Steuerveranlagungsverhandlungen u. dgl.) und unter tunlichster Vermeidung der persönlichen Heranziehung und Einvernahme der Pflichtigen oder der Anstellung peinlicher Ermittelungen erfolgen. Bestehen jedoch hinsichtlich des Vorliegens der Voraussetzungen für die Steuerbefreiung oder die Freiveranlagung Zweifel, die amtlicherseits nicht behoben werden können, so hat das Rentamt mit den Beteiligten mündlich oder schriftlich ins Benehmen zu treten, sowie veranlaßtenfalls die in den Händen der Beteiligten befindlichen Urkundenabschriften zur Einsicht zu erholen.

Ob die Urkunde vor dem 1. Januar 1911 in öffentlich beglaubigter Form errichtet ist (§ 63 des Gesetzes), ob der Veräußerer persönlich befreit ist (§ 30 Ziff. 1 bis 3 des Gesetzes), sowie ob die Voraussetzungen des § 7 Abs. 1 Ziff. 1 bis 4, 7 des Gesetzes gegeben sind, wird regelmäßig ohne weiteres aus den Umschreibverzeichnissen im Zusammenhalte mit den notariellen Gebührenregistern oder aus den vorliegenden Veräußerungsanzeigen festzustellen sein.

§ 12. Die Anlegung von Grundstücksblättern (§ 11 Abs. 1 der Ausführungsbestimmungen des Bundesrats) findet nicht statt. Dafür ist bei den Umschreibungen im Grundsteuerkataster in der Bemerkungsrubrik die Nummer der Zuwachssteuerliste zu vermerken. Ein entsprechender Vermerk in der Bemerkungsspalte des Grundsteuerkatasters hat außerdem auch in den Fällen des § 11 Abs. 1 Ziff. 3, des § 23 Abs. 2, 3, des § 31 Abs. 2 und des § 33 der Ausführungsbestimmungen des Bundesrats zu erfolgen.

Hauptverfahren.

§ 13. Hat das Vorverfahren nicht ergeben, daß die Voraussetzungen der Steuerbefreiung oder der Freiveranlagung vorliegen, so erfolgt im Hauptverfahren die Veranlagung der Steuer.

§ 14. Das Veranlagungsverfahren ist in den §§ 18 bis 25 der Ausführungsbestimmungen des Bundesrats geregelt. Bei der Schwierigkeit der im Veranlagungsverfahren herbeizuführenden Feststellungen ist auf die persönliche Einvernahme der Beteiligten sowie auf mündliches Verhandeln mit diesen besonderes Gewicht zu legen. Soweit im Veranlagungsverfahren Erklärungen der Beteiligten (Anmeldungen, Zuwachssteuererklärungen, Sondererklärungen) abzugeben sind, können diese auch zum Protokoll des Rentamts abgegeben werden. Das Rentamt hat ferner in allen Fällen von den Erwerbs- und Veräußerungsurkunden Einsicht zu nehmen sowie Abschriften oder wenigstens Auszüge von ihnen zu den Akten zu fertigen.

§ 15. Betrifft der steuerpflichtige Rechtsvorgang steuerpflichtige und steuerfreie Gegenstände (z. B. beim Verkauf eines Fabrikgebäudes mit den Maschinen, beim Verkauf eines landwirtschaftlichen Besitztums mit der stehenden Ernte, beim Verkauf eines Waldgrundstücks mit den daraufstehenden Bäumen) oder betrifft ein steuerpflichtiger Vorgang mehrere steuerpflichtige Gegenstände, die für die Zuwachssteuerberechnung gesondert zu behandeln sind (z. B. Verkauf eines Grundstücks, dessen Teile zu verschiedenen Zeiten erworben wurden), so sind vom Steuerpflichtigen die Einzelpreise oder -werte anzugeben. Wird die Angabe unterlassen und auch auf Erfordern des Rentamts binnen einer zu stellenden Frist nicht nachgeholt, so ist das Rentamt berechtigt, die Ausscheidung auf Grund der ihm zur Verfügung stehenden Unterlagen oder falls solche mangeln, im Wege der Schätzung vorzunehmen. Das gleiche gilt, wenn in diesen Fällen die Einzelpreise oder -werte vom Steuerpflichtigen zur Steuerersparung unrichtig angegeben sind (§ 13 des Gesetzes).

§ 16. Trägt das Rentamt Bedenken, die Angaben in einer Steuererklärung oder Sondererklärung als richtig anzuerkennen und wird auch durch die dem Steuerpflichtigen nach § 40 des Gesetzes abzufordernde Gegenerklärung eine Beseitigung der Meinungsverschiedenheiten (Einigung) nicht erzielt, so ist das Rentamt berechtigt, die erforderlichen Ermittelungen (Sachverständigenschätzungen, sonstige Erhebungen,

Ermittelungen auf Grund der Kataster u. dgl.) selbständig vorzunehmen und danach die Steuer zu erheben. Dies gilt insbesondere auch für den Fall, daß über den Wert eines Grundstücks oder Grundstückteils Streit besteht. Sofern daher eine Einigung nicht zustande kommt, ist das Rentamt befugt, über den Wert des Grundstücks oder Grundstückteils selbständig Ermittelungen anzustellen, insbesondere eine Schätzung durch Sachverständige herbeizuführen und auf Grund der hiernach beschafften Unterlagen die Steuer zu bemessen.

Ist der Wert eines Grundstücks oder Grundstücksteils aus Anlaß der Erhebung der bayerischen Landesgebühren für den in Betracht kommenden Erwerbs- oder Veräußerungsvertrag im Wege des Wertsermittelungsverfahrens nach Art. 42 des Gebührengesetzes gerichtlich festgestellt worden, so ist dieser Wert auch bei der Berechnung der Zuwachssteuer zugrunde zu legen, sofern nicht der Steuerpflichtige nachweist, daß der Wert ein anderer war.

§ 17. Vergleiche nach § 23 der Ausführungsbestimmungen des Bundesrats sind vom Steuerpflichtigen sowie vom Rentamtsvorstande, bei dessen Verhinderung von seinem Stellvertreter, zu unterzeichnen.

Läßt bei einem Vergleiche der Unterschied zwischen Erwerbs- und Veräußerungspreis ohne Berücksichtigung der anzurechnenden Aufwendungen einen Steuerertrag von mehr als 2000 Mark erwarten, so bedarf der Vergleich vor dem Abschlusse der Genehmigung der Regierungsfinanzkammer.

§ 18. Sobald die erforderlichen Feststellungen gepflogen sind, erfolgt die Berechnung der Zuwachssteuer für die Akten sowie die Erlassung und Zustellung des Steuerbescheids (§ 24, 25 der Ausführungsbestimmungen des Bundesrats). Die Steuerberechnung ist vor der Erlassung des Steuerbescheids dem Steuerpflichtigen zur Äußerung mitzuteilen, wenn die Ermittlungsergebnisse von den Angaben des Steuerpflichtigen abweichen und die Voraussetzungen des § 40 Abs. 2 des Gesetzes gegeben sind. Die Zustellung des Steuerbescheids erfolgt unter entsprechender Anwendung des § 6 der Vollzugsvorschriften vom 25. Januar 1901 zum Gesetz über den Verwaltungsgerichtshof vom 8. August 1878

(GVBl. 1901 S. 41), jedoch hat die Bezeichnung des zuzustellenden Schriftstücks mit „Verwaltungsrechtssache" in Wegfall zu kommen.

Gleichzeitig mit der Erlassung des Steuerbescheids hat das Rentamt die festgesetzte Zuwachssteuer im Sollbuche (§ 26 der Ausführungsbestimmungen des Bundesrats) zu Soll zu stellen.

Erhebung der Steuer, Niederschlagung, Erstattung.

§ 19. Nach Umfluß der im Steuerbescheide für die Entrichtung der Steuer bestimmten Frist (§ 43 des Gesetzes), die mindestens einen Monat betragen muß, erfolgt die Einziehung der Steuer nach Maßgabe der für die Einhebung und Beitreibung der Staatsgefälle geltenden Vorschriften, vorbehaltlich jedoch des § 49 des Gesetzes, wonach, wenn der Pflichtige ein Deutscher ist, zum Zwecke der Einziehung der Zuwachssteuer die Zwangsversteigerung eines Grundstücks ohne seine Zustimmung nicht zulässig ist. Die Einlegung der Beschwerde, der weiteren Beschwerde sowie die Beschreitung des Verwaltungsrechtswegs hat keine aufschiebende Wirkung (§ 45 Abs. 4, § 46 Abs. 2 des Gesetzes).

§ 20. Zur Bewilligung von Stundungen und Teilzahlungen (§ 48 des Gesetzes, § 27 der Ausführungsbestimmungen des Bundesrats) sind, falls die Bewilligung sich auf nicht mehr als 3 Monate erstreckt, die Rentämter, im übrigen die Regierungsfinanzkammern zuständig. Stundungen und Teilzahlungen dürfen nur gegen entsprechende Sicherheitsleistung bewilligt werden. Die Gewährung von Ausnahmen bedarf der Genehmigung des Staatsministeriums der Finanzen.

§ 21. Zur Niederschlagung von Zuwachssteuerbeträgen wegen Uneinbringlichkeit (§ 28 der Ausführungsbestimmungen des Bundesrats) sind die Regierungsfinanzkammern zuständig.

§ 22. Über Anträge auf Erlaß oder Erstattung einer Zuwachssteuer entscheiden in den Fällen des § 29 Abs. 1, § 30 Abs. 1 der Ausführungsbestimmnngen des Bundesrats die Regierungsfinanzkammern. Der Genehmigung der Regierungsfinanzkammer bedarf auch die in § 29 Abs. 2 ebenda vorgesehene Erstattung von Amtswegen.

Über die Erstattungen wird an Stelle des in den Ausführungsbestimmungen des Bundesrats vorgesehenen Anhangs zum Sollbuch (§ 26 der Ausführungsbestimmungen und Muster 12) ein Rückvergütungsregister nach dem anruhenden Muster A[1]) geführt.

Feststellungsbescheid.

§ 23. Die Feststellungsbescheide (§ 47 des Gesetzes) sind vor der Zustellung der Regierungsfinanzkammer zur Vornahme einer Nachprüfung vorzulegen.

Die für die Erteilung des Bescheids zu entrichtende Gebühr fließt in die Staatskasse und ist im rentamtlichen Gebührenregister unter den Gebühren aus der Finanzverwaltung zu vereinnahmen.

Beschwerdeverfahren.

§ 24. Gegen den rentamtlichen Steuerbescheid findet Beschwerde an die Regierungsfinanzkammer statt (§ 44 Abs. 1 Ziff. 1 des Gesetzes). Die Beschwerde ist binnen einer Frist von einem Monate seit der Zustellung des Steuerbescheids beim Rentamte anzubringen (§ 45 Abs. 1 des Gesetzes).

Gegen den Bescheid der Regierungsfinanzkammer ist weitere Beschwerde zum Staatsministerium der Finanzen sowie Beschwerde an den Verwaltungsgerichtshof zulässig. Die Einlegung der weiteren Beschwerde zum Staatsministerium der Finanzen hat binnen einer Frist von einem Monate (§ 35 Abs. 2 der Ausführungsbestimmungen des Bundesrats), die Einlegung der Beschwerde an den Verwaltungsgerichtshof binnen einer Frist von 14 Tagen (Art. 22 Abs. 4 des Gesetzes über den Verwaltungsgerichtshof vom 8. August 1878) seit der Zustellung des Beschwerdebescheids bei der Regierungsfinanzkammer zu erfolgen. Der Verwaltungsgerichtshof behandelt die Beschwerde nach den Vorschriften für Verwaltungsrechtssachen (Art. 16 bis 44 des Gesetzes über den Verwaltungsgerichtshof vom 8. August 1878).

Wird gegen den Beschwerdebescheid der Regierungsfinanzkammer sowohl die weitere Beschwerde zum Staats-

[1]) Hier nicht abgedruckt. Siehe GVBl. 1911 S. 981.

ministerium der Finanzen als auch die Beschwerde zum Verwaltungsgerichtshof ergriffen, so sind die Akten zunächst dem Staatsministerium der Finanzen in Vorlage zu bringen.

Das Beschwerdeverfahren sowie das verwaltungsrechtliche Verfahren unterliegt der Gebührenpflicht nach Maßgabe der Vorschriften des Gebührengesetzes.

Verrechnung und Ablieferung.

§ 25. Die zur Einzahlung gelangten Zuwachssteuerbeträge werden nach Eingang im Einnahmebuch einnahmlich verbucht. Das Einnahmebuch ist nach dem anruhenden Muster B [1]) anzulegen.

§ 26. Bei der einnahmlichen Buchung ist auszuscheiden, wieviel von dem eingezahlten Betrag auf das Reich, auf den Staat und auf die Gemeinde trifft (§ 58 des Gesetzes).

Sind mehrere Gemeinden beteiligt, so wird in der Spalte 10 des Einnahmebuchs zunächst nur der auf sämtliche Gemeinden treffende Gesamtbetrag vorgetragen. Die Bestimmung des auf jede einzelne Gemeinde treffenden Anteils erfolgt durch die vorgesetzte Regierungsfinanzkammer. Liegen die Gemeinden in verschiedenen Regierungsbezirken, so entscheidet das Staatsministerium der Finanzen, liegen die Gemeinden in verschiedenen Bundesstaaten, so entscheidet der Bundesrat (§ 41 der Ausführungsbestimmungen des Bundesrats). Vor der Herbeiführung der höheren Entscheidung ist der rentamtliche Verteilungsvorschlag den beteiligten Gemeinden und, wenn für diese oder für eine von ihnen ein gemeindlicher Zuschlag (§ 59 des Gesetzes) erhoben wird, auch dem Steuerpflichtigen zur Äußerung mitzuteilen.

Den Maßstab für die Verteilung bildet regelmäßig die Höhe des in den einzelnen Gemeinden entstandenen Wertzuwachses.

§ 27. Das Einnahmebuch wird am letzten Werktag eines jeden Monats abgeschlossen. Die sich dabei ergebenden Anteile des Reichs, des Staates und der Gemeinden (einschließlich der Nacherhebungen und abzüglich der Erstattungen,

---

[1]) Hier nicht abgedruckt. Siehe GVBl. 1911 S. 985.

vgl. § 31) sind alsdann in die monatlichen Reichssteuerübersichten und in die vierteljährlichen „Übersichten der Einnahmen an Zöllen und Reichssteuern" nach Maßgabe der für die Aufstellung dieser Übersichten geltenden Vorschriften einzustellen.

§ 28. Über den Anteil des Reichs an der Zuwachssteuer rechnet die Zentralstaatskasse mit der Reichshauptkasse vierteljährlich nach näherer Vorschrift des § 9 der Bestimmungen zur Regelung der Abrechnungen zwischen der Reichshauptkassa und den Landeskassen vom 23. Juni 1910 ab. Die buchmäßige Behandlung der Ablieferungen der Rentämter und Kreiskassen erfolgt in den Staatsfondskassebüchern.

Der Anteil Bayerns wird von den Rentämtern behufs einnahmlicher Verrechnung in der Staatsfondsrechnung (Nachweisung Nr. 3 Einnahmen Kap. 2 unter dem Titel „Anteil an der „Zuwachssteuer", für das Jahr 1911 unter § 10 a) in die Staatsfondskassebücher übertragen.

Die Hinausvergütung der Anteile der Gemeinden erfolgt in der Weise, daß jeder Gemeinde beim Abschlusse des Einnahmebuchs der ihr zukommende Gesamtbetrag ohne Ausscheidung auf die einzelnen Steuerfälle in einer Summe überwiesen wird. Gemeindliche Anteile, die am Monatsschlusse noch nicht feststehen (§ 26 Abs. 2) werden nach erfolgter Feststellung gesondert überwiesen. Zum Zwecke der Hinausvergütung der gemeindlichen Anteile wird der Gesamtbetrag der letzteren beim Abschlusse des Einnahmebuchs in die Staatsfondskassebücher (durchlaufende Gelder) übertragen.

Das Gleiche (Abs. 3) gilt auch für die Anteile, die den Distriktsgemeinden zukommen (§ 4 der Verordnung vom 1. April 1911, GVBl. S. 185).

Von den Hinauszahlungen an amtsfremde Gemeinden wird den Rentämtern dieser Gemeinden Nachricht gegeben. Die empfangenden Rentämter sammeln die Nachrichten und stellen sie zum Zwecke der Überwachung den Gemeindeverwaltungen und ihren Aufsichtsbehörden zur Verfügung.

§ 29. Auf Grund der von den Rentämtern erstatteten vierteljährlichen Übersichten weisen die Regierungsfinanzkammern den bei den einzelnen Rentämtern aufgekommenen

Anteil Bayerns zur einnahmlichen Verrechnung in der Staatsfondsrechnung ein.

Prüfungsverfahren.

§ 30. Im Laufe des dritten Vierteljahrs nach Ablauf des Rechnungsjahrs senden die Rentämter die Zuwachssteuerliste, das Zuwachssteuersollbuch, das Zuwachssteuereinnahmebuch sowie das Rückvergütungsregister an die Regierungsfinanzkammer ein.

Die Regierungsfinanzkammer prüft im allgemeinen die Listen- und Buchführung und stellt fest, ob die während des Rechnungsjahrs erstatteten monatlichen und vierteljährlichen Übersichten mit den Abschlüssen des Einnahmebuchs sich in Übereinstimmung befinden. Alsdann gibt sie die sämtlichen Behelfe an den Reichsbevollmächtigten zur Auswahl der von ihm einzusehenden Akten ab.

Die weitere Prüfung der Zuwachssteuererhebung, insbesondere die Prüfung der Akten erfolgt am Sitze der Rentämter durch abgeordnete Prüfungsbeamte der Regierungsfinanzkammer (örtliche Revision). Diese Beamten geben auch die im § 26 Abs. 3 der Ausführungsbestimmungen des Bundesrats vorgesehene Bestätigung ab.

§ 31. Ergeben sich infolge der Prüfungsverhandlungen Nachholungen, so sind die nachzuholenden Beträge im Sollbuche zu Soll zu stellen und nach Einzahlung im Einnahmebuche zu vereinnahmen.

Ergeben sich durch die Prüfungsverhandlungen Rückerstattungen, so sind diese in der Spalte 6 des Sollbuchs in Abgang zu bringen und im Rückvergütungsregister einzutragen. Das Rückvergütungsregister wird allmonatlich abgeschlossen. Die Monatssumme der Spalten 8 bis 11 wird beim Abschlusse des Einnahmebuchs an der Summe der Spalten 7 bis 10 des letzteren gekürzt.

Kosten.

§ 32. Die Kosten des Verwaltungsverfahrens in Zuwachssteuersachen — abgesehen von dem Rechtsmittel- und Strafverfahren — fallen, soweit nicht im § 40 Abs. 2 und im

§ 47 Abs. 2 des Gesetzes ein anderes bestimmt ist, der Staatskasse zur Last (§ 56 des Gesetzes, § 32 der Ausführungsbestimmungen des Bundesrats).

Die Kosten für die von den Finanzbehörden benötigten Formulare sind nach Anfall zahlbar; sie werden auf die Nachweisung Nr. 3 „Ausgaben" unter der neu einzustellenden Position Kap. 4 „Auf die Zuwachssteuer" verrechnet. Das Gleiche gilt hinsichtlich der Kosten für die Formulare zu den besonderen Mitteilungen (§ 6 der Ausführungsbestimmungen des Bundesrats) anderer staatlicher Behörden (Gerichte, Bezirksämter); diese Kosten werden von den treffenden Behörden beim zuständigen Rentamte zur Auszahlung liquidiert.

Sonstige Kosten des Verfahrens (Schätzungskosten und dergl.), die nicht nach § 40 Abs. 2 und § 47 Abs. 2 des Gesetzes dem Steuerpflichtigen überbürdet werden können und daher der Staatskasse zur Last fallen, bedürfen der Einweisung durch die Regierungsfinanzkammer. Die Verrechnung erfolgt gleichfalls auf die Nachweisung Nr. 3 „Ausgaben", Kap. 4 „Auf die Zuwachssteuer".

Gemeindliche Zuschläge.

§ 33. Die Gemeinden sind nach näherer Maßgabe des § 59 des Gesetzes berechtigt, durch Satzung zu bestimmen, daß zu dem Anteil, der ihnen nach § 58 des Gesetzes von dem Ertrage der Steuer zufließt, für ihre Rechnung Zuschläge erhoben werden.

Die Einführung des Zuschlags und dessen Bemessung erfolgt in Gemeinden mit städtischer Verfassung durch Beschluß des Magistrats unter Zustimmung der Gemeindebevollmächtigten, in rechtsrheinischen Landgemeinden durch Beschluß des Gemeindeausschusses unter Zustimmung der Gemeindeversammlung, in Gemeinden mit pfälzischer Gemeindeverfassung durch Beschluß des Gemeinderats. Außerdem ist in allen diesen Fällen die Genehmigung des Staatsministeriums des Innern erforderlich, die im Benehmen mit dem Staatsministerium der Finanzen ergeht.

Zur Erholung der Genehmigung sind an das Staatsministerium des Innern Abschriften der Beschlüsse der gemeindlichen Vertretungskörper mit einer Übersicht nach dem

Muster der Beilage C [1]) einzusenden. Die Einsendung erfolgt mit Begleitbogen oder mit kurzem Bericht oder Randbericht und zwar durch die kreisunmittelbaren Stadtmagistrate unmittelbar, außerdem durch Vermittlung der Bezirksämter. Weitere Schriftstücke, Rechnungen u. dgl. sind der Vorlage nicht beizufügen; auch die Abfassung eines eigenen Gesuchs hat zu unterbleiben. Die Beschlußabschriften müssen ersehen lassen, daß die Beschlüsse gültig zustande gekommen sind.

Die Genehmigung des Staatsministeriums des Innern wird im Justizministerialblatt und im Finanzministerialblatt ausgeschrieben. Den örtlich zunächst beteiligten Behörden wird außerdem die Genehmigungsentschließung besonders mitgeteilt.

§ 34. Die Berechnung und Erhebung des Zuschlags erfolgt auf Antrag der Gemeinde durch das Rentamt, dem die Erhebung der Zuwachssteuer obliegt.

Der Antrag ist in dem im § 33 Abs. 2 erwähnten Beschlusse zu stellen.

§ 35. Bei der im § 33 Abs. 4 erwähnten Veröffentlichung wird bekannt gegeben, ob der Zuschlag durch das Rentamt zu berechnen und zu erheben ist oder ob die Berechnung und Erhebung durch die Gemeinde erfolgt.

Die Genehmigungen werden von den Rentämtern in ein Verzeichnis eingestellt, das auf dem laufenden zu halten ist.

§ 36. Die Berechnung und Erhebung der gemeindlichen Zuschläge durch das Rentamt erfolgt nach den Vorschriften der §§ 37 bis 42.

§ 37. Das Rentamt hat den Zuschlag zu berechnen, sobald der Anteil der den Zuschlag erhebenden Gemeinde an der Zuwachssteuer feststeht.

Hienach erfolgt die Berechnung des Zuschlags, wenn außer der den Zuschlag erhebenden Gemeinde eine andere Gemeinde nicht beteiligt ist, sofort bei der Erlassung des Steuerbescheids.

---

[1]) Hier nicht abgedruckt. Siehe GVBl. 1911 S. 988.

Sind mehrere Gemeinden beteiligt, so kann der Zuschlag erst dann berechnet werden, wenn durch die zuständige höhere Behörde festgestellt ist, wieviel von dem gemeindlichen Anteil an der Zuwachssteuer auf die den Zuschlag erhebende Gemeinde entfällt (§ 26 Abs. 2).

§ 38. Nach der Berechnung des Zuschlags in den Akten ist der geschuldete Betrag dem Pflichtigen bekannt zu geben und einzufordern. Die Bekanntgabe und Einforderung ist in den Fällen des § 37 Abs. 2 mit dem Steuerbescheide zu verbinden; die Beträge der Reichsabgabe und des Zuschlags sind jedoch hiebei getrennt zum Vortrage zu bringen.

Die Einhebung und Beitreibung erfolgt nach den gleichen Vorschriften wie die Einhebung und Beitreibung der Zuwachssteuer.

§ 39. Der gemeindliche Zuschlag ist in der Zuwachssteuerliste und im Zuwachssteuersollbuch auf einer eigenen Zeile unter dem Vortrage der in der gleichen Sache angefallenen Zuwachssteuer vorzutragen. Vor der Spalte 20 der Zuwachssteuerliste und der Spalte 5 des Sollbuchs ist dabei zu vermerken „Gemeindlicher Zuschlag".

Im Einnahmebuch und im Rückvergütungsregister ist für die gemeindlichen Zuschläge je vor der Bemerkungsspalte eine eigene Spalte zu eröffnen.

Auf die weitere Behandlung der Zuschläge sowie auf deren Hinausvergütung an die Gemeinden finden die Vorschriften in § 28 Abs. 3, 5 entsprechende Anwendung.

In die monatlichen Reichssteuerübersichten und in die vierteljährlichen Übersichten über die Einnahmen an Zöllen und Reichssteuern sind die gemeindlichen Zuschläge nicht zu übertragen.

§ 40. Die Befugnis der staatlichen Behörden zur Gewährung von Stundungen und zur Niederschlagung wegen Uneinbringlichkeit erstreckt sich auch auf die gemeindlichen Zuschläge. Eine vorherige Einvernahme der Gemeinden findet nicht statt.

Werden auf eine Gesamtschuldigkeit an Zuwachssteuer und gemeindlichem Zuschlag Teilzahlungen geleistet, so sind die eingehenden Beträge zunächst auf die Zuwachssteuer und erst nach deren vollständiger Deckung auf den gemeindlichen Zuschlag anzurechnen.

§ 41. Für die Tätigkeit der Rentämter bei der Berechnung und Erhebung der gemeindlichen Zuschläge wird eine Vergütung von 2 v. H. der eingehenden Beträge berechnet. Die Vergütung fließt in die Staatskasse und wird bei der Hinausvergütung der Zuschläge an die Gemeinden abgezogen.

Die Vergütung wird in der Nachweisung der „Übrigen Einnahmen" unter Kap. 4 „Vergütung für die Besorgung von Nebengeschäften durch die Rentämter" verrechnet.

§ 42. Die Gemeinden können wegen der Berechnung und Erhebung der gemeindlichen Zuschläge die Aufsichtsbeschwerde an die dem Rentamt vorgesetzte Regierungsfinanzkammer und die Oberaufsichtsbeschwerde an das Staatsministerium der Finanzen erheben.

§ 43. Erfolgt die Berechnung und Erhebung des gemeindlichen Zuschlags nicht durch das Rentamt, sondern durch die Gemeinde selbst, so sind dieser bei der monatlichen Hinausvergütung der gemeindlichen Anteile an der Zuwachssteuer (§ 28 Abs. 3) die auf die einzelnen Steuerfälle treffenden Beträge unter Bezeichnung des steuerpflichtigen Vorganges und des Steuerpflichtigen mitzuteilen.

§ 44. Die §§ 33 bis 43 finden auf den Fall entsprechende Anwendung, daß das Grundstück, für das die Zuwachssteuer erhoben wird, in einem ausmärkischen Bezirke liegt (§ 4 der Verordnung vom 1. April 1911, GVBl. S. 185).

Zur Einführung von Zuschlägen sind in diesem Falle die Distriktsgemeinden berechtigt. Die Beschlußfassung erfolgt durch den Distriktsrat.

Schluß- und Übergangsvorschriften.

§ 45. Das Zuwachssteuergesetz ist am 1. April 1911 in Kraft getreten. Nach § 62 des Gesetzes erstreckt sich jedoch die Steuerpflicht auch auf Rechtsvorgänge, die nach dem 31. Dezember 1910 bis zum Inkrafttreten des Gesetzes stattgefunden haben.

Demgemäß besteht die Mitteilungspflicht der Grundbuchämter, der Registergerichte, der Notare und sonstigen Behörden (§ 3 A bis C der Ausführungsbestimmungen des Bundesrats) sowie die Anmeldepflicht des Erwerbers und des Veräußerers (§ 3 D ebenda) auch hinsichtlich der in der Zeit nach dem 31. Dezember 1910 bis zum 1. April 1911 eingetretenen Vorgänge und stattgehabten Beurkundungen.

§ 46. Die in der Zeit nach dem 31. Dezember 1910 bis zum Inkrafttreten des Gesetzes im Grundbuch zur Umschreibung gelangten Eigentums- oder Rechtsübergänge können aus den vorliegenden grundbuchamtlichen Umschreibverzeichnissen ohne weiteres in die Zuwachssteuerliste übertragen werden. Die nachträgliche Beisetzung des Buchstaben „Z" vor den anzeigepflichtigen Umschreibungen durch das Grundbuchamt wird erlassen.

Dagegen sind die notariellen Gebührenregister für die Monate Januar bis März 1911 den Notaren zur Ergänzung durch nachträgliche Beifügung des Buchstaben „Z" vor den anzeigepflichtigen Beurkundungen, durch Angabe des Erwerbers und Veräußerers in der Spalte 4, durch Angabe der Gemeindebezirke sowie gegebenenfalls durch Anführung des § 3 oder des § 4 Abs. 1 Halbsatz 2 des Gesetzes in der Spalte 5 zurückzugeben.

Soweit sich Beurkundungen auf Grundstücke oder Rechte beziehen, die ganz oder teilweise im Bezirk eines anderen Rentamts gelegen sind, als desjenigen, mit dem der Notar über die Gebühren abrechnet oder das sich am Sitze des Notariats befindet, sind die in §§ 3, 6 der Ausführungsbestimmungen des Bundesrats vorgeschriebenen Veräußerungsanzeigen nachträglich dem zuständigen Rentamte zu übersenden.

Andere Behörden, insbesondere die Prozeßgerichte bei Prozeßvergleichen, die Distriktsverwaltungsbehörden bei gütlichen Einigungen nach Art. 26 des Gesetzes zur Ausführung der Reichszivilprozeßordnung und der Konkursordnung sowie die Registergerichte haben die ihnen nach §§ 3, 6 der Ausführungsbestimmungen des Bundesrats obliegenden Mitteilungen für die Zeit vom 1. Januar bis 31. März 1911 nachträglich zu erstatten.

München, den 27. Juni 1911.

IV. Die sächsischen Vollzugsvorschriften.

Verordnung, die Vollziehung des Zuwachssteuergesetzes vom 14. Februar 1911 betreffend;

vom 29. März 1911.

(Gesetz- und Verordnungsblatt für das Königreich Sachsen, 4. Stück vom Jahre 1911, Nr. 20, S. 87 ff.).

Zur Vollziehung des Zuwachssteuergesetzes vom 14. Februar 1911 (RGBl. S. 33) wird unter Bezugnahme auf die dazu erlassenen Ausführungsbestimmungen des Bundesrates nachstehendes verordnet.

§ 1. [1] Zuwachssteuerämter sind in den Städten mit revidierter Städteordnung die Stadträte. In den übrigen Städten und in den Landgemeinden kann das Finanzministerium dem Bürgermeister oder dem Gemeindevorstande die Geschäfte des Zuwachssteueramtes auf Widerruf übertragen.[1])

[2] Für die Gemeinden, in denen nicht Gemeindebehörden als Zuwachssteuerämter bestellt sind, und für die selbständigen Gutsbezirke sind Zuwachssteuerämter die Hauptzollämter:

Dresden II zugleich für die Hauptzollamtsbezirke Meißen, Pirna und Schandau,

Leipzig II zugleich für den Hauptzollamtsbezirk Grimma,

Chemnitz zugleich für die Hauptzollamtsbezirke Annaberg und Freiberg,

Plauen zugleich für den Hauptzollamtsbezirk Eibenstock,

Bautzen,

Zittau,

Zwickau.

[3] Den Zuwachssteuerämtern steht die Verwaltung und Erhebung der Zuwachssteuer zu.

---

1) Siehe VO. vom 30. März 1911 (GVBl. S. 92).

⁴ Zur Strafverfolgung nach § 54 des Gesetzes sind lediglich die im zweiten Absatze aufgeführten Hauptzollämter, und zwar das Hauptzollamt Dresden II auch für den Hauptzollamtsbezirk Dresden I und das Hauptzollamt Leipzig II auch für den Hauptzollamtsbezirk Leipzig I, zuständig; insoweit erstreckt sich ihre Zuständigkeit auf die im ersten Absatze erwähnten Städte und Landgemeinden.

⁵ Oberbehörde in Zuwachssteuersachen ist die Generalzolldirektion, Landeszentralbehörde das Finanzministerium.

§ 2. Amtliche Ausfertigungen in Zuwachssteuersachen haben die in § 1 Absatz 1 und 2 genannten Dienststellen unter ihrer Amtsbezeichnung mit dem Zusatze „als Zuwachssteueramt" zu vollziehen.

§ 3. ¹ Die Gemeindebehörden sind als Zuwachssteuerämter an die Weisungen des Finanzministeriums und ebenso an diejenigen der Generalzolldirektion gebunden.

² Über Beschwerden wegen ihres Verfahrens in Zuwachssteuersachen entscheidet die Generalzolldirektion.

³ Das Finanzministerium und ebenso die Generalzolldirektion können die Geschäftsführung der als Zuwachssteuerämter tätigen Gemeindebehörden durch Beauftragte an Ort und Stelle prüfen lassen.

§ 4. ¹ Bei der Veranlagung der Steuer nach §§ 21 bis 24 der Ausführungsbestimmungen und bei der Feststellung der Unterlagen eines Feststellungsbescheides nach § 33 der Ausführungsbestimmungen hat in den Städten mit Revidierter Städteordnung ein gemischter Ausschuß nach §§ 121 bis 124 der Revidierten Städteordnung vom 24. April 1873 mitzuwirken. Mit Genehmigung des Finanzministeriums kann diesem Ausschuß das Recht, den Steuerbescheid oder den Feststellungsbescheid selbständig zu erlassen oder die Ermittelungen selbständig einzustellen, übertragen werden. In diesem Falle gilt das dem Ausschuß vorsitzende Ratsmitglied als Vorsteher des Zuwachssteueramtes.

² Diese Vorschrift findet auf die übrigen Städte entsprechende Anwendung, sofern in ihnen ortsgesetzlich gemischte Ausschüsse bestehen (Artikel V der Städteordnung für mittlere und kleine Städte vom 24. April 1873); andernfalls hat

an Stelle des gemischten Ausschusses der Stadtgemeinderat oder ein aus Mitgliedern des Stadtgemeinderates gebildeter Ausschuß mitzuwirken.

[2] In Landgemeinden hat in gleichem Umfange der Gemeinderat oder ein aus Mitgliedern des Gemeinderates gebildeter Ausschuß mitzuwirken.

§ 5. [1] Auf Ersuchen des Hauptzollamtes hat sich der Bürgermeister oder der Gemeindevorstand derjenigen Gemeinde, in der sich das veräußerte Grundstück oder die veräußerte Berechtigung befindet, über die Berechnungsunterlagen des Steuerbescheides oder des Feststellungsbescheides gutachtlich zu äußern. Hierbei hat der Stadtgemeinderat beziehentlich der Gemeinderat oder ein aus Mitgliedern dieser Körperschaften gebildeter Ausschuß mitzuwirken.

[2] Betrifft die Veräußerung einen selbständigen Gutsbezirk, so kann das Hauptzollamt die für diesen zuständige Amtshauptmannschaft ersuchen, eine gutachtliche Äußerung des Bezirksausschusses über die Berechnungsunterlagen des Steuerbescheides oder des Feststellungsbescheides herbeizuziehen.

§ 6. [1] Die Bezirksausschüsse haben den als Zuwachssteuerämtern bestellten Hauptzollämtern bis zum 1. Juni 1911 mindestens je zwei geeignete Sachverständige zu bezeichnen, die über die Grundstücksverhältnisse des Bezirks eingehend unterrichtet sind; bei Wegfall eines solchen Sachverständigen ist ein neuer Sachverständiger vom Bezirksausschuß vorzuschlagen.

[2] Die Kreisausschüsse haben der Generalzolldirektion mindestens je vier geeignete Sachverständige vorzuschlagen; die Bestimmungen im ersten Absatz finden entsprechende Anwendung.

[3] Die Generalzolldirektion und die Hauptzollämter sind bei der Auswahl der zu hörenden Sachverständigen nicht auf die nach Abs. 1 und 2 vorgeschlagenen Personen beschränkt.

§ 7. [1] Die Gemeinden, deren Behörden als Zuwachssteuerämter tätig sind, erhalten vom Ertrage der von ihnen erhobenen Zuwachssteuer neben den ihnen nach § 58 des Gesetzes zufließenden vierzig vom Hundert weitere drei vom Hundert.

[2] In Ansehung der selbständigen Gutsbezirke fließen vierzig vom Hundert des Ertrags der Zuwachssteuer an Stelle der Gemeinde dem Bezirksverbande, dem der Gutsbezirk angehört, zu und sind bis zur gesetzlichen Regelung dem Bezirksvermögen zuzuführen.

§ 8. Von der Mitteilung und Fortführung des im § 10 Abs. 2 der Ausführungsbestimmungen vorgesehenen Verzeichnisses ist bis auf weiteres abzusehen.

§ 9. [1] Ein nach § 23 der Ausführungsbestimmungen beabsichtigter Vergleich ist vor seinem Abschlusse der Generalzolldirektion zur Genehmigung vorzulegen, sofern der Unterschied von Erwerbs- und Veräußerungspreis ohne Berücksichtigung der anzurechnenden Aufwendungen einen Steuerertrag von mehr als 500 Mark, in Städten mit revidierter Städteordnung von mehr als 2000 Mark erwarten läßt.

[2] Der Vergleich ist, wenn eine Gemeindebehörde als Zuwachssteueramt ihn abschließt, von dem Vorsteher des Zuwachssteueramtes und einem Mitgliede der im § 4 erwähnten Ausschüsse, bei dessen Fehlen von einem zweiten Mitgliede des Stadtgemeinderates oder des Gemeinderates zu unterschreiben. Wird beim Abschluß des Vergleichs ein Hauptzollamt als Zuwachssteueramt tätig, so ist der Vergleich vom Hauptzollamtsvorstande zu unterschreiben.

§ 10. [1] In Zuwachssteuersachen werden Verfügungen der Gemeindebehörden nach den Vorschriften über die Zustellung behördlicher Zufertigungen in Verwaltungssachen zugestellt; für die Zustellung von Verfügungen staatlicher Steuerbehörden gelten die für die Zustellung des Erbschaftssteuerbescheides erlassenen Bestimmungen.

[2] Zustellungen im Auslande können auch seitens der Gemeinden durch Einschreibsendung mit Rückschein gemäß § 26 der Postordnung vom 20. März 1900 (GVBl. S. 128) vorgenommen werden. Ist dies nach den postalischen Vorschriften unzulässig, so ist dem Finanzministerium durch Vermittelung der Generalzolldirektion Anzeige zu erstatten.

§ 11. [1] Das Zuwachssteuersollbuch und das Zuwachssteuereinnahmebuch (§ 26 der Ausführungsbestimmungen) sind von verschiedenen Beamten zu führen, sofern nicht die Generalzolldirektion eine Ausnahme bewilligt. Die im § 26 Abs. 3 der Ausführungsbestimmungen erwähnte Bescheinigung kann von einem Expeditionsbeamten des Zuwachssteueramtes ausgestellt werden.

[3] Rechnungsjahr in Zuwachssteuersachen ist das Reichsrechnungsjahr (1. April bis 31. März).

§ 12. Über die Sicherstellung gestundeter Steuerbeträge und über das Verfahren bei Erlaß oder Erstattung von Steuerbeträgen (§ 27, §§ 29 bis 31 der Ausführungsbestimmungen) ergeht besondere Anordnung.

§ 13. Zur Niederschlagung der Zuwachssteuer wegen Uneinbringlichkeit (§ 28 der Ausführungsbestimmungen) bedarf es der Genehmigung der Generalzolldirektion, sofern nicht die Uneinbringlichkeit durch erfolglose Zwangsvollstreckung erwiesen ist.

§ 14. Vor Erlaß des Feststellungsbescheides (§ 33 der Ausführungsbestimmungen) ist dessen Entwurf mit dem Ergebnis der angestellten Ermittelungen der Generalzolldirektion vorzulegen.

§ 15. In den Fällen des § 37 der Ausführungsbestimmungen ist für den Beschwerdebescheid neben den sonstigen Kosten des Beschwerdeverfahrens eine Gebühr von 3 bis 100 Mark zu erheben.

§ 16. [1] Gegen den Beschwerdebescheid kann innerhalb einer Frist von vier Wochen nach seiner Zustellung die Entscheidung des Oberverwaltungsgerichts durch Erhebung der Anfechtungsklage angerufen werden. Auf die Anfechtungsklage finden die Vorschriften des Gesetzes über die Verwaltungsrechtspflege vom 19. Juli 1909 (GVBl. S. 486) Anwendung.

[2] Die weitere Beschwerde gegen den Steuerbescheid ist ausgeschlossen.

§ 17. Eingebrachte Strafbeträge sind in sächsischen Urkundenstempelmarken zu den Akten zu verwenden.

§ 18. [1] Die als Zuwachssteuerämter bestellten Gemeindebehörden haben nach näherer Anordnung der Generalzolldirektion die bei ihnen aufgekommene Zuwachssteuer unter Zurückhaltung ihres Anteils am Ertrage (§ 7 Absatz 1) monatlich an das zuständige Hauptzollamt abzuliefern. Die in § 1 Absatz 2 und Absatz 4 geordnete Zuständigkeit der Hauptzollämter erstreckt sich insoweit auf die Gemeinden, deren Behörden als Zuwachssteuerämter bestellt sind.

[2] Die Hauptzollämter haben bei der monatlichen Ablieferung an die Finanzhauptkasse von der bei ihnen selbst aufgekommenen Zuwachssteuer die den Gemeinden und den Bezirksverbänden vom Ertrage zufließenden vierzig vom Hundert (§ 58 des Gesetzes, § 7 Abs. 2 dieser Verordnung) zurückzuhalten und nach näherer Anordnung der Generalzolldirektion an die empfangsberechtigten Gemeinden oder Bezirksverbände abzuführen.

§ 19. Über die Mitteilung und Anmeldung der in der Zeit vor dem 1. April 1911 eingetretenen Rechtsvorgänge ergeht besondere Verordnung.

§ 20. Die Gemeindebehörden können die von ihnen in Zuwachssteuersachen benötigten Drucksachen gegen Erstattung der Druckkosten von der Zollwirtschaftsverwaltung bei der Generalzolldirektion beziehen.

Dresden, den 29. März 1911.

Die Ministerien der Justiz, des Innern und der Finanzen.

Sachregister.

Die Zahlen verweisen auf die Paragraphen und zwar, wenn ohne weiteren Zusatz, auf die Paragraphen des „Zuwachssteuergesetzes". BR = Bundesrats-Ausführungsbestimmungen; P = Preußisches Ausführungsgesetz; PA = Preußische Ausführungsanweisung; B = Bayerische Ausführungsbestimmungen; S = Sächsische Ausführungsbestimmungen.

A.

B.

D.

E.

H.

J.

S.

T.

U.

V.

FSC
www.fsc.org
MIX
Papier | Fördert gute Waldnutzung
FSC® C083411

Kolibri 360 GmbH
Ferdinand-Jühlke-Straße 7
99095 Erfurt, Deutschland
produktsicherheit@kolibri360.de